AF235051

Jürgen Behrendt

Pfadfinder
Mehr als eine Suchtgeschichte

Herausgeber: Lore Perls Haus, Pforzheim

Bibliografische Information der Deutschen Nationalbibliothek
Die Deutsche Nationalbibliothek verzeichnet diese Publikation in der Deutschen Nationalbibliografie; detaillierte bibliografische Daten sind im Internet über www.dnb.de abrufbar.

2018© Jürgen Behrendt

Herstellung und Verlag: BoD – Books on Demand,

Norderstedt

ISBN 9783752815870

MIX
Papier aus verantwortungsvollen Quellen
Paper from responsible sources
FSC® C105338

Meinem Vater

„Das größte Problem im Umgang mit einer Alkoholabhängigkeit kommt auf, wenn wir denken, sie sei „weiter nichts" als eine fatale Fixierung auf etwas Konsumierbares bzw. dessen stimmungsaufhellende Wirkung. Dadurch entsteht sofort Raum für den Gedanken, mit genügend Willensstärke müsse ein Alkoholiker diese Fixierung doch lösen können, als auch die fast zwangsläufig damit einhergehende Meinung, Sucht und Trinken seien das Gleiche, oder, anders ausgedrückt: Mit dem Weglassen des Alkohols erledige sich auch die Sucht von selbst. Ich glaube, die größte Schwierigkeit beim Verstehen einer „Abhängigkeit" liegt in dem Wort selbst begründet."

Jürgen Behrendt

Teil 1

***

Das Durchschnittsalter meiner Zimmernachbarn liegt bei geschätzten 60 Jahren. Die üblichen Altmännerkrankheiten: Darm, Prostata, Magen, Krebs. Wir sind zu acht. Die Stimmung ist für ein Krankenhauszimmer gut. Zu mir sind alle zurückhaltend, aber freundlich. Sie können mich nicht so recht einordnen. Vielleicht deshalb, weil ich mit 27 Jahren der jüngste bin. Oder aber, weil ich von uns den jämmerlichsten Zustand abgebe.

Mein Zimmer hat die Nummer 12a. Es ist das letzte Zimmer am Ende des Ganges. Mein Bett steht an der Tür. Morgens um halb sieben, wenn die Schwestern kommen und die Tür bis nach dem Frühstück aufbleibt, kriege ich den ganzen Rummel auf dem Gang mit. Zum morgendlichen Wiegen fasst mich eine der Schwestern unter die Arme und hält mich mühelos fest, während sie mich vorsichtig auf die Waage stellt. 48 Kilo bei einer Größe von 1,71.

Für Krankenhauszimmer gibt es, so wie für Hotelzimmer auch, keine Zimmernummer 13. Und für Fahrstühle. Stimmt das eigentlich wirklich? Ich bin noch nie in so hohen Gebäuden gewesen. Oder gilt das eher für Stockwerke? Wenn es keine 13te Etage gibt, kann es in Fahrstühlen logischerweise keinen Knopf mit der Nummer 13 geben. Verstanden habe ich die Idee dahinter nie so richtig; auch wenn ich in der 14ten Etage aussteige, weiß ich doch trotzdem, daß ich in der 13ten bin. Ich muß schließlich nur mitzählen.

Über jedem Bett ist an der Decke ein Fernseher angebracht. Beim Aufwachen nachts bekomme ich manchmal einen Riesenschreck und kralle mich in die Matratze, aus Angst, nach oben zu stürzen.

Meine acht Mitpatienten sind ein sehr fideler Haufen. Einen leidenden Eindruck macht keiner. Vielleicht ist es ihre

Krankenhauserfahrung, die sie zu alten, abgebrühten Veteranen macht. Neben mir liegt ein siebzigjähriger Mann, den sein Diabetes vor Jahren schon beide Beine kostete. Der alte Petrowski. Mit seinen dicken Brillengläsern, seiner Hakennase und seiner krächzenden Stimme hat er etwas von einem boshaften Zwerg an sich. Von ihm höre ich die obszönsten Witze meines Lebens.

Ich beteilige mich nicht an den Gesprächen und Witzeleien. Die gemeinsamen Diagnosen und das Alter machen die anderen automatisch zu einer verschworenen Gemeinschaft. Ich gehöre da nicht hinein und will mich nicht anbiedern. Aber ich höre gern zu.

Vorher war ich auf der Intensivstation. Ich weiß das, aber ich erinnere mich nicht genau daran, auch nicht, wie lange ich dort war. Vielleicht eine Woche, vielleicht zwei, vielleicht sogar länger. Ich muß mal jemanden fragen. Hin und wieder tauchen Erinnerungsfetzen auf: Neonlicht (an Tageslicht erinnere ich mich nicht, vielleicht hatte das Intensivzimmer keine Fenster) und ausgesprochen liebenswürdige Schwestern. Die Freundlichkeit hat mich erstaunt, weil sie so unverdient war. Am deutlichsten ist die Erinnerung an den Blasenkatheter und die damit verbundene Peinlichkeit. Das Rausziehen ist hundertmal unangenehmer als das Einführen.

Ich erinnere mich nicht einmal an die Verlegung auf die internistische Station. Vielleicht habe ich geschlafen. Die einzelnen Tage unterscheiden zu wollen ist ohnehin müßig. Ich tue nichts als liegen, und ich schlafe viel. Die Momente zwischen den Schlafphasen bin ich allerdings hellwach. Ich denke viel. Nein, nicht ich denke, sondern Gedanken entstehen ohne mein Zutun, wie ich verwundert und neugierig registriere, unwillkürlich wie mein Pulsschlag, sie entstehen und vergehen wieder, um Raum für wieder neue Gedanken zu schaffen. Ein Spiel, das ich stundenlang beobachten kann.

Das Aufsetzen ohne Hilfe gelingt mir noch nicht. Ich kann meinen Körper spüren, aber es ist, als wäre er transparent. Trotzdem, oder deswegen, geht es mir besser denn je. Wenig

Materie bedeutet wenig Ballast. Leichtes Gepäck. Mehr Geist als Körper. Ich bekomme eine Ahnung, warum Magersüchtige diesen Zustand ersehnen.

Eine der Krankenschwestern die mich versorgt, ist eine alte Schulfreundin meiner Schwester. Eva war früher häufig bei uns zu Hause. Ein zierliches, hübsches Mädchen, das mich durch ihre Sanftheit immer ein wenig eingeschüchtert hat. Eva richtet es häufig so ein, dass sie einige Minuten an meinem Bett bleiben kann. Sie verbringt etwas mehr Zeit mit mir als mit den anderen Patienten. Ich überlege, was der Grund dafür sein mag. Mitleid vielleicht. Mir fällt kein anderer Grund ein. Sie bringt mir Bücher mit. Rosendorfer. Ich bin froh, dass mein Zustand mich nicht in die Verlegenheit bringt, flirten zu müssen.

Da ich nicht allein zur Toilette gehen kann, muß mich immer eine Schwester begleiten. Eva sorgt stillschweigend dafür, dass eine ihrer Kolleginnen diese Aufgabe übernimmt. So dankbar bin ich noch nie einem Menschen gegenüber gewesen.

Wecken, Frühstück, Visite, Essen, Nachmittagskaffe, Abendessen, Schlafen. Ich wundere mich über das komplette Fehlen von Langeweile.

Nach drei Wochen kommt ein hünenhafter Mann ins Zimmer, sieht sich kurz suchend um und stellt sich neben mein Bett.

„Kommen Sie", sagt er, „machen wir einen Spaziergang."

„Ich kann nicht laufen", sage ich verwundert.

„Ich helf' Ihnen schon", sagt er, setzt mich auf, macht einen festen Knoten in den Gürtel meines Bademantels, um ihn von hinten mit einer Hand fassen zu können und stellt mich auf die Beine. Er ist zwei Köpfe größer als ich und mehr als doppelt so schwer. Dann geht es los: Einmal den Gang rauf und wieder zurück. Er trägt mich in seinem Griff mehr, als ich laufe, und meine Füße berühren nur reflexartig den Boden. Das Ganze dauert nur wenige Minuten. Anschließend legt er mich wieder ins Bett.

„Bis morgen", sagt er und geht. Ich bin schweißüberströmt.

Zwei Wochen lang kommt er jeden Morgen. Mein Laufen verbessert sich. Die Gleichgewichtsstörungen lassen nach, und

11

ich spüre meine Muskeln. Die Beine schmerzen, aber ich bekomme immer mehr die Sicherheit, daß sie mich tragen können. Die letzten Tage gehen wir zum Abschluß unseres Trainings eine Treppe rauf und wieder runter. Ich bin ein wenig stolz.

Schließlich sagt er: „Ab jetzt können Sie's allein. Benutzen Sie allerdings immer die Handläufe an der Wand."

Und weg ist er. Ich hab in der ganzen Zeit nur ein- oder zweimal sein Gesicht gesehen.

Ich bleibe drei Monate auf der internistischen Station. Die letzten Wochen bewege ich mich viel im Krankenhaus, besonders abends und nachts, wenn es ruhig ist. Immer eine Hand auf dem Handlauf, freies Gehen ist zu unsicher. Meistens mit einem Zwischenaufenthalt beim Nachtpförtner, wo immer auch zwei, drei andere Patienten stehen, rauchen und erzählen. Der Nachtpförtner ist ein lustiger Kerl, den es freut, dass er so beliebt ist.

Auf einer meiner spätabendlichen Wanderungen verschlägt es mich in den Keller zu den Labors, wo ich nichts verloren habe. Einer der Oberärzte, der auch für meine Station zuständig ist, kommt mir entgegen. Ich erwarte eine Zurechtweisung , aber er fragt mich freundlich, wie es mir gehe und erklärt mir, indem er auf meine Beine deutet, dass eine Polyneuropathie nicht zwangsläufig eine dauerhafte Schädigung bedeute. Eine Karriere als Langstreckenläufer plane ich ja schließlich nicht, oder? Dann eilt er weiter.

Ich plane nicht nur keine Karriere als Langstreckenläufer, ich plane gar nichts.

Weil ich nicht mehr im Bett liegen muß, beginne ich, kleinere Hilfsarbeiten in der Stationsroutine zu übernehmen. Ich begleite Patienten in die Röntgenabteilung, helfe beim Aufdecken und ähnliches. Mir gefällt es, und es gibt mir das Gefühl, berechtigterweise auf der Station herumlaufen zu können, anstatt im Bett zu liegen. Viel wichtiger ist jedoch: Ich kann etwas tun. Zwar nur Bagatellaufgaben, aber ich beginne etwas, beende es, und es hat für jemanden einen Wert. Ich kannte das Gefühl von Zufriedenheit gar nicht mehr.

Ich bin ein Trinker. Ich hatte Verachtung erwartet, mehr oder weniger, sowohl vom Personal als auch von anderen Patienten, und sei es auch versteckt hinter Wohlwollen. Ich achte sehr genau auf die Reaktionen der Menschen um mich herum. Stattdessen sind sie nett, und das irritiert mich. Da ich nicht will, dass man mich zu Unrecht nett findet, weise ich hin und wieder vorsichtig auf meine Vorgeschichte hin. Hartmut, der Zivildienstleistende, der mit mir das benutzte Essensgeschirr in den Wagen einräumt, zuckt die Schultern und sagt gelassen: „Es gibt solche und solche. Seit ich hier bin, hab ich schon einige Alkis gesehen. Bei manchen weiß ich sofort: das hat keinen großen Sinn, die wieder auf die Beine zu stellen. Bei dir hab ich nicht den Eindruck."

„Wieso nicht?"

Hartmut überlegt.

„Die meisten Alkis bleiben nur kurz. Kommen aber immer wieder." Er lehnt sich an den Wagen. „Das ist hier halt keine Psychiatrie, sondern eine internistische Klinik. Wenn mal Alkis herkommen, dann nicht, weil sie mit dem Trinken aufhören wollen, sondern wegen anderer Beschwerden, die was mit dem Trinken zu tun haben. Wenn sie wiederhergestellt sind, gehen sie wieder und machen weiter. Manchmal schon vorher. Man sieht es ihnen meistens schon an. Bei dir denkt man: das könnte klappen." Er macht eine kleine Pause. „Sonst hätte man dich vielleicht sicherheitshalber schon verlegt."

„Verstehe ich nicht ganz."

„Ganz einfach. Du bist hier, weil dein Körper hinüber war. Der mußte erstmal wiederhergestellt werden. Es ist hier kein großes Problem, an Alkohol ranzukommen, aber in deinem Zustand hätte dich das Zeug umgebracht. Die Psychiatrie wäre sicherer gewesen, klar, aber das war ja nicht nötig. Jeder glaubt, du bist ein...", er sucht nach Worten, „ein Guter." Er lacht.

„Ein guter Alki?"

„Genau." Er schließt die Türen des Metallwagens und löst die Bremsen.

13

„Und deswegen sind alle nett?"

Er lacht wieder. „Vielleicht. Vielleicht mögen sie dich auch." Er zwinkert mir zu und schiebt den Essenswagen zum Fahrstuhl.

Ich bleibe stehen und denke nach. Mich mögen. Er irrt sich, denke ich. Sie werden eher Mitleid haben.

Ich habe angefangen, Liegestütze zu machen. Sagen wir, eine Art von Liegestütze. Dazu stelle ich mich vor ein Bett, umfasse das Gestell am Fußteil mit beiden Händen und bewege in einem 45 Grad Winkel mit den Armen den ganzen Körper vor und zurück. Das mache ich mehrmals am Tag, vor allem am Wochenende, wenn ich allein im Zimmer bin. Meine Mitpatienten werden von Angehörigen abgeholt und dürfen tagsüber nach Hause oder machen einen Ausflug. Bettlägerig ist keiner. Ich liebe diese Tage, wenn ich allein bin.

Körperlich geht es mir immer besser. Meine Leber erholt sich langsam, die Folgen der Mangelerscheinungen verschwinden nach und nach, und ich nehme etwas zu. Es fällt mir schwer zu glauben, daß ich beinahe gestorben wäre.

Besuch bekomme ich wenig. Meine Mutter und meine Schwester mit ihrem Baby kommen ab und zu. Sie sind erleichtert, daß es mir besser geht, und auch, daß ich mich wie ein normaler Patient verhalte. Ich erzähle, wie meine Beschwerden nachlassen, versichere, daß es mir gut geht. Andere Themen sind unangebracht. Das, was mich berühren oder beschäftigen könnte, würde sie verunsichern und ängstigen, da bin ich sicher. Was sie beschäftigt, ist Sorge über das, was mit mir war, und das, was jetzt werden wird, und die bange Frage, was von ihnen erwartet wird oder ob sie irgendeine Schuld haben. Sie tun mir leid, weil sie alles nicht verstehen können. Ich will nicht, daß sie mir leid tun, weil das den Impuls in mir weckt, mich um sie zu kümmern. Das zu tun wäre absurd und würde sie völlig verstören. Mich auch. Ich gebe ihnen meinerseits zu verstehen, daß ich ebenfalls keinen Zuspruch benötige.

Unsere Gespräche sind von einer Belanglosigkeit, die beiden

Seiten Energie abverlangt. Die Besuche sind nett. Ich freue mich darüber. Sie sind richtig, aber notwendig sind sie nicht. Freunde besuchen mich gar nicht. In den letzten Jahren gab es keinen Raum, um Freundschaften zu pflegen. Freunde von früher leben schon lange ihr eigenes Leben, und das hat meins in keiner Weise berührt. Man nennt das wohl Sich-auseinander-entwickeln. Obwohl, das stimmt nicht. Ich habe sie nicht mehr haben wollen, oder sie mich, je nachdem, wie man es betrachtet. Ich bin allein, weil ich anders nicht sein konnte. Wenn Alleinsein Freiheit bedeutet, war ich der freieste Mensch überhaupt, und auf eine sehr bizarre Art stimmt das sogar. Robinson war, so gesehen, auch frei. Aber er wollte um jeden Preis von seiner Insel runter. Ich wollte das nicht. Bis meine Insel unterging. Beziehungsweise ich runter mußte.

Na gut. Betrachte ich es als ein Zeichen, das etwas zu Ende ist, was auch immer das gewesen sein mag. Ich fühle kein Bedauern. Ich bin erleichtert, weil ich selbst nie den Sprung in die See gewagt hätte.

Mir gefällt es im Krankenhaus. Alles ist geregelt, überschaubar, geordnet. Nichts wird von mir erwartet. Ich erwarte selbst nichts. Etwas Neues wird kommen, irgendwann, ich werde weiter existieren. Nur anders. Wie, weiß ich nicht, aber es macht mir keine Angst, und es macht mir deshalb keine Angst, weil ich im Moment nichts, aber auch gar nichts in der Hand habe oder entscheiden muß. Der höchste Grad an Freiheit, den ich mir vorstellen kann. Deswegen schaue ich nicht nach vorn, so, wie man es in Situationen ähnlich der, in der ich mich grade befinde, wohl immer tut. In einer Lebensphase, die eine Neuorientierung erfordern. Nach vorne schauen, so heißt es doch immer. Um was zu sehen? Ein dummer Ausdruck, eigentlich. Ich kann schließlich schauen und schauen, aber wenn es nichts zu sehen gibt oder ich nicht weiß, worauf ich achten muß, hilft mir das schauen auch nicht viel. Vielleicht ist damit gemeint, sich auf eine Richtung festzulegen. Quasi als Kursbestimmung. Das lasse ich gelten. Wenn man eine neue Richtung einschlägt, blickt man hinter sich, um den neuen Kurs

15

abgleichen zu können, um die zurückgelegte Entfernung zu überprüfen oder um sich zu vergewissern, ob der Weg auch grade verläuft. Ich weiß nicht, ob ich schon auf einem Weg bin, aber gut: Schauen wir zurück.

***

Auf Kinderbildern ist stets ein Junge mit einem sehr ernsten Gesicht zu sehen. Meine Mutter sagt, ich hätte selten gelacht, weil ich ein tiefsinniges Kind gewesen sei, das viel nachdachte. Ich erinnere mich, daß ich tatsächlich viel in meinen eigenen Gedankenwelten lebe. Ich habe viel Phantasie, denke mir fast ununterbrochen Geschichten und Erlebnisse aus und habe keinerlei Schwierigkeiten, mich mit mir selbst zu beschäftigen. Ich tue das sogar sehr gern. Es ist keine Flucht vor einer bösen Welt, die mich drangsaliert. Tiefsinnig bin ich deshalb nicht. Ich verstehe den Sinn des Wortes gar nicht richtig. Es klingt nach wichtiger, ernster gedanklicher Beschäftigung, die für meine Mutter offenbar etwas Wünschenswertes darstellt und die mehr Qualität besitzt als bloße „kindliche" Gedanken. Wir leben am Rande einer kleinen Stadt, nahe am Wald. Ich habe lange Zeit zwei gute, fast gleichaltrige Freunde aus der Nachbarschaft, mit denen ich meine ganze Kindheit verbringe. Es wird draußen gespielt, weil unsere Mütter uns, vor allem in den Ferien und an den Wochenenden, tagsüber nur zu den Mahlzeiten im Haus dulden und uns dann wieder rauswerfen. Der Wald ist ein grenzenloser Spielplatz, der kleine Bach ist der Amazonas, und in den Kaugummiautomaten gibt es diese winzigen Feuerzeuge, die wirklich funktionieren und mit denen man im Herbst auf der großen Wiese neben unserem Viertel kleine Feuer machen kann. Das Feuerzeugbenzin dazu klauen wir von unseren Vätern. Ich erinnere mich aber auch eine vage Angst oder Besorgnis, die mich fast ununterbrochen begleitet, eine Art von Schuldgefühl, etwas getan zu haben, was Strafe nach sich zieht, sobald es entdeckt würde. Ich sehe, wenn man genauer hinschaut, auf den Fotos nicht ernst aus, sondern traurig oder ängstlich. Ich habe dafür keine Erklärung. Meine Familie ist wie jede andere auch. Mein Vater betrinkt sich nicht oft, jedenfalls nicht über das nachbarschaftsübliche Maß hinaus, ich werde nie geprügelt oder sonstwie hart bestraft, meine Mutter ist keine nachlässige Hausfrau, die sich weder um Sauberkeit noch regelmäßige Mahlzeiten kümmert. Im Gegenteil, jede Art von Nachlässigkeit bringt sie auf. Vielleicht ist sie zu uns Kindern, mir und meiner Schwester, nicht besonders herzlich, aber gleichgültig wäre schon ein zu hartes Wort. Arm sind wir auch nicht, das heißt, für ein Auto und Fernsehen und einmal im Jahr Urlaub reicht es immer. So schlecht verdient mein Vater als LKW-Fahrer nicht. Später, als ich 14 Jahre alt bin, muss er wegen eines Rückenleidens mit dem Fahren aufhören und geht in die Fabrik im Ort. Finanziell wird es etwas schwieriger, weil er ungelernter Arbeiter ist, aber einen sozialen Abstieg bedeutet es nicht.

Ich bin mir ziemlich sicher, dass meine Eltern froh über mich und meine Schwester sind. Ob sie die besten Eltern sind, ist eine ganz andere Frage, aber wenn ich mir andere Familien so ansehe, stellt sich diese Frage bei den meisten Eltern, die ich kenne. Sie sind durch uns vielleicht nicht glücklicher geworden, falls das überhaupt für sie ein Ziel gewesen ist, was ich bezweifle. Eine Familie besteht aus Vater, Mutter und zwei Kindern, so ist ihre Meinung. Ich weiß nicht, ob sie überhaupt glücklich waren. Meine Mutter auf jeden Fall nicht. Sie stammt aus einer armen Familie mit vielen Kindern, wenig Platz und noch weniger Geld. Das Abitur hat sie gemacht, um aus der Enge herauszukommen, und weil sie klug genug war, nicht einfach nur irgendwo hineinzuheiraten, sondern etwas aus ihrem Leben machen zu können, wie man so sagt. Sie wäre gern Sängerin geworden, weil sie eine schöne Stimme hat. Ihr Traum war, auf eine Hochschule zu gehen und ein selbständiges Leben zu führen, umgeben von gebildeten, kultivierten Menschen, wie sie mir einmal erzählte. Nach der Schule war sie herumgereist und hatte dabei meinen Vater kennengelernt, den sie schließlich heiratete. Warum sie ihre Pläne aufgegeben hat und ihre Neugier auf das Leben und ihre Wünsche, weiß ich nicht. Vielleicht hat sie der Mut verlassen. Vielleicht hat sie ihn auch tatsächlich geliebt. Im Vergleich zu dem, was sie von früher gewohnt war, kam für meine Mutter der reine Luxus. Kein winziges Haus mit drei Zimmern für acht Personen, sondern eine größere Wohnung mit fließendem Wasser und Strom, einkaufen konnte man um die Ecke. Drei Jahre nach der Hochzeit kam ich zur Welt, noch drei Jahre später meine Schwester. Glücklich ist sie trotzdem nicht. Was sie ist, bleibt unausgesprochen. Sehnsüchte und Träume sind für sie keine Themen, die im Leben weiterhelfen. Man kann sie haben, natürlich, aber sich damit zu beschäftigen, das ist, nun, etwas für Kinder, und Kinder dürfen und müssen sich damit beschäftigen, weil die Zeit dafür für sie schnell um ist. Sie arbeiten sozusagen ihr Traumkontingent durch, bis es aufgebraucht ist.

Mein Vater ist übrigens auch kein glücklicher Mensch, aber bei ihm weiß ich, er wäre es gern. Er ist sein Leben lang irritiert durch die für ihn nicht greifbare Enttäuschung seiner Frau, und dummerweise (oder begreiflicherweise) begeht er den Fehler, die Ursache bei sich zu suchen. Ich glaube, ihn quält permanent die Angst, er sei als Mann und Partner unvollkommen. Er hat die Vorstellung, ein Mann müsse hart sein, sich durchsetzen, seiner Frau auf jeden Fall überlegen sein, sowohl intellektuell als auch als Beschützer, und das alles ist er ganz und gar nicht. Er ist ein liebenswerter, weichherziger und durch und durch freundlicher Mensch. Und er ist überzeugt, aus diesem Grund schwach zu sein. Also hat er irgendwann angefangen, den Mann zu Hause zu Hause zu spielen, der er seiner Meinung nach sein sollte. Ich verstehe in gewisser Weise seine Unsicherheit. Er ist das einzige Kind seiner Mutter und wuchs vaterlos auf. An meine Großmutter erinnere ich mich als eine sanfte, liebenswürdige Frau, die stets lächelte und unfähig zu jeder Art von Grobheit war. Man mag die psychologische

18

Deutung wagen, daß meinem Vater ein männliches Vorbild und damit eine wesentliche Orientierung fehlte. Vielleicht war es so, denn auch wenn diese Erklärung im Nachhinein nicht hilfreich für ihn gewesen wäre, glaube ich, daß hier der Grund für die ihn quälende Frage liegt, wie er als Mann wirklich zu sein habe. Darin wurden wir uns später sehr ähnlich. Ich hätte es begrüßt, einen Vater zu haben, der fest und sicher im Leben steht. Mein Fehler ist, daß ich diese ersehnte Sicherheit ebenfalls in Härte und traditionell verstandener Männlichkeit zu finden suche und nicht erkennen kann, daß Empfindsamkeit kein Manko bedeutet. Das Resultat ist, daß ich meinen Vater immer wieder in seinen Männlichkeitsbemühungen angriff, vielleicht, um festzustellen, ob da nicht doch etwas an Stärke ist, vielleicht, um mich selbst zu beweisen. Seine Bemühungen um Dominanz gehen regelmäßig fürchterlich schief. Meine Mutter hat für seine kläglichen Versuche schließlich mehr oder weniger offene Verachtung übrig, und ich, je älter ich werde, auch. Gleichzeitig bin ich hin und hergerissen zwischen Mitgefühl für ihn und dem Wunsch, einen ebenbürtigen Partner in ihm zu sehen, an dem ich mich messen und wachsen kann. Mein Mitgefühl geht so weit, daß ich ihn, obwohl ich die Konfrontation mit ihm suche, gegenüber meiner Mutter vehement verteidigen kann, was bei uns beiden regelmäßig ein schales Gefühl von Verlegenheit hinterläßt und uns eher voneinander entfernt als näher zusammenbringt. Ich glaube, das wirklich tragische ist, daß niemand von uns erkennt, wie allein er ist.

***

Ich schaue vom Balkon herunter auf den kleinen Krankenhauspark. Es ist Ende März. Gab es eigentlich Schnee dieses Jahr? An Kälte erinnere ich mich, aber Schnee... Jetzt ist Frühling. Ich kann von hier oben Krokusse sehen. Mir hat der Name immer gefallen. Krokus. Paßt eigentlich überhaupt nicht zu einer Blume. Klingt eher wie ein Werkzeug. Ein Sechzehner Krokus.

Das Krankenhaus liegt auf einer Anhöhe. Schräg rechts von mir, einen halben Kilometer entfernt, steht ein riesiger Felsklotz mit einem Gipfelkreuz auf der Spitze. Früher dachte ich, Gipfelkreuze seien aufgestellt worden, weil dort jemand beim Klettern ums Leben kam. Hier in der Gegend gibt es viele kleine Berge, oder besser, größere Felsen mit Kreuzen darauf. Ich habe die Felsen immer mit Ehrfurcht betrachtet. Die Kreuze waren für mich ein Mahnmal eines tödlichen Absturzes. Als ich ihren wirklichen Sinn erfuhr, wurden sie für mich bedeutungslos, und ich erinnere mich an ein Gefühl des Betrogenseins.

Ich gehe ins Zimmer zurück. Meine Zimmernachbarn sind nicht da. Ich glaube, dies hier ist das einzige Zimmer in der ganzen Klinik, dessen Belegschaft dauernd unterwegs ist. Und dabei ist sie die älteste auf der Station.

Ich gehe nie raus. Ich bin mir immer noch sicher, daß dies mit Skepsis gesehen würde. Warum will ein Alki denn das Haus verlassen?

Genau.

Ich würde das allerdings nicht tun. Rausgehen und Trinken, meine ich. Ich bin froh, daß alles so ist, wie es grade ist.

Außerdem wäre es peinlich und kränkend, auch nur in den Verdacht zu geraten, ich sei inkonsequent und unzuverlässig.

Ich will auf keinen Fall den Eindruck erwecken, ein unheilbarer Alki zu sein. Also ein unbelehrbarer. Bleibe ich eigentlich ein Alki? Für den Rest des Lebens? Auch wenn ich nichts mehr trinke? Wirklich unheilbar? Immer in einer unsichtbaren,

20

abstinenzsichernden Schutzhülle leben, so ähnlich wie die Menschen, die in einem Plastikanzug leben müssen, weil jeder Keim sie umbringen könnte? Das kann ich mir nicht vorstellen. Ich lege mich auf den Boden und versuche ganz normale Liegestütze. Ich schaffe drei. Na bitte. Langsam wird es wieder. Ich lege mich aufs Bett und nehme mir ein Buch, merke aber, daß ich nicht lesen will. Ich möchte nachdenken. Mir gefällt es, die Gedanken treiben zu lassen. Es ist erstaunlich, wie selbstverständlich und ungehindert das Denken fließen kann, wenn man es nicht mit Absicht tut, nur aufmerksam ist und es geschehen läßt. Ich muß keine Angst haben vor einer Leere in meinem Kopf, vor Versuchungen, die die Vergangenheit zurückwünschen und mich in eine Welt ziehen wollen, die vertraut und gefährlich geborgen ist. Das alles geschieht nicht. Ich weiß nicht, ob ich Angst vor der Vergangenheit habe oder sogar haben müsste, einer Vergangenheit, die erst vor wenigen Wochen zu Ende ging. Seltsam. Seitdem scheint die Zeit stillzustehen oder nach eigenen Gesetzmäßigkeiten zu vergehen, wie in einer Zeitblase, vollständig ohne irgendeinen Bezug zu dem, was außerhalb davon geschieht.
Man sagt, die Vergangenheit hole einen immer ein. Aber das ist Unsinn. Die Vergangenheit ist gelebte Zeit und liegt hinter mir, jede Minute, jede Sekunde, die vorbeigeht, ist bereits gelebt. Jetzt, hier, genau ab diesem Moment, ist mein ganzes Leben nur Erinnerung. So wie im folgenden Moment. Und dem darauf folgenden. Jedes „Tick" der Uhr bedeutet: wieder etwas, das hinter mir liegt.
Ich verschränke die Arme hinter dem Kopf. Was vorbei ist, muß mich nicht mehr ängstigen. Und was ist mit der Zukunft? Der anderen Seite des Kontinuums? Unbekanntes Territorium sollte mich eigentlich ängstigen, da ich nichts darüber weiß. Aber ich ängstige mich nicht. Ich bin nicht einmal besorgt. Auch nicht gleichgültig. Eher gelassen. Entspannt. Bereit. Das ist sonderbar, weil es in keiner Weise zu mir passt. Vielleicht liegt der Grund für meine Sorglosigkeit genau in diesem Wissen begründet, daß ich nicht im Geringsten weiß, was auf

21

mich zukommt, und ich dadurch keine Möglichkeit habe, mir Fehler, Versagen oder Irrtümer vorstellen zu können.

***

Eva kommt nicht mehr. Sie wollte schon seit langem auf die Kinderstation versetzt werden, weil sie, wie sie sagt, die schweren Männer nicht mehr heben kann. Sie habe Rückenschmerzen. Babies seien nun mal nicht so schwer. Ich kann das gut verstehen. Sie ist genau so leicht wie ich. Scheint, als habe ihre Versetzung geklappt. Sie hat sich nicht verabschiedet. Ich vermute, sie hat keinen Grund dazu gesehen. Sie hat ja auch nicht die Klinik gewechselt. Vielleicht hat sie nicht Adieu gesagt, weil ein Abschied für sie das Zeichen einer besonderen Beziehung ist. So ist es doch, oder? Wenn ich mich verabschiede, sage ich, du bedeutest mit etwas. Außer natürlich, ich werfe einfach ein „Tschüß" in den Raum, was weiter keine Bedeutung hat, weil ich morgen wieder da bin. So viel Bedeutung wollte sie wohl dem ganzen offenbar nicht geben. Oder sie gab dem Ganzen sehr wohl eine Bedeutung, hatte aber die Befürchtung, ich würde dies nicht tun und wollte sich Enttäuschung ersparen.

Ich merke die bedrückende Unruhe meiner Gedanken und stehe auf, um herumzulaufen. Ich war nicht in sie verliebt. Aber wenn sie in mich verliebt gewesen wäre, hätte ich mich mit Sicherheit auch in sie verliebt. Oder wäre jedenfalls überzeugt gewesen, mich zu verlieben. Glaube ich. Ich habe einfach keine zuverlässigen Vergleichswerte für angemessene Gefühle zu Frauen, keine Erinnerungen an Gefühle, die mir sagen, so ist alles richtig. Verliebtsein kenne ich. Sogar heftiges. Glückliches Verliebtsein eher nicht.

Wann hatte ich meine letzte Beziehung? Als ich neunzehn Jahre alt war. Ich erschrecke. Das ist acht Jahre her. Meine erste Freundin. Meike. Sie ist hübsch, lieb, und ich bin völlig überrascht, dass sie sich für mich interessiert. Selbst meine Freunde können es nicht fassen. Wir sind vielleicht drei Monate

22

zusammen. Ich trinke schon viel und oft. Es ist die Zeit nach dem Abitur. Viele von meinen Schulfreunden sind noch in unserer Gegend, weil sie auf ihren Studienplatz warten, die Zeit bis zu ihrer Einberufung überbrücken oder sich noch mit den damals unsäglichen Anhörungen herumschlugen, die bei Kriegsdienstverweigerung notwendig sind. So wie ich. Zur Bundeswehr will ich nicht. Dabei bin ich noch nicht einmal ein Vollblutpazifist. Ich bin ein Verweigerer, weil viele, auf deren Meinung ich Wert lege, ebenfalls verweigern und ich die vage Vorstellung habe, in der Armee auf weniger freundliche Menschen zu treffen als während des Zivildienstes. Während dieser Überbrückungszeit haben wir also alle nichts zu tun. Ich wohne zu Hause. Meine Eltern werden ungeduldig, weil die Monate vorbeigehen und ich weiterhin nichts tue als auf den Termin für die Anhörung im Kreiswehrersatzamt zu warten. Sie sind ganz und gar nicht einverstanden mit meiner Kriegsdienstverweigerung, deren Sinn ihnen suspekt ist und wofür sie sich insgeheim schämen, da die Söhne vieler ihrer Freunde und Bekannten zur Armee gehen und deren Eltern mit einem mir eher peinlichen Stolz davon berichten. (Ich bin übrigens weder zur Bundeswehr gegangen, noch habe ich Zivildienst abgeleistet. Nach der zweiten Anhörung im zuständigen Kreiswehrersatzamt, in der das Komitee meine Gründe für eine Verweigerung erneut nicht anerkannte, beschloß ich, mich zu immatrikulieren, da ich wusste, für die Zeit des Studiums würde ich vom Wehrdienst zurückgestellt. Eine dritte Anhörung hätte in Form eines gerichtlichen Verfahrens stattfinden müssen. Die Chancen, dabei anerkannt zu werden, standen zwar gut, aber mich verließ der Mut. Also zog ich meinen Antrag zurück. Jahre später, genauer, im Jahr, als die Mauer fiel, das zufällig auch das Jahr war, in dem ich aufgrund meines Alters endgültig hätte eingezogen werden sollen, hatte ich die verrückte Idee, an das zuständige Amt einen Brief zu schreiben, der zusammenfassend meine Bereitschaft ausdrückte, der Einberufung Folge zu leisten, daß aber die Armee als Konsequenz darauf einen sehr kritischen Teilnehmer

23

in ihren Reihen haben wird. Die Alternative, die ich anbot, war, mich in Ruhe zu Ende studieren zu lassen und sich stattdessen eines wohlwollenden Mitbürgers sicher sein zu können. Oder so ähnlich, ich erinnere mich nicht mehr genau. Meine Kalkulation war, daß sämtliche Behörden durch die aktuellen Vorkommnisse ganz andere Sorgen und Fälle wie mich gern vom Tisch hätten. Vier Tage später bekam ich die Antwort, in der stand, meine Einberufung sei als gegenstandslos zu betrachten.)

Es ist keine schöne Zeit. Die Zuversicht der anderen, die mit mir die Schule verlassen, fehlt mir. Ich spiele Optimismus vor, rede mit den anderen über Pläne, Wünsche und die Art und Weise, wie wir alles meistern würden, aber meine Grundstimmung ist Ratlosigkeit und Niedergeschlagenheit. Ich habe Angst. Erwachsen werden bedeutet, von anderen Menschen ernstgenommen zu werden und dem auch gerecht werden zu müssen. Ich bin überzeugt, das würde ich nicht können.

In dieser Stimmung treffe ich Meike. Sie ist bekannt dafür, mit zweifelhaften Größen des Ortes zusammen gewesen zu sein, Leute, die man die Prominenz der Szene nennen könnte. Sie kommt aus einem konventionellen Elternhaus und ist wegen ihrer unkomplizierten Art bei jedem, mit dem sie zu tun hat, beliebt. Warum sie sich immer die anrüchigen Jungs heraussucht, war mir nie so ganz klar. Vielleicht ist das ihre Art der Rebellion, vielleicht liegt es aber auch an ihrer Schönheit, die viele andere abschreckt, bis auf diejenigen halt, die das Wort schüchtern nicht kennen. Unsere Eltern kennen sich gut. Als sie anfängt, meine Nähe zu suchen, halte ich das für eine Art Irrtum ihrerseits. Ich bin befangen. Vor allem kann ich nicht begreifen, was sie an mir anziehend findet, zumal ich häufig betrunken bin, zwar nicht restlos, aber es gibt kaum nüchterne Zeiten bei mir. Durch ihre stille Beharrlichkeit gehe ich schließlich das Wagnis ein. Sie ist die erste Frau, mit der ich schlafe. Die Zeit, in der wir zusammen sind, ist sie geduldig, verständnisvoll, großzügig. Ich mache nach drei Monaten mit ihr Schluß. Der Gedanke, sie könnte schließlich erkennen, wie unwert ich tatsächlich bin, wird immer schwerer zu ertragen. Ich beende die Beziehung, bevor sie es tun kann. Kurz darauf heiratet sie, und das beruhigt mich. Wenn sie so schnell einen neuen findet, hatte ich auch keine große Bedeutung, denke ich.

***

Mehr gibt es nicht an Beziehungen. Oder, doch. Es gibt noch eine, wenn ich mir auch nicht sicher bin, ob ich es tatsächlich eine Beziehung nennen kann. Als ich sechzehn Jahre alt bin, kam Andrea an unsere Schule. Nach der Mittelstufe wechseln manchmal Schüler des Gymnasiums der Nachbarstadt zu uns. Vielleicht, weil unsere Schule besser oder weil die Atmosphäre angenehmer ist, ich weiß es nicht genau. Andrea ist über ein Jahr älter als ich. In der 10. Klasse macht ein Jahr einen großen Unterschied aus. Es bedeutet ein Jahr näher am Erwachsensein, an der Möglichkeit, den Führerschein zu machen, näher zu sein an vielen Dingen, die vom Kindsein trennen. Sie kommt mir sehr reif vor. Ich erinnere mich, wie bereitwillig sie das Bild einer sich selbst bewußten, bereits erwachsenen jungen Frau darstellt.

Ich gehe ihr zunächst aus dem Weg, auch wenn ich sie, wie viele andere, anziehend finde. Sie ist mir zu selbstsicher, legt zu viel Wert drauf, Frau zu sein. Sie stammt aus einer Akademikerfamilie, was bedeutet, sie ist jemand, der mich von vornherein ignorieren wird, und um das zu vermeiden, ignoriere ich als sie erster. Sie wohnt ein paar Straßen über mir. Meine Familie lebt in einem Viertel, das sich einen Berg hinaufzieht. Die Verteilung des sozialen Status` entspricht der jeweiligen Wohnhöhe: unten im Tal, in der Nähe der Fabriken, liegt die Arbeitersiedlung, in der Mitte etwa, also auf „meiner" Höhe, die Viertel der Angestellten und Beamten. Daß meine Eltern als Hilfsarbeiterfamilie dort wohnen, liegt daran, daß der Großonkel meines Vaters dort ein Zweifamilienhaus erwarb und eine Wohnung an uns vermietete. Oben auf dem Berg

25

stehen die Neubauten, die alleinstehenden Häuser mit den Besserverdienenden.

Für mich bedeutet das, morgens auf dem Weg zur Haltestelle unten im Tal fast regelmäßig auf Andrea zu treffen, die den gleichen Weg hatte. Mich bringt das in Schwierigkeiten. Die Straße nach unten ist gut überschaubar. Ich habe kein Problem, wenn ich hundert Meter vor ihr gehe und sie mich sehen kann. Ich muss mich einfach nur nicht umdrehen. Sie allerdings dreht sich um, wenn sie vor mir läuft, bleibt stehen und wartet auf mich, um mit mir gemeinsam den Weg fortzusetzen und zu plaudern. Diese Plaudereien versetzen mich in heillose Nervosität, weil ich überzeugt bin, mich mit jedem Wort zu blamieren. Ihre Freundlichkeit, ihr Interesse und ihre Bereitschaft, über meine Versuche, verzweifelt witzig zu sein, zu lachen, sind für mich der Beweis von mitleidiger Höflichkeit. Ich bete fast, sie am nächsten Morgen nicht zu sehen. Das Problem ist, ich kann nun nicht mehr aus dem Haus gehen, ohne mich umzudrehen und zu schauen, ob sie hinter mir geht, da dies mittlerweile schlicht zu unhöflich gewesen wäre. Mein Vorsatz, sie zu ignorieren, ist also gescheitert. Seltsamerweise spürte ich bald eine Zuneigung, die wohl aus einem Gefühl der Dankbarkeit entsprang und mich rasch völlig vereinnahmt. Ich bin sicher, verliebt zu sein, anders ist die Intensität meines Bedürfnisses, ihre Zuwendung zu suchen, für mich nicht erklärbar. Ich achte immer mehr darauf, Gemeinsamkeiten mit ihr zu finden, und wenn möglich, mit ihr allein zu sein. Unser gemeinsamer morgendlicher Weg zur Haltestelle wird der wichtigste Teil meines Tages, und wenn es sich ergibt, daß wir nach der Schule den Weg zurück ebenfalls gemeinsam gehen können, ist es ein perfekter Tag. Mich verunsichert manchmal, daß meine Zuneigung kaum körperliche Bedürfnisse ihr gegenüber hervorzurufen scheint, und wenn ich sie habe, scheinen sie mir zu profan und ungehörig. Ich erkläre es mir mit der besonderen, einzigartigen Qualität meiner Gefühle, die mich dazu anhält, auf den Moment zu warten, ab dem auch Andrea diese Besonderheit vollkommen erkennen und offen zu mir bekennen kann. Deshalb macht es mir nicht viel aus zu wissen, daß sie sich mit anderen traf und auch mit ihnen schläft. Die Eifersucht, die ich spüre, ist furchtbar, und ich erinnere mich an Nächte, die ich nur in betäubender Trunkenheit durchstehe. Mein Trost besteht in der Gewißheit, daß meine Gefühle unmöglich etwas anderes sein können als der Beweis für deren Wahrhaftigkeit und Besonderheit.

Sie beginnt eine Affäre mit einem Referendar unserer Schule. Das Wochenende verbringt sie meistens bei ihm. Mich beunruhigt es nicht. Es geht mir mit diesem Wissen nicht gut, aber Sorgen mache ich mir nicht. Wir treffen uns auch weiterhin wie bisher. Wir haben begonnen, uns regelmäßig bei mir zu treffen. Einer von uns beiden kaufte zwei, drei Flaschen Wein und wir verbringen den Abend zusammen, reden, hörten Musik und trinken. Abende in Zweisamkeit. Niemand sonst. Sie macht Anspielungen auf den platonischen Charakter unserer Beziehung, den ich mich nicht zu kommentieren traue. Dann beginnen wir, uns Briefe zu schreiben, eine Idee, die aus einem Spaß heraus entstand. Ich erwähne bei irgendeiner Gelegenheit, ich sei kein guter Briefeschreiber und daß meine Briefe ein Witz seien. Sie antwortet, dann hätte sie mal gern einen von mir. Also schrieb ich ihr. Ich gebe mir Mühe. Ich schreibe nichts, was sie erschrecken oder in Bedrängnis bringen könnte. Ich schreibe witzig, unverbindlich, bedeute ihr zwar, welchen Wert das Zusammensein mit ihr für mich darstellt, aber ich vermeide den klaren Ausdruck von Sehnsucht, weil ich weiß, es könnte sie zu einer Entscheidung verleiten, die möglicherweise zu schnell und deshalb falsch gewesen wäre. Ich hoffe insgeheim, die richtige Entscheidung würde ohne mein Zutun fallen. Sie antwortet ebenfalls per Brief, und von da an schreiben wir uns unregelmäßig.

Was war dies anderes als Bestätigung für die Richtigkeit meines Verhaltens? Sie denkt an mich, selbst wenn ich nicht anwesend bin. Und sie denkt selbst dann an mich, wenn sie bei ihrem Freund ist, weil sie dort manchmal ihre Briefe an mich

27

schreibt.

Die Zeit sollte mein Verbündeter sein. Drei Jahre lang. Nach dem Abitur geht sie ins Ruhrgebiet. Ich beschließe, mir dort einen Zivildienstplatz in der gleichen Stadt zu besorgen. Als ich ihr davon erzähle, reagiert sie zurückhaltend. Diesmal, zum ersten Mal, seit ich sie kenne, verspüre ich deutliche Furcht, eine Angst vor Verlorenheit, die sich zu einem kalten, harten Punkt hinter meinem Brustbein zusammenzieht.

Ich betrinke mich, schreibe einen Brief, in dem ich meine Sehnsucht erkläre, wie sehr ich mir ein Zusammensein mit wünsche, wie groß meine Verzweiflung bei dem Gedanken ist, sie zu verlieren. Sie antwortet nach einer längeren Pause. Sie schreibt schlicht, ich solle sie endlich loslassen.

Ich dachte immer, Trauer sei das Gefühl, das sich in so einem Moment einstellen würde. Trauer und vielleicht Wut durch den Verlust und die Enttäuschung. Und Schmerz. Aber es ist eigenartig. Ich bin nicht traurig. Ich fühle Schuld und Scham. Ich schäme mich. Es ist vorbei, etwas ist für immer vorbei, und ich schäme mich mit einer Inbrunst, die mich auflöst.

***

Ich bin ein guter Schüler. In der Grundschule gehöre ich zu den drei Besten. Das hält sich bis zur Mittelstufe im Gymnasium. Ich bin kein begeisterter Lerner, ich bin im Grunde nicht einmal ehrgeizig. Hausaufgaben erledige ich sofort nach dem Mittagessen, manchmal, während der Oberschulzeit, sogar noch im Bus auf der Heimfahrt. Der Grund ist, was erledigt ist, kann beiseite gelegt werden. Das ist für mich nämlich eine schreckliche Vorstellung: den ganzen Nachmittag zu wissen, etwas Unerledigtes drängt noch aus Erledigung. Von ungleich größerer Bedeutung ist allerdings meine Angst, abzurutschen in das unbemerkte Mittelmaß. Ich bin besessen von der Sorge, als Schüler unterzugehen im Durchschnitt. Zu den besten – oder sogar selbst zu den schlechtesten – zu gehören bedeutet, den leuchtenden beiden Spitzen anzugehören. Das ist für mich umso wichtiger, da meine Eltern, genauer, meine Mutter, mich für meine Leistungen aufrichtig lobt und deswegen ohne Zweifel stolz auf mich ist. Ich kann mich nicht erinnern, daß sie sich anderen Dingen, die ich tue, mit der gleichen Begeisterung zuwendet. Natürlich sehe ich zu, daß dies so bleibt. Deshalb kommt es für mich nie in Frage, mich der anderen Seite zuzuwenden, also den schlechten Schülern. Ich würde vielleicht beliebter, vielleicht sogar respektierter, aber ausschlaggebend ist die Tatsache, daß eine Position an der Spitze einen Sicherheitsspielraum nach hinten bedeutet. Mit der Note eins oder zwei ist man weit weg vom Abgrund entfernt. Das ändert sich, je weiter ich in der Oberschule vorankomme. Der Einfluß der Eltern verliert an Bedeutung, beziehungsweise der Einfluß ganz anderer Dinge nimmt zu. Das Kurssystem beginnt und löst das System der Klassenzimmer ab, jede Stunde ist man in einem anderen Raum mit anderen Mitschülern. Mir gefällt das. Es ist lebendiger. Außerdem kann man ab der Mittelstufe die Pausen auf dem Raucherschulhof verbringen. Der Raucherschulhof ist kleiner als der Haupthof, der die Ausmaße eines halben Fußballfeldes hat und ähnlich laut ist. Die Raucher sind ruhiger und erwachsener. Die Themen sind Politik, der kalte Krieg, Abrüstung, Öko. Die Pflichtthemen für Jugendliche. Und natürlich Beziehungen. Über Beziehungen wird interessanterweise abgeklärter diskutiert als über alternative Lebensweise. Natürlich mache ich mir die gängigen Sichtweisen zu eigen und verurteile aufs kompromissloseste das traditionelle Mann-Frau-Verhältnis, obwohl ich noch keine Zweisamkeit erlebt hatte. Das hatten die meisten anderen aber auch nicht.

Es ist das Alter, in dem die ersten Drogen ins Spiel kommen, vor allem Haschisch. Das wird recht offen gehandhabt, das heißt, es wird zwar nicht in der Schule verkauft oder konsumiert, aber keiner der Shitraucher macht ein Geheimnis aus seiner Vorliebe. Mich hat es lange Zeit gewundert, warum die Schulleitung nicht eingreift, bis ich einmal einen unserer Lehrer, der ab und zu mit uns in der Pause eine Zigarette rauchte, erklären höre, warum:

„Der Chef", damit deutet er mit dem Daumen hinter sich auf die Fenster im ersten Stock, hinter denen das Direktorenzimmer liegt, „weiß ziemlich genau, wer kifft und wahrscheinlich auch, wer sich härtere Sachen reinpfeift. Tja, was könnte er denn tun? Die Polizei rufen und Razzien durchführen lassen? Oder die Übeltäter zu sich zitieren und ihnen mit Rausschmiß drohen? Der Mann ist ja nicht dumm. Er weiß genau, wenn er auf diese Weise vorgeht, herrscht auf einmal das große Schweigen, und ihr? Ihr geht dann nicht mehr offen unter euch damit um, sondern macht es heimlich. Und das wäre viel schlimmer, weil ihr euch dann nicht mehr gegenseitig im Blick habt und gegenseitig reguliert. Und dann wird die Sache unberechenbar. Und: wenn einer von euch dann mal wirklich ein Problem mit dem Zeug kriegt, könnt ihr einen von uns oder den Chef nicht mehr um Hilfe bitten."

Wir sind beeindruckt.

„Nur macht euch nichts vor", sagt er beim Weggehen und wirft seine Zigarette in den Aschenbecher, „wenn wir jemanden hier vor Ort erwischen, müssen wir was machen. Also benehmt euch."

Das gegenseitige Auf-sich-aufpassen funktioniert offenbar. Ich bin stolz auf die liberale Leitung und ihr Vertrauen in unsere Verantwortung. Haschischkonsum unter den Schülern gibt es zwar, aber er nimmt nie zu. Er wird nie ein „Problem". Ich erinnere mich an zwei Mitschüler, die sich später harten Drogen zuwenden wie Heroin, Kokain oder LSD, Substanzen, die wir zwar vom Hörensagen kennen, aber einem vagen Kodex entsprechend klar ablehnen. Die beiden sind irgendwann nicht mehr für uns erreichbar, weil sie sich mehr und mehr isolieren, und zwar so sehr, daß sie irgendwann nicht mehr in der Schule kommen und keiner von uns weiß, was aus ihnen wurde. Ich glaube nicht, daß sie ein Opfer der Schulpolitik wurden, die Drogen duldet. Ich glaube, daß es aufgrund der Schulpolitik „nur" zwei Opfer gibt.

Mir ist das Haschischrauchen nie so ganz geheuer gewesen. Mir

30

gefällt die Wirkung nicht, die zu wenig steuerbar ist. Es scheint mir außerdem eine Droge zu sein, die mich durch die notwendigen Geheimhaltungsumstände des Konsums (man raucht in einem kleinen Kreis, zieht sich dazu zurück und geht generell verhalten damit um) und der eher passiv machenden Wirkung eher isoliert als einbinden kann. Man sagt, jeder sucht sich die Droge aus, die zu ihm paßt, und das hat zum einen mit Sicherheit etwas mit der Wirkung zu tun, aber ich glaube, besonders was den Alkohol angeht, ist für mich das Selbstbild wichtig, das ich mit dem Trinken in Verbindung bringe, und Selbstbild bedeutet: wie möchte ich von anderen gesehen werden? Ich will zu denen gehören, die dem Bild meiner nicht ganz klaren, aber trotzdem nicht in Frage zu stellenden Vorstellung von Männlichkeit entsprechen. In dieses Bild paßt keine Weichheit, keine Sanftmut oder – das Wort war mir damals nicht geläufig – Selbstfürsorge, alles Eigenschaften, die ich bei anderen, männlichen Mitschülern durchaus schätze und sogar bewundere, für mich jedoch nicht in Anspruch nehmen will oder kann. Ich will den Anschein eines gewissen Maßes an Härte und Aushaltenkönnen. Zu dieser Zeit hege ich passenderweise als geheimen Berufswunsch Berufssoldat oder Seemann. Geheim deshalb, weil ich nach außen hin eine, die übliche, gängige pazifistische Haltung vertrete, und weil der Wunsch, zur See zu fahren oder Soldat zu werden, auf Unverständnis, im günstigsten Fall auf Amüsement stoßen würde. Ich könnte meine Ideen auch nur schwer erklären. Die Vorstellung, zur See zu fahren entspringt einem Bedürfnis, in einem überschaubaren, sich andauernd auf der Reise befindenden Mikrokosmos zu leben und dabei gleichzeitig die Legitimation für Einsamkeit zu besitzen.
Ich entferne mich also bald von den politisch interessierten, ausdrücklich liberale Meinungen vertretenden Grüppchen, nicht zuletzt deshalb, weil die Mädchen, die diesen Gruppen angehören, ein ebenfalls demonstratives Selbstbewußtsein zeigen, was mich ängstigt, mehr als das Selbstbewußtsein der männlichen Mitglieder. Ich wende mich der Gruppierung zu,

31

die ein eher konventionelles und männlicheres Auftreten kultiviert: Lederjacken, Turnschuhe, Kleinkrafträder, Alkohol. Es gibt keine klaren Abgrenzungen oder sogar Rivalitäten zwischen den einzelnen Gruppen. Es kommen zeitweise Vermischungen vor, gemeinsame Aktivitäten wie Parties sogar regelmäßig, aber die unterschiedlichen „Kulturen" sind klar erkennbar. Zu diesen Jungs zu gehören, scheint mir am einfachsten. Auch ist hier die Gefahr, auf Dauer nicht bestehen zu können, am geringsten. Ich beobachte sie lange. Wer dazu gehört, gehört einfach dazu und bleibt, es werden keine verbalen Auseinandersetzungen erwartet, keine Bereitschaft, Position in der Geschlechterfrage zu beziehen und argumentativ abzusichern, kurz, nichts, was mich in die Gefahr einer Bloßstellung bringen würde. Es reicht, gemeinsam loszuziehen. Man braucht nicht einmal ein Zweirad, man kann bei jemand anderem mitfahren. Es ist allerdings notwendig, Alkohol vertragen zu können. Was das betrifft, bin ich unerfahren. Ich weiß aber auch, daß ich als Abstinenzler keine Chance habe. Ich muß trainieren. Mein erster Vollrausch ist die Folge von drei Flaschen Bier. Es ist von großer Bedeutung, das Ausmaß des persönlichen Rausches zu kennen, um das Risiko der öffentlichen Peinlichkeit zu minimieren. Ich trainiere alleine zu Hause, bis ich mich gewappnet fühle. Alles weitere ist leicht. Ich mache ein beiläufiges Angebot, bei mir mal auf ein Bier vorbeizuschauen, eine gleichgültige Interessenbekundung – nicht zuviel, ein „kommt mal vorbei, wenn ihr Lust habt" – ,das Vermitteln des Eindrucks, Trinken sei selbstverständlicher Alltag für mich, und alles weitere ergibt sich von selbst. Dazugehörenwollen und gleichzeitig deutlich machen, daß man nicht darauf angewiesen ist. Ich bin aufgehoben und muss mir keine Sorgen mehr darüber machen, wie ich mich zu definieren habe.

***

Ich habe mich an der Universität eingeschrieben. Für Literaturwissenschaften. Eine Lehre kommt aus verschiedenen Gründen nicht in Frage. Zum einen habe ich keinerlei handwerkliches Talent, geschweige denn Interesse daran, zum anderen verbinde ich einen handwerklichen Beruf mit Seßhaftigkeit und Gebundensein an einen Ort wie meine Heimatstadt. Ein Gedanke, der mich entsetzt. Der ausschlaggebende Grund ist jedoch meine Ambition, einen Platz zu erreichen, der mir Respekt, Achtung und Anerkennung durch einen akademischen Abschluß garantiert. Natürlich werde ich darin bestärkt und ermuntert. Meine Familie ist durchaus erfreut über meine Pläne, unter anderem, weil dadurch die Peinlichkeit meiner Kriegsdienstverweigerung zum großen Teil ausgeglichen werden kann. Sie ist überzeugt von meiner Bereitschaft zu zielstrebiger Arbeit und Ehrgeiz. Ich bin es auch, aber viel wichtiger ist es mir, eine Stellung zu erlangen, die mich vom großen Durchschnitt trennt. In den Bildern, in denen ich mir ein erfolgreiches Leben vorstelle, tauchen Bilder eines hohen Gebäudes auf, mit der Möglichkeit einer weiten Aussicht, Bilder von hochgelegenen oder weiten Landschaften, in denen ich einen guten Überblick darüber habe, ob sich jemand nähert. Ich wünsche mir ein Leben, das ich zurückgezogen und allein mit einer Frau führe, dabei ein geschätzter und gern um Rat gefragter Mann bin, dessen Wunsch nach Zurückgezogenheit nicht nur toleriert, sondern hochgeachtet wird. Ich wünsche mir ein unangreifbares Leben. Die Universität ist von meinem Heimatort gut erreichbar. Einer meiner Schulkollegen studiert ebenfalls dort und kann mich freitags und montags mitnehmen. Mein Zimmer ist billig und liegt in Nähe der Hochschule. Der Fußweg dorthin dauert fünfzehn Minuten. Für Neulinge werden vor Beginn der eigentlichen Vorlesungszeit Veranstaltungen durchgeführt, die ihnen die

Eingewöhnung und die Orientierung erleichtern sollen. Ich mache alle gewissenhaft mit, weil ich befürchte, ein Fehlen, besonders zu Beginn, dann nämlich, wenn sich erste Gruppen und Freundschaften bilden, würde es mir später schwermachen, mich anzuschließen. Den Ablauf an einer Hochschule habe ich mir so ähnlich wie an einer Oberschule vorgestellt: ein Stundenplan, den man sich selbst zusammenstellt, Klausuren, Hausaufgaben, nette Menschen, die neugierig aufeinander sind. Freunde findet man automatisch, weil alle allein sind und ein gemeinsames Interesse haben. Nach den Seminaren steht man vielleicht noch zusammen und plaudert. Man wird mich mögen, weil ich freundlich und zurückhaltend bin. Ich zumindest bin bereit, ein guter Freund zu sein. Die Universität ist außerdem nicht besonders groß und damit überschaubar.

Das System der Hochschule verstehe ich trotz der besuchten Einführungen überhaupt nicht. Genauso wenig, welche Veranstaltungen für mich in Frage kommen, welches Pflicht- und welches Wahlfächer sind. Viele Seminare erfordern den vorherigen Besuch eines anderen, das wiederum eigene Zugangsvoraussetzungen oder einen für mich undurchschaubaren Anmeldemodus hat. Ich stehe lange vor dem schwarzen Brett mit dem Kurs- und Belegungsplan. Kommilitonen kommen, werfen einen Blick drauf, machen sich eine Notiz in ihren Block und gehen wieder. Ich will nicht, dass man mir meine Ratlosigkeit ansieht, setze einen konzentrierten Blick auf und halte meinen Kugelschreiber und meinen Block bereit. Wenn sich jemand neben mich stellt, werfe ich einen freundlichen Blick zur Seite in der Hoffnung, einen Blick zurück anzuregen und angesprochen zu werden, vielleicht sogar mit dem Angebot, mir eventuell behilflich sein zu können. So würde ich es machen, wenn ich jemanden rumstehen sehe, der in Not ist.

Die Kommilitonen werfen mit zwar manchmal Blicke zu, nicht unfreundlich, aber beiläufig und sie gehen dann wieder, nachdem sie ihre Termine abgeschrieben haben. Und alle sehen so sicher aus. Nach einer halben Stunde bekomme ich Angst,

34

aufzufallen und gehe. Ich habe einen Kloß im Hals. Am Ausgang sehe ich Alex, der in der Einführungsvorlesung neben mir saß und ein netter Kerl zu sein scheint. Ich winke ihm zu, er winkt zurück und kommt zu mir. Er fragt, was ich grade vorhabe. Ich antworte, dass ich dabei sei, meinen Stundenplan aufzustellen, und ob er seinen schon fertig habe. „Hab ich", sagt er. „Und du?" „Klar. Wollen wir mal vergleichen?" Ich krame in meinem Rucksack, tue verdutzt und sage: „Ich hab meinen Block irgendwo liegenlassen. Ich weiß den Plan aber aus dem Kopf. Zeig mal deinen. " Er zeigt ihn mir. Sein Wochenplan ist komplett. Ich sage: „Paß auf, ein paar von deinen Kursen hab ich auch belegt. Kann ich die eben abschreiben? Ich will nicht wieder alles neu zusammensuchen." „Na sicher", antwortet er. Alex ist unkompliziert. Wir belegen nur zwei Fächer gemeinsam, insgesamt sechs Stunden in der Woche. Das ist wenig. Es bedeutet nämlich, daß ich nur diese zwei Seminare besuchen werde. Egal. Wenn ich mich erst besser auskenne, werden schon mehr dazukommen. Die ersten Veranstaltungen, an denen ich teilnehme, begeistern mich fast. Ich habe begonnen zu studieren, denke ich. Alles weitere wird von nun an leicht. Ich muß nichts tun als mich weiterleiten lassen von den Abläufen. So zuversichtlich und freudig erregt war ich seit langem nicht mehr. Ich spreche mit meinen Sitznachbarn und mache Witze und bin erleichtert. Die ersten Aufgaben sind immer leicht, z.B. „Lesen Sie das Kapitel soundso aus dem Buch XY. Suchen Sie das Buch in der Bibliothek". Es geht zunächst darum, sich mit Bibliothekssystem vertraut zu machen. Bibliotheken kenne ich. Manche von meinen Kommilitonen wollen das gemeinsam tun und verabreden sich. Ich würde das auch gern, aber Alex hat bereits eine feste Lerngruppe, in die ich nicht mehr hineinkomme. Während ich zögere und zunehmend verzweifelt beobachte, mit welcher Leichtigkeit sich die anderen organisieren, leert sich der Raum. Also gehe ich allein zum

Eingangsbereich der Bibliothek, wo mich auf der Stelle der Mut verlässt. Die Bibliothek ist groß. Sie ist riesig. Mit zwei Ebenen. Die Bücher sind nicht alphabetisch sortiert, wie ich mir insgeheim vorstellte, das wäre auch völliger Blödsinn, sondern nach Fachgebieten, Teilgebieten, Epochen, was weiß ich. Meine Hoffnung war, ein System zu finden, das sich selbst erklärt, aber das kann ich vergessen. Ich merke, wie mein Körper zusammensinkt. Eine Zeitlang drücke ich mich an einer Informationstafel herum, die mir nichts sagt, und schaue mich ängstlich um. Ich kann ein Pult sehen mit einer Art Registriergerät für entliehene Bücher, an dem alle, die den Raum verlassen, vorbeigehen und an dem ein Angestellter beschäftigt ist. Ich nehme mich zusammen und gehe hin. So sicher, wie ich eben kann sage ich:

„Hallo. Ich bin völlig neu in diesem Institut und nicht vertraut mit dem System. Können Sie mir sagen, was ich tun muß, wenn ich ein Buch suche?"

Meine Stimme klingt gut, gefasst, höflich, freundlich. Besser kann man es, glaube ich, nicht machen. Dabei halte ich die ganze Zeit Blickkontakt. Der Angestellte lächelt höflich und verweist mich auf ein Gerät mit der Bezeichnung „Mikrofiche". Darauf stehe alles, was ich brauche. Ich müsse nur die entsprechenden Folien einlegen. Mein Mut kehrt zurück. Ich erwarte so etwas wie ein Inhaltsverzeichnis der Bibliothek, das aus Platzgründen auf Mikrofilme gebannt wurde. Als ich den ersten Film einlege und auf den Bildschirm schaue, bin ich mutloser als vorher. Ich verstehe nichts. Ich kann zwar eine Systematik erkennen, weiß sie aber nicht anzuwenden. Ich lege noch einen Film ein, in der Hoffnung, zufällig den passenden zu erwischen. Und noch einen. Und dann noch einen. Eine halbe Stunde verbringe ich an dem Gerät und lese wahllos irgendwelche Kapitel, Bucheinträge, Artikel, Rezensionen, alles, was mir das Gerät zufällig anbietet. Dann stehe ich auf, schalte den Apparat ab und gehe.

„Alles geklappt?" fragt der Angestellte, als ich vorbeigehe.

„Ja, vielen Dank", antworte ich aufgeräumt.

Die Sonne geht unter, als ich nach Hause gehe. Es ist warm an diesem frühen Abend. Auf der Wiese hinter der Universität, dort, wo mein Fußweg entlangführt, tummeln sich Studenten, lesen, diskutieren, dösen. Alles sieht so aus, wie es sein soll. Ich sehe hinüber und stelle mir vor, wie sie mich, wenn sie ihre Blicke beiläufig schweifen lassen, kurz registrieren und wieder vergessen. Ich spüre, wie viel Kraft es mich kostet, jetzt, während ich einen Fuß vor den anderen setze, das Bild eines Menschen abzugeben, der so ist wie sie.

Ich wohne in einem alten Haus, dessen Zimmer nur an Studenten vermietet wird. Das Gebäude ist vier Etagen hoch. Jugendstil, glaube ich, nennt man das. Ziemlich ramponiert und durch die riesige Anzahl von Zimmern ideal für die Vermietung an Studenten. Ein recht schönes Haus, mit einer großen, eingezäunten Wiese und Nussbäumen. Mein Zimmer liegt in einer Wohnung im Erdgeschoß. Hier wohnen noch zwei andere Studenten. Das Wohnzimmer ist groß. In der Mitte steht ein Riesentisch aus dunklem Holz, darum drapiert ein dunkelgrünes Sofa und zwei klobige Sessel. Alles, Tisch, Sofa, Sessel, ist vollgestellt mit Stapeln von länglichen Kartons. Einmal, als ich allein bin, schaue ich in einen hinein: lauter eingeschweißte Bierdeckel. Einer meiner Mitbewohner ist offenbar Sammler.

Meine Mitbewohner sehe ich die ersten drei Wochen nicht. Ich mache mich unsichtbar. Die beiden wohnen offenbar schon länger hier, und an der Art, wie sie miteinander reden und Witze machen, scheinen sie sich gut zu kennen. Ich komme mir wie ein Störenfried vor und bleibe in meinem Zimmer. Auch weiß ich nicht, was ich tun soll. Soll ich mich vorstellen, ganz offiziell, oder abwarten, bis sich eine zufällige Begegnung und ein Gespräch ergibt? Ich überlege mir eine Taktik. Auf meinem Schreibtisch, den man bei geöffneter Tür vom Wohnzimmer aus gut sehen kann, drapiere ich aufgeschlagene Bücher und Schreibutensilien. So sieht es aus, als wäre ich sehr beschäftigt. Ein für jeden nachvollziehbarer Grund meiner

Zurückgezogenheit. Als ich das nächste Mal Stimmen höre, öffne ich die Schiebetür, sage freundlich und leicht überrascht „Hallo" und eile weiter zum Badezimmer. Dort warte ich einige Minuten und lausche auf die Stimmen. Sie reden weiter und sind nicht etwa verstummt oder tuscheln. Gut. Ich betätige die Spülung und kehre zurück. Mein Herz klopft schnell, aber ich gebe mich gelassen. Wir kommen in ein kurzes Gespräch. Ich bin fast stolz. Vor allem bin ich erleichtert. Ich kann jetzt immer mein Zimmer verlassen, ohne mir dafür einen Grund ausdenken zu müssen.

Ich komme montags immer sehr früh in die Wohnung, weil mein Bekannter, der mich fährt, schon um neun Uhr mit seinen Seminaren anfängt und mich vorher noch ablädt, und wenn ich ankomme, ist entweder noch niemand aus der Uni zurück oder schon wieder weg. Ich nutze die Zeit, um zu duschen oder aufs Klo zu gehen. Dann gehe ich ins Bett, trinke ein Bier, lese und schlafe bis mittags. Durch Alex´ Stundenplan habe ich erst Dienstagnachmittag in der Uni zu sein, und ich weiß nicht, was ich sonst tun könnte.

Von meinem Zimmer kann ich die Tagesabläufe der anderen registrieren. Tom kommt erst am Abend aus der Uni, Edgar, der, der die Bierdeckel sammelt, schläft regelmäßig ebenfalls bis Mittag und scheint sonst nichts zu tun. Ihn lerne wegen der Gleichheit unserer Tagesabläufe näher kennen. Er trinkt ebenfalls viel. Ich bemerke die charakteristischen Auffälligkeiten, die ich an mir selbst beobachten kann: nicht nur die Menge der Alkoholika, die er einkauft, sondern auch seine Tagesstruktur, die Tatsache, daß er selten in Gesellschaft trinkt, sondern sich dafür zurückzieht, ja offenbar keinen Wert auf Gesellschaft legt. Außerdem erlebe ich ihn manchmal betrunken, und zwar in einem Ausmaß, das ich mir außerhalb meines Zimmers nicht erlaube. Es gibt jedoch einen Aspekt, der mir am deutlichsten auffällt. Er fordert mich nie zum gemeinsamen Trinken auf. Es fällt mir deshalb besonders auf, weil mir diese Eigenheit sehr vertraut ist. Ich trinke zwar durchaus in Gesellschaft, aber dabei gilt es darauf zu achten, daß „Gesellschaft" immer die Anwesenheit mehrerer Personen bedeutet. Eine Gruppe erlaubt Diffusion. Das ist wichtig: in einer Gruppe, die trinkt, gerät man nie wirklich in einen Fokus, denn selbst, wenn alkoholbedingt Annäherung stattfindet, bleibt die Möglichkeit, den Kontakt nicht zu eng werden zu lassen. Eine Gruppe erlaubt es mir außerdem, anwesend zu sein und mich trotzdem in eine schweigsame, innere Emigration zurückziehen zu können. Ich schätze das sehr. Auf Parties kann ich stundenlang schweigend mit anderen zusammensitzen, ohne daß dies eine Missstimmung verursacht. Zu zweit zu trinken ist etwas völlig anderes. Es entsteht keine Diffusion, sondern Annäherung, ob ich will oder nicht, und ein Rückzug – auch ein zeitweiliger – kann von mir nicht allein bestimmt werden, sondern bedarf des Einverständnisses des anderen. Edgar scheint dieses Phänomen zu kennen und ebenfalls zu fürchten. Diese Entdeckung löst in mir Unbehagen und Sorge aus. Da ich diese Übereinstimmung zwischen uns erkannt habe, spürt er sie möglicherweise auch, und das bedeutet, daß er offenbar eine eigene Unfähigkeit besitzt, andere Menschen zu finden. Unsere Gemeinsamkeit könnte ihn irgendwann auf den Gedanken bringen, gerade mit mir in näheren Kontakt zu treten. Sozusagen als Seelenverwandten. Ich will das nicht. Ich will keine Freundschaft mit einem kaputten Menschen.

Er scheint noch weniger zu tun zu haben als ich. Manchmal, wenn ich nachts auf die Toilette gehe, sehe ich um drei Uhr morgens noch Licht durch die beklebten Glasscheiben seiner Tür. Hören kann ich nichts. Ich nehme an, er beschäftigt sich mit seiner Bierdeckelsammlung. Was er da genau macht, weiß ich beim besten Willen nicht, aber in unregelmäßigen Abständen stehen die Kartons im Wohnzimmer völlig neu geordnet. Er besitzt ein Laminiergerät, mit dem er die Bierdeckel einschweißt. Er trifft sich nicht mit anderen Sammlern. Übers Wochenende fährt er heim und ist am Montag wieder da. Ich weiß, dass er Student ist, das ist ja die Voraussetzung, um hier zu wohnen, aber außer zum Einkaufen und übers Wochenende verlässt er nie die Wohnung. So wie ich.

Thomas beendet drei Monate nach meinem Einzug sein Studium. Die nachfolgende Mitbewohnerin ist ein junges Mädchen, das ganz offensichtlich ein braves, konventionelles Leben führt. Als ich sie das erste Mal sehe und begrüße (diese Sicherheit habe ich mittlerweile, ich habe sogar schon an einer Party hier im Haus teilgenommen), achte ich auf mögliche Anzeichen, die auf Interesse von ihr hindeuten. Sie bleibt höflich und sachlich und geht mir aus dem Weg.

***

Ich bin drauf angewiesen, am Wochenende in meine Heimatstadt zu fahren. Die Wochenenden in der Universitätsstadt sind für mich tote Zeit. Ich kenne hier niemanden. Und ich habe kein Geld. Wenn ich Geld hätte, würde ich in eine der Studentenkneipen gehen, auch allein. Das wäre kein Problem. Ich könnte mich vorher in die notwendige Rolle hineintrinken, in der ich unter fremde Menschen gehen und mich unter ihnen bewegen kann.

Ich habe für jede Woche nach Abzug der Zimmermiete 40 Mark zur Verfügung, Geld, das aus einer kleinen Erbschaft meines Großonkels stammt und, auf minimale Rationierung beschränkt, für mehrere Jahre ausreicht. Die 40 Mark wöchentlich müssen für alles, was ich zum Leben brauche, reichen. Die größte Wichtigkeit hat dabei Alkohol. Nahrung ist ein Grundbedürfnis, das lässt sich begrenzen. Alkohol ist mehr als das. Das Geld reicht immer so grade eben bis Freitag. Hätte ich mehr Geld, würde ich das Wochenende über ohne weiteres hierbleiben. Auch allein. Kein Problem. Aber ohne Geld: das bedeutet von Freitag bis Montag in einer kleinen, ganz persönlichen Hölle zu verbringen, ohne alkoholischen Trost, alkoholische Träumereien, alkoholische Freiheit. In einer nüchternen, bedeutungs- und endlosen Einsamkeit, in einem Körper, dessen Haut zunächst aus Sandpapier und später Stacheldraht besteht und mit Gedanken, die nach und nach zu entsetzter Verzweiflung würden, was ich als letzte Konsequenz bisher fast immer vermeiden konnte. Das Wort Entzugserscheinungen kenne ich natürlich, ich kann das, was es gefühlt bedeutet, mit mir nur nicht in Verbindung bringen. Mich schrecken keine Entzugserscheinungen. Mich schreckt das Entsetzen, das sie bedeuten.

Ich komme nicht auf den Gedanken, mich als alkoholabhängig einzuordnen. Ich spüre die Abhängigkeit zweifellos, auf eine nicht zu ignorierende Weise, und ich spüre sie jede Minute des Tages. Aber wozu sollte ich sie näher in Augenschein nehmen, sie vielleicht sogar krank nennen? Sie ist da, und ich lebe damit, so wie ich mit meiner Körpergröße lebe und der Tatsache, daß mein Herz schlägt. Ich leide nicht darunter. Im Gegenteil. Ich brauche sie. Sie garantiert meine Existenz.

Ich kann das Geld ziemlich genau so einteilen, daß die Alkoholrationen bis Freitag reichen. Ich kaufe das billigste Bier, das es gibt, die Dose zu knapp 50 Pfennig. Wenn ich mir die Sicherheit von 8 Dosen pro Tag einräume, plus 2 Päckchen Tabak in der Woche für insgesamt 8 Mark, bleibt noch genug für Essen oder für andere Anschaffungen. Für das Wochenende zu Hause muß ich nichts kalkulieren.

Die Heimfahrt dauert eine knappe Stunde. Mein Studienfreund trifft sich mit mir in Nähe des Bahnhofs, meistens freitags Nachmittag. Sobald ich daheim ankomme, gehe ich rauf zu meinen Eltern, um Hallo zu sagen und das Bild des Sohnes abzuliefern, der gut zurechtkommt. Ich weiß, dass sie stolz auf mich sind, besonders mein Vater, der einen beinahe rührenden Respekt mir gegenüber zeigt. Von diesen Momenten kann ich zehren, und weil mir diese kurze Sicherheit die Illusion von Erfolg verschafft, komme ich mir ausnahmsweise fast vollkommen vor.

***

Abends, wenn ich zu Hause bin, gehe ich in meine Kneipe, einen rustikal eingerichteten Musikschuppen, das Rubikon, der ein Treffpunkt für Jugendliche aus den Dörfern der Umgebung ist. Hier gibt es häufig gute und manchmal weniger gute Abende für mich. Gute Abende sind, wenn ich zufällig Geld habe und mir drei oder vier Bier leisten kann. (Manchmal bedaure ich die Summe, die ich dafür ausgebe, weil ich an einem Abend das Geld einer halben Wochenration vertrinke.) An einem guten Abend ist außerdem Dirk da. Wie ich an Dirk geraten bin, weiß ich nicht mehr, aber ich habe schnell erkannt, daß wir eine Interessengemeinschaft bilden. Dirk erzählt gern von sich, ich höre zu, und dafür hält er mich frei. Wenn er da ist, muß ich mir keine Sorgen machen. Weniger gute Abende bedeuten kein Geld, kein Dirk und sonst keine bekannten Leute, von denen ich mir etwas Geld zusammenschnorren kann. Wenn der Laden voll ist, funktioniert das Schnorren unauffällig und ist entsprechend leicht. Die Rechnung ist simpel. Es ist leichter, von 5 Leuten je 1 Mark zu bekommen als von 2 Leuten je 2 Mark. Es gibt eine stillschweigend akzeptierte Obergrenze, bis zu der der Spender aus Großzügigkeit und Höflichkeit nicht nachdenkt. Ist die Kneipe schlecht besucht, muß ich gar nicht erst anfangen. Das Problem ist, ist habe mittlerweile einen gewissen Ruf. Im positiven Sinn. Wenn man lang genug regelmäßig denselben Ort aufsucht, wird man vertraut mit anderen, die ebenfalls dazugehören. Dazu muß man nicht einmal miteinander sprechen. Irgendwann nickt man sich das erste Mal zu und ist als zugehörig anerkannt. Man ist irgendwann quasi Inventar, gehört zum Erscheinungsbild, zur Atmosphäre. Der Wirt grüßt dich beim Hereinkommen , und zwar nicht mit dem freundlichen Kundenlächeln, sondern ernst, schnörkellos, wie es unter Vertrauten üblich ist, die an ihrer Beziehung nicht mehr arbeiten müssen. Es ist enorm wichtig, darauf zu achten, wie Wirte einen behandeln, weil dies von den anderen Gästen registriert wird. Wirte, die dich ernst nehmen, verschaffen dir einen guten Ruf. Ein Ruf bedeutet Einzigartigkeit, er löst bei anderen den Impuls aus, genauer hinzusehen, und dazu muß der Andere einen Schritt zurücktreten, so, wie man einen Schritt zurückweicht, um ein Gemälde näher zu betrachten. Darauf kommt es mir an: Aufmerksamkeit und Achtsamkeit für meine Person, aber auf Distanz. Ich habe lange daran gearbeitet. Dieser Ruf muß nicht einmal präzise beschreibbar sein, er kann sich ohne weiteres darauf beschränken, eine vage, aber zuverlässige, gedankliche oder bildliche Verknüpfung im Kopf anderer Menschen auszulösen, den unwillkürlichen Impuls, die Anwesenheit eines Menschen, wie zum Beispiel meine, nicht nur unbewußt zu registrieren, sondern sofort und ganz selbstverständlich am richtigen Platz einzuordnen.

Dieser Ruf bedeutet für mich Sicherheit. Es ist allerdings auch Sorgsamkeit erforderlich, ihn nicht zu gefährden oder kippen zu lassen. Die Buschtrommeln der Szene geben Informationen über Rudelmitglieder zuverlässig weiter, und sie tun das mit nachhaltiger Wirkung. Oft ohne das Wissen der Betroffenen, welche Informationen grade über ihn kursieren. Hat jemand permanent Pech mit Frauen und schafft es nicht, Bekanntschaften länger als wenige Tage zu halten, bevor er sich erneut mit dem gleichen Mißerfolg bemüht, wissen das nicht nur seine engeren Bekannten, sondern auch die, die mit ihm überhaupt nichts zu tun haben. Weil sie nämlich ein Muster erkennen. Dann ist er bald derjenige, „der keine Frau abkriegt". So ein Stempel ist tödlich, weil kaum zu korrigieren.

Meine größte Befürchtung ist, den Ruf desjenigen zu bekommen, „der sich seinen Alkohol zusammenbettelt". Das wäre fatal. Meine Quellen würden versiegen, denn es ist so ziemlich alles erlaubt außer Armseligkeit. Ich tue sehr viel dafür, souverän zu wirken, und das ist richtig harte Arbeit, wenn man sich armselig fühlt. Für mich bedeutet das, sehr viel Geduld zu haben, und, wenn es sein muß, mit jemandem Zeit zu verbringen und hoch aufmerksam zu sein für das, was mein Gegenüber für seine Bestätigung braucht, bis er mich schließlich einlädt, und das alles, während meine Nervenfasern langsam brüchig werden. Es gibt Abende, an denen sich diese Möglichkeiten nicht ergeben. Statt Gedränge, das aus dem Gang vom Tresen zur Toilette ein zwanzigminütiges Vollkontaktschieben macht, herrscht eine unbehagliche Übersichtlichkeit. Man kann von einem Raum in den nächsten sehen, aber vor allem, man selbst wird gesehen. Es ist außerordentlich ungünstig, alleine rumzustehen und dadurch aufzufallen. Es ist gar kein Problem, mit einem Glas in der Hand an der Wand zu lehnen und weiter nichts zu tun. Ein Glas zu halten ist Legitimation genug. Man ist beschäftigt, die Hände haben etwas zu tun; wer trinkt, hat ein Alibi für das Herumstehen und sonst nichts zu tun. Kein Glas in der Hand dagegen macht aufmerksam, weil es so unpassend ist wie die Hände in den Hosentaschen an einem Fließband. Aufmerksamkeit erweckt Argwohn.

Auf schlechte Abende in der Kneipe kann ich mich nicht immer vorbereiten, das heißt, zu Hause, für danach habe ich allerdings immer einen Vorrat an Alkohol, den ich häufig umsichtig rationieren muß. Diesen Vorrat darf ich vorher jedoch nicht aufbrauchen. Wichtiger ist, für danach genug zu haben. Ich komme nachts oder am frühen Morgen heim und bin in einer Verfassung, die vom erwünschten, fast besinnungslosen Rausch noch entfernt ist. Mein Heimweg ist lang, und außerdem würde ich mich nie mit Absicht außerhalb meiner vier Wände, selbst wenn es mir finanzielle möglich wäre, in einen nicht mehr zu kontrollierenden Zustand trinken. Das wäre zum einen durch die sichtbare Haltlosigkeit meinerseits eine Bankrotterklärung meiner Würde, auf die ich trotz allem großen Wert lege. Zum anderen aber, und darauf kommt es an, muß ich einen Rausch wirklich erleben können. Dazu muß ich unbedingt allein sein, weil ich Geborgenheit brauche. Ich muß in meiner alkoholischen Phantasie Gespräche führen mit Menschen, die ich beeindrucke durch Klugheit, Mut, Stärke, ich muß mir allein vorstellen und durchleben können, wie ich Beziehungen zu Frauen gestalte, und zwar makellos, humorvoll und durch Enttäuschungen nicht zu erschüttern. In dieser rauschhaften Auflösung bin ich der Gestalter eines Lebens mit mir als Mittelpunkt. Dafür lebe ich. Die kurzen Zeiten, die notgedrungen das Alkoholleben unterbrechen, nehme ich in Kauf, und manchmal sind sie mir sogar willkommen, weil sie, ähnlich wie Hunger oder Sehnsucht, die Aussicht auf Erfüllung umso kostbarer machen.

Manchmal ist der Rausch nicht möglich. Dann sind meine Anstrengungen, einen Abend finanziert zu bekommen, erfolglos, und die Reste, die ich daheim habe, reichen grade eben aus, um die Nacht durchzustehen. Die paar Mark, die ich noch habe, kann ich nicht in der Kneipe ausgeben. Die brauche ich für den nächsten Tag. Es ist nun mal ein einfaches Rechenexempel: entweder 3 Mark für ein Bier in der Kneipe oder für 6 Dosen Bier aus dem Supermarkt. Die Versorgung tagsüber ist selten ein Problem. Ich brauche mindestens 5 Mark für billiges Dosenbier und billigen Wein, und die lassen sich immer auftreiben. Etwas Geld habe ich schließlich selbst, und meistens kann ich mir, wie gesagt sogar einen Vorrat anlegen. Es gibt vereinzelt Tage, an denen ich 10 Mark zur Verfügung habe oder sogar mehr, zum Beispiel, wenn ich für meine Eltern einkaufe und einen Teil des Wechselgeldes behalte oder etwas aus deren Geldbörse nehme. Nie zuviel, eher wenig und dafür öfter. Sie merken es nicht. Manchmal habe ich dennoch nur einen lächerlichen Vorrat, komme nachts nach Hause, und die Zeit bis zum Öffnen der Supermärkte wird so lang wie eine Polarnacht. Dann ist mein Zimmer ein Sarg, in dem ich bis zum Morgen zwei Dosen Bier rationiere, so, wie ein unter der Erde verschütteter Bergmann sparsam atmet, um den kostbaren Sauerstoff nicht zu schnell zu verbrauchen. Ich bewege mich nicht. Ich will nicht, dass Bewegungen den Körper daran erinnern, dass es ihn gibt. Ich denke nichts. Gedanken lösen Fühlen aus, und Fühlen ist in diesem Zustand reines Entsetzen.

***

Ich glaube, mein Problem darf ich nicht im Alkohol suchen. Nicht nur jedenfalls. Würde ich nicht mehr trinken, würde sich nichts zum Positiven ändern, es würde alles noch schlimmer werden. Ich würde den Rest an Freude, Trost, Sympathie und Achtung mir selbst gegenüber, die sich ausschließlich im Rausch einstellen, auch noch verlieren. Ohne Alkohol wären mir das alles nicht mehr zugänglich, und übrig bliebe Leere. Ich darf nichts ändern.

Die Universität ist der einzige Nachweis meiner Zugehörigkeit zu einem organisierten System der Gemeinschaft, das nach von Menschen gemachten Regeln funktioniert. Es spielt keine Rolle, ob ich tatsächlich regelmäßig dort hingehe, ja nicht einmal, ob ich mich überhaupt dort jemals blicken lasse. Wichtig ist nur, sie ist ein Bezugspunkt für mich, den ich als Nachweis eines Eingebundenseins nennen kann, sollte ich gefragt werden. Das wichtigste Dokument, das ich besitze, ist mein Studienausweis. Ich habe mir eine Geldbörse mit einem durchsichtigen Einsteckfach besorgt, damit ich den Ausweis immer sehen kann, wenn ich sie aufklappe.

Mein Stundenplan ist auf ein Minimum beschränkt. Das erste Semester bestand aus den Kursen, die ich zusammen mit Alex belegte, die mir aber, wie ich herausfand, nichts nutzten im Hinblick auf die für mich notwendigen Leistungsnachweise. Ich habe dennoch zwei Klausuren mit gar nicht mal schlechtem Ergebnis geschrieben. Einige Male treffe ich mich auch mit anderen, wobei ich mich einfach an Alex halten kann, der alles organisiert und die Absprachen trifft. Dann belegt Alex andere Kurse als ich, und es liegt wieder an mir, meine Seminare zusammenzustellen, und ich habe dasselbe Problem wie am Anfang. Ich bringe nicht den Mut auf, jemanden um Hilfe zu bitten. Erschwerend kommt diesmal der Umstand hinzu, daß ich schon ein halbes Jahr eingeschrieben bin, was mein Unvermögen, Selbstverständlichkeiten zu bewältigen, noch offenkundiger macht und die Verwunderung der anderen darüber umso deutlicher würde. Trotzdem gehe ich zunächst weiterhin oft in die Uni. Ich beschließe, Wahlveranstaltungen zu besuchen. Diese sind auf dem schwarzen Brett und in den Vorlesungsverzeichnissen leicht auszumachen. Ich muss nur auf den Vermerk achten: „Keine Voraussetzungen erforderlich". Diese Seminare bringen mir für ein Weiterkommen gar nichts, haben aber den unschätzbaren Vorteil der Unverbindlichkeit. Man nimmt teil oder läßt es bleiben. Die Teilnehmerzahl ist meistens klein, was mir zunächst Hoffnung macht, bis ich merke, daß das Publikum ausschließlich Interesse an den Inhalten hat. Niemand zeigt Aufmerksamkeit für die anderen Teilnehmer. Mir gefällt es trotzdem. Hin und wieder komme ich auch in ein Gespräch mit einem Nachbarn. Manchmal sogar einer Nachbarin. Ich setze mich oft unauffällig nehme eine weibliche Studentin, in der Hoffnung, angesprochen zu werden. Meine Lieblingsphantasie ist, aufgefordert zu werden, anschließend vielleicht noch einen Kaffee trinken zu können, aber soweit kommt es nie. Vielleicht liegt es daran, daß ich trinke. Ich achte zwar sehr darauf, keine Fahne zu haben, kann mir dessen aber nie sicher sein. Trotzdem bin ich ganz zufrieden und lege mir die Worte zurecht, mit denen ich meinen Eltern von den Seminaren berichten werde. Ich weiß, dass sie das beeindruckt. Es kommt vor, daß sich die Studenten, wenn das Seminar besonders klein ist, anschließend alle mit dem Dozenten in die Cafeteria setzen und noch eine Stunde zusammen verbringen. Wenn so etwas am späten Nachmittag stattfindet, kann ich mir ein Bier bestellen. Ich muß mir dann keine Sorgen mehr wegen einer Fahne machen. Am wichtigsten ist, ich bin in diesen Momenten Teil einer kleinen, ausgesuchten Gemeinschaft. Ich schaffe es dann sogar, ein paar Worte mit dem Dozenten wechseln. In diesen Momenten kann ich mir einreden, mittendrin im Geschehen zu sein.

***

Die Universität hat eine eigene Beratungsstelle. Ich habe das Schild oft beim Vorbeilaufen registriert, ohne auf die Bedeutung zu achten. Als ich diesmal vorbeigehe, entwickelt sich ein Gedanke. Die Beratung nennt sich „Psychosozial", und das läßt einen Hauch von Hoffnung in mir aufkommen. Psychosozial bedeutet, man ist auf Schwierigkeiten vorbereitet, kann damit umgehen, und zwar mit Verständnis, Professionalität, Vertrauen und einer Das-kriegen-wir-schon-hin Haltung. Psychosozial, das trifft auf mich zu. Ich werde hingehen, schildern, wie es um mich steht, jemand wird mich an die Hand nehmen und verständnisvoll anleiten. Wieso bin ich nicht früher auf die Idee gekommen? Am nächsten Tag werde ich dort sein. Ich habe gute Laune an diesem Morgen, dusche mich, nehme meinen Rucksack und mache mich auf den Weg. Ich bin nüchtern und ängstlich, aber ich will die Aussicht auf verständnisvolles Entgegenkommen nicht durch den Verdacht vermurksen, ich hätte ein Alkoholproblem.
Vor dem Büro gibt es einen kleinen Wartebereich mit fünf Sitzplätzen. Es liegt etwas abseits vom üblichen Betrieb, und das ist beruhigend. Niemand sieht, wenn jemand dort wartet. Als ich ankomme, ist niemand sonst da. Das ist schlecht. Jetzt muß ich rausfinden, ob schon jemand drin ist, dafür muß ich anklopfen, genau hinhören, ob jemand Herein" ruft, wenn ich nichts höre, entscheiden, ob ich noch mal klopfe oder einfach die Tür aufmache und nachsehe, dabei riskiere zu stören und Missfallen zu erregen, oder ob ich mich wieder setze und warte...
Meine Hände werden feucht. Ich will wieder gehen. Ich kann auch morgen wiederkommen. Oder ich warte draußen versteckt, bis ein anderer hineingeht und schließe mich unauffällig an, dann könnte derjenige nämlich vor mir ins Büro gehen und drinnen Bescheid sagen, daß noch jemand wartet, und ich würde anschließend gerufen, anstatt mich bemerkbar machen zu müssen und dabei etwas falsch zu machen.

48

Ich entschließe mich, zu warten, setze mich hin und hole meinen Kalender raus, damit ich beschäftigt aussehe, falls jemand herauskommt. Es kommt niemand. Ich warte zehn Minuten. Dann klopfe ich doch an. Eine Männerstimme ruft: „Ja bitte." Ich bin erleichtert und gehe hinein. Ein Mann mit kurzem Vollbart sitzt hinter einem kleinen Schreibtisch. Er sieht mich an, weder freundlich noch unfreundlich, eher neugierig. Ich setze mich gegenüber. Ich habe es geschafft! Ab jetzt wird alles leicht. Irgendeine routinierte Maschinerie wird bald in Gang gesetzt, die extra für Leute wie mich erdacht wurde und die mir weiterhilft. Er fragt, was er für mich tun kann, und ich erzähle. Von meinen Schwierigkeiten, die passenden Kurse zu finden. Dem Gefühl, mich überhaupt nicht zurechtzufinden. Von meiner Mutlosigkeit. Meiner Angst, nicht zurechtzukommen. Meiner Angst überhaupt. Meiner Überforderung. Ich bin erleichtert, diesen Ort gefunden zu haben, so erleichtert, und ich beginne zu weinen. Aber das ist nicht schlimm. Hier darf ich das. Er hört mir schweigend zu. Das geduldige Schweigen steigert meine Zuversicht. Ich werde nicht unterbrochen. Ich erzähle, dass ich gern jemanden kennenlernen würde, das aber nicht geht, weil ich mich nicht zugehörig fühle und das Gefühl habe, von anderen nicht wahrgenommen zu werden. Ich rede sehr viel, aus Angst, etwas auszulassen. Dann höre ich auf, erschöpft, aber in dem Wissen, jetzt wird alles gut. Der Mann hat mich nicht einmal unterbrochen, er hat mir zugehört. Jetzt denkt er nach. Er wird mir sagen, was zu tun ist, und das wird ganz einfach sein und ab sofort gibt es keine Probleme mehr. Er setzt sich schließlich zurecht und fragt: „Haben Sie denn kein Vorlesungs- und Seminarverzeichnis?"
Meine Zuversicht bekommt einen scharfen Riß. „Doch", sage ich. Weiter nichts. Ich muß schlucken. Er sagt: „Da steht alles drin, was nötig ist." Und sieht mich fragend an. Meine Enttäuschung ist, vielleicht wegen des Hochgefühls vorher, ungeheuer. Vielleicht ist es auch keine Enttäuschung. Ich weiß nicht genau, was ich spüre. Sinnlosigkeit, vielleicht. Kann man

49

eine Sinnlosigkeit genauso spüren wie Enttäuschung? Wahrscheinlich, denke ich. Beide bedeuten doch ein Fehlen oder den Verlust von etwas. Leere ist Leere. Das ist fast philosophisch, denke ich. Komisch, was mir grade durch den Kopf geht. Ich sehe mein Gegenüber wie durch eine Glasscheibe. Ich bin ganz ruhig. Seltsam, diese Ruhe. Aber auch gut. Als wäre etwas abgeschaltet worden. „Sie haben recht", sage ich schließlich, sofort wieder gefaßt. „Vielleicht sollte ich da noch mal genauer reinschauen". Ich stehe auf und bedanke mich höflich. Er nickt mir zu und bleibt sitzen. Draußen gehe ich auf eine Toilette und hole eine Dose Bier aus meinem Rucksack. Ich denke daran, mich umzubringen, aber dieser Gedanke passt nicht hierher. Darüber will ich nachdenken, wenn ich zuhause bin. Ich weiß, dass mich das Denken an den Tod tröstet, und diesen Trost will ich nicht hier auf der Toilette, in der ich mich mit meiner Bierdose verstecke.

***

Einmal im Semester muß ich meine Einschreibung bestätigen lassen. Man nennt das Rückmeldung. Ich achte genau auf die Fristen. Ich will ja nicht rausfliegen. Es ist eine rein formale Angelegenheit. Ob man erfolgreicher Student ist oder nicht, interessiert keinen. Es ist, als würde man sich von einer Behörde abstempeln lassen, dass man weiterhin in der Stadt wohnt. Ich will nicht rausfliegen, weil der kleine blaue Ausweis beweist, dass ich dazugehöre, und das will ich auf keinen Fall verlieren. Jetzt ist der sechste Stempel dran. Er hat etwas beruhigendes, schützendes. Ich besuche keine Vorlesungen und Seminare mehr, aber trotzdem ist die aufgedruckte „6" in dem kleinen eingeklebten Rechteck ein ganz klarer Beweis, dass ich einen weiteren Schritt einer Entwicklung vollzogen habe. Ich bin stolz. Ich fühle mich nicht fremd, wenn ich bei diesen seltenen Gelegenheiten durch das Gebäude gehe. Um sich fremd zu fühlen, muß man spüren, dass man irgendwo nicht hinpasst, oder andere müssen einen das spüren lassen, aber hier, am Sekretariatstresen, an dem ich meinen Stempel bekomme, bin ich einer von Vielen, die routiniert an einem gewöhnlichen Vorgang teilnehmen. Niemand beachtet mich. Aber diesmal ist etwas anders. Ich denke nach, komme aber nicht sofort drauf, was es sein könnte. Dann weiß ich es plötzlich: Ich habe auf einmal die Eingebung, einen gedanklichen Irrtum begangen zu haben. Was, wenn meine Isolation einen Sinn hat? Vielleicht sogar meine Bestimmung ist? Etwas, was mich nur deswegen so verstörte, weil ich dessen Qualität gar nicht richtig erfassen konnte?

Ich sitze auf einer der Holzbänke in der Nähe des Tresens, an denen die Rückmeldungen vollzogen werden, und sehe, wie andere beschäftigt sind, mit Lesen, mit Diskutieren, mit Zielstrebig-einen Raum-aufsuchen, und egal, was sie tun, sie sind nie allein. Ich dagegen bin allein, aber ich bin deshalb allein, weil ich anders bin. Nicht anders, weil ich schlechter, unfähiger, inkompetenter bin, sondern möglicherweise aus dem gegenteiligen Grund: Ich denke mehr nach als sie alle, meine Gedanken haben Tiefe und Schwere, und ich darf mich nicht durch ein oberflächliches Beschäftigen von vorgeschriebenen Kursinhalten einschränken lassen, sondern muß das Wagnis eingehen, mich über das übliche hinwegzuheben! Es gibt genug Beispiele von Menschen, die Karriere gemacht haben und berühmt geworden sind, indem ihr Anderssein erkannt wurde als Beweis für ihr Genie. Man muß schließlich zwangsläufig anders sein, wenn man etwas Besonderes ist, und es gibt eine Menge von Menschen, die anders waren und deswegen tranken, und diese Menschen wurden schließlich bewundert und geachtet, sie ernteten Achtung und Respekt für ihre Talente, und ihre selbstgewählte Klausur wurde erkannt als Quelle außergewöhnlicher Inspiration. Vielleicht ist das meine Bestimmung. Ganz bestimmt sogar. Ich muß einsam sein, weil in mir etwas sucht und sich entwickelt und mich quält, und ich diese Quälerei nicht nur niemandem sonst zumuten, sondern sie auch nicht beenden darf. Und deswegen ist es notwendig, dass

51

ich mein Leben, so wie ich es grade führe, konsequent weiterlebe, um mich selbst nicht zu verraten. Das ist es! Es ergibt so viel Sinn. Er erklärt, warum meine Versuche, dazuzugehören, andauernd scheitern. Sie müssen scheitern, weil sie in dem großen Plan, der für mich gilt, nicht vorgesehen sind.

Ich bin fast glücklich.

***

Meine Beine schmerzen, wenn ich mehr als fünfzig Meter gehe, und selbst die schaffe ich nur an guten Tagen. Oft bewältige ich grade mal die Hälfte und muß dann eine Pause machen. Wie ein alter Mann, nur, daß ich mir beim Stehenbleiben nicht an die Brust fasse und zu Atem kommen muß. Die Schmerzen sind heftig, eine lähmende Taubheit, während gleichzeitig die Hautoberfläche von watteartiger, unangenehmer Unempfindlichkeit ist, so als wüßten die Schmerzrezeptoren nicht, welchen Bereich sie abdecken sollen. Die Schmerzen sind lästig. Zum Einkaufen brauche ich viel länger als sonst und bin schnell erschöpft. Bergauf ist es ganz schlimm. Ein Glück, dass ich meistens frühmorgens unterwegs bin, dann sieht mich niemand. Sollte mir doch mal jemand entgegenkommen, bleibe ich stehen und sehe nachdenklich auf meine Armbanduhr oder krame in meinem Rucksack, bis er vorbeigegangen ist. Mein Gang ist mir peinlich. Mich ängstigen nicht die Beschwerden, sondern die Möglichkeit, jemand könnte mich fragen, ob ich Hilfe brauche. Sorgen mache ich mir wegen der Schmerzen nicht. Sie machen mich nur langsam. Mir Sorgen zu machen wäre eine irrelevante Angelegenheit. Es bedeutet, da ist etwas, was mich bewegt, beschäftigt, geklärt werden müßte, aber es gibt nichts zu klären. Ich habe alles Mögliche, aber Sorgen gehören nicht dazu. Außer die, dass ich für die Woche genug zum Trinken habe.
Nur einmal bin ich ernsthaft beunruhigt. Es kann eine ernsthafte Quälerei sein, morgens den ersten Schluck Alkohol

hinunterzubekommen, egal, ob Bier oder Wein. Der erste Alkohol am Tag ist das widerwärtigste, das man sich vorstellen kann, und ich glaube nicht, dass es viele gibt, die sich tatsächlich ein Bild davon machen können, wie schmerzhaft und widerlich eine Flüssigkeit ist, die in einen Körper fast reingepresst werden muß, der ohnehin angeschlagen ist, weil er die Wirkung vom letzten Trinken noch nicht ganz verarbeitet hat. Jede Faser rebelliert und der Magen gerät aus Notwehr in Wut, aber es muß getan werden, weil es keine Wahl gibt. Ich funktioniere nicht einmal auf eine elementare Weise, solange meine Physiologie nicht das Mindestmaß an alkoholische Versorgung bekommt, ich kann nicht denken, mich nicht bewegen, meine Hände, Arme und Beine nur schwer koordinieren, selbst das bloße visuelle Wahrnehmen macht Mühe, weil meine Augen zwar Gegenstände sehen, aber die Übertragung von der Netzhaut zum Sehzentrum viel zu viel Kraft zu benötigen scheint. Zu sagen, ich brauche den Alkohol, wäre eine unsinnige Bagatellisierung. Genauso gut könnte man sagen, ich brauche Sauerstoff.

Ohne Erbrechen ist das nicht zu schaffen. Dieses Erbrechen ist ein zeitraubendes Ritual, das mich immer wieder zurückwirft und nur frustrierende, verzweifelt kleine Fortschritte erlaubt. Außerdem kostet es enorm Energie. Wenn mein Körper endlich so weit ist, wenigstens kleine Schlucke und damit Wirkung zuzulassen und das krampfende Würgen aufhört, bin ich schweißgebadet und ausgelaugt, allerdings auch erleichtert, weil der Tagesbeginn geschafft ist und es nicht mehr schlimmer kommen kann. Ich habe mir einen Plastikeimer angeschafft, der neben meinem Bett steht. Die Flüssigkeit, die ich diesmal erbreche, ist rot. Das macht mir Angst. Mein erster Impuls ist, zu einem Arzt zu gehen. Ich lasse es sein und beschließe, abzuwarten und zu beobachten. Schmerzen habe ich keine. Am Nachmittag gehe ich auf die Toilette, um mich noch einmal zu übergeben und stelle fest, dass nichts Rotes mehr da ist. Also wird es nicht so schlimm sein. Das blutige Erbrechen kommt auch nur noch ganz selten vor.

Das Haus verlasse ich fast nur noch zum Einkaufen. Die Supermärkte machen um acht Uhr auf. Eine Stunde vorher stehe ich auf und gehe los. Der Weg ist lang. Ich könnte auch in einem Geschäft in der Nähe einkaufen, aber da ist es teurer. Es ist ein großer Unterschied, ob ich für eine Dose Bier 50 oder 70 Pfennig ausgebe. Für fünf Mark bekomme ich in dem einen Geschäft zehn Dosen, in dem anderen sieben. Macht eine Differenz von drei. Hochgerechnet auf eine Woche sind das einundzwanzig Dosen Unterschied, und das ist in etwa ein Dreitagesquantum, mit vielleicht noch ein bis zwei Tetrapaks Wein alle zwei Tage zusätzlich. Zur Sicherheit. Damit bin ich für die Woche gut versorgt. Ich kann sogar einen Vorrat für Montag früh zurücklassen, wenn ich von zu Hause zurückkomme. Ich habe es so eingerichtet, dass ich alle zwei Tage einkaufe, und zwar deshalb so früh am Morgen, weil ich erstens diese Mühe so schnell wie möglich hinter mich bringen will, aber vor allem, damit keiner im Haus mitbekommt, wie ich mit einem Rucksack und einer Plastiktüte voll Bier und Wein durch die Gegend laufe. Um halb neun bin ich zurück, lege mich wieder ins Bett, trinke, lese, rauche für eine Stunde und schlafe. Das Rauchen ist ebenfalls eine Sache, die ich umsichtig planen muß. Tabak kann ich nur zweimal in der Woche kaufen, sonst sprenge ich mein Budget. Wenn mein Tabak alle ist, zerkrümele ich die gerauchten Kippen und drehe daraus neue. Deswegen leere ich meine Aschenbecher nie in den Müll. Das Inhalieren der recycelten Kippen zieht mir die Blutgefäße im Kopf zusammen.

Essen ist mir egal. Dafür findet sich immer eine Lösung, zum Beispiel eine Scheibe Brot, die ich aus der Gemeinschaftsküche nehme oder zwei, drei Löffel heimlich im Vorbeigehen aus Topf oder Pfanne auf dem Herd, an dem meine Zimmernachbarn sich ihr Essen kochen. Zwei, drei Löffel reichen mir schon. Und eine Scheibe Brot ist eine Mahlzeit, die ich über eine halbe Stunde strecken kann. Mein Gewicht hat stark abgenommen. Auch das stört mich nicht. Ein willkommener Nebeneffekt. Ich weiß, dass viele Trinker zunehmen und aufdunsen. Das wäre für mich schlimmer. Je dünner ich bin, desto unauffälliger bin ich auch. Der Trick ist, dass die Menge, die ich wegnehme, nicht auffällt. In einem Geschäft etwas stehlen würde ich nie. Davor habe ich zuviel Angst. Wenn ich erwischt würde, hätte das Konsequenzen, die ich tragen müßte. Welche, kann ich mir nur vage vorstellen, aber ich hätte mich zu erklären und zu rechtfertigen. Es spielt auch gar keine Rolle, was ich tun müßte. Ich wäre dem schlicht nicht gewachsen. Wenn ich mal etwas zu Essen einkaufe, dann sehr wenig. Ich esse auch nur vielleicht einmal am Tag. Und es muß billig sein. Eine kleine Dose Eintopf gibt es für fünfzig Pfennig, eine Frikadelle aus der Cafeteria mit einem Brötchen für eine Mark, so etwas. Teurer darf es nicht sein. Muß es auch nicht. Für einen Tag reicht das allemal. Ich habe einen Weg gefunden, trotzdem ein Fest daraus zu machen. Ich habe einen großen Stapel an Zeitschriften zusammengesammelt, alte Journale aus dem Altpapier hinterm Haus, oder die wöchentlichen Magazine, die mein Wohnungsnachbar liest und mir dann überlässt. In denen interessieren mich vor allem die Rubriken, die sich mit Kochrezepten und Restaurant- oder Gourmetberichten befassen. Die lese ich, während ich ganz langsam esse, und das ist, als würde ich zusätzlich durch die Beschreibungen satt. Mir sind meine Mahlzeiten noch nie armselig vorgekommen.

***

Heute werde ich 27 Jahre alt. Es ist Samstag. Ich bin bei meinen Eltern. Mein Geburtstag ist kein besonderer Tag. Das ist er nie gewesen. Ich bekomme Geschenke von meinen Eltern und meiner Schwester, meistens ein Buch, etwas zum Anziehen, manchmal etwas Geld, da keiner so richtig weiß, was er mir schenken soll, und ich nicht weiß, was ich mir wünsche. Oder doch. Etwas zu trinken natürlich, aber das kann ich schlecht sagen. Geburtstagsparties wurden für mich noch nie veranstaltet, hauptsächlich deshalb, weil ich immer deutlich machte, daß ich die nicht wollte. Lauter Menschen mit der entschlossenen Absicht, fröhliche Stunden mit mir als Mittelpunkt zu verbringen, das wäre mir unangenehm. Ich müsste die Fröhlichkeit teilen und mich anstrengen, kein Spielverderber zu sein, während ich insgeheim nur den Wunsch nach Rückzug hätte. Während der wenigen Feiern, die damals als Kind für mich veranstaltet wurden, hatte ich, wie ich mich erinnere, sehr schnell den Wunsch, allein zu sein und deswegen ein schlechtes Gewissen. Stattdessen habe ich durchgehalten und am Ende der Partie Muskelkater in den Wangenmuskeln wegen des ungewohnten Dauerlächelns. Die Vorstellung, mit Menschen zusammen zu sein, die ausgelassen und fröhlich mit mir feiern, ist absurd. Ausgelassen und fröhlich bin ich noch nie gewesen. Die Worte klingen irgendwie...rührend. Nach Unschuld und Unbeschwertheit.

Heute stehe ich früh auf, gehe dann hoch zu meinen Eltern, weil ich weiß, daß sie auf mich warten. An meinen Geburtstagen verbringe ich mehr Zeit mit meiner Familie, weil sie das erwarten. Ich bin darauf vorbereitet. Zwischendurch gehe ich manchmal in mein Zimmer mit der Erklärung, eine Zigarette zu rauchen. Hauptsächlich tue ich es, um heimlich zu trinken. Alkohol kann ich am hellen Tag in Anwesenheit meiner Eltern noch nicht zu mir nehmen.

Mein ganzes Leben scheint sich nachts abzuspielen. Momente im Tageslicht erlebe ich kaum, außer denen, in denen ich frühmorgens Alkohol einkaufe. Das führt zwangsläufig dazu, daß ich immer mehr mit den Menschen verkehre, die ebenfalls im Dunkeln leben. Meine abendlichen Routinen ändern sich, zunächst unmerklich, dann deutlicher. In meine Stammkneipe, das Rubikon, gehe ich nach wie vor regelmäßig, wenn ich in meiner Heimatstadt bin, und hier bin ich in den Semesterferien meistens. Was sollte ich in den drei Monaten sonst tun.

56

***

Seit meinem Schulabschluß sind Jahre vergangen. Die Menschen, die anfangs mit mir zusammen einen neuen Lebensanfang begannen, fanden ihren Platz und begannen ihren Beruf oder ihre Ausbildung. Sie alle leben mehr oder weniger konsequent nach einem Plan, der sie von mir und dem Rubikon immer weiter wegführt. Es kommen natürlich immer neue Menschen hinzu, aber sie sind kein Teil mehr meines ursprünglichen, vertrauten Lebens. Ich verliere nach und nach die letzten Verknüpfungen an die Zeit, als ich noch gewohnt war, nach vorn zu schauen. Ich verliere sogar die Erinnerung daran, wie ich einmal war und wie ich sein wollte. Es geschieht langsam, so wie nächtliche Dunkelheit auch nicht plötzlich beginnt, sondern mit einem stetigen Nachlassen der Helligkeit. Irgendwann bin ich Inventar des Rubikon geworden. Manchmal schiebt mir einer der Wirte ein Freibier über den Tresen zu. Ich nehme es mit einem naiven Stolz an, weil Freibier ein Privileg für besondere Gäste ist. In diesen Stolz mischt sich aber auch ein Quentchen Scham. Freibier bedeutet schließlich auch Gönnerhaftigkeit und versteckte, herablassende Sympathie. Auch Obdachlose, die sich, wenn auch selten, hierher verirren, bekommen manchmal ein Freibier oder einen Schnaps. Das Publikum ändert sich. Es kommen immer noch viele aus früheren Zeiten her, aber ich spüre, daß sie mir immer mehr auf nicht einmal unfreundliche Art signalisieren, ich gehöre nicht mehr zu ihnen. Ich kann es verstehen, und es überrascht mich weder, noch kränkt es mich. Sie sind unbeschwert, sauber und und bereit, sich dem Leben zu stellen. Ich vermittele ihnen etwas Verstörendes, etwas, was sie nicht verstehen können. Ich weiß, daß ich mich vernachlässige. Ich lege keinen großen Wert auf meine Kleidung, vor allem, weil gute Kleidung Geld kostet. Meine Haare schneide ich aus dem gleichen Grund selbst. Ich bin zwar nur sehr selten restlos betrunken, aber immer alkoholisiert. Ich falle auf. Ich bin jemand, der immer mehr so aussieht, wie er

57

sich fühlt, und das ist fatal. Auch wenn ich Wert auf unberührbare Sicherheit und Distanz zu anderen Menschen lege, nimmt mir diese Art der Distanz die Möglichkeit, als Trinker existieren zu können. Ausgrenzung kann ich mir in Kneipen nur erlauben, wenn ich auf andere nicht angewiesen bin, und dafür ist Geld die Voraussetzung. Hätte ich Geld, müsste ich auf diese Gefahren überhaupt nicht achten. Ich habe es aber nicht, und ich erkenne mit Besorgnis, daß ich etwas ändern muß.

Die Änderung geschieht langsam und fast von selbst und ist sogar leicht zu erklären. Jeder Mensch fällt nur ungern unangenehm auf. Stellt er fest, daß es trotzdem passiert, ändert er sich entweder selbst, um sich anzupassen, oder er sucht sich Umgebungen, in denen er nicht mehr auffällt. So mache ich es auch. Die Möglichkeit, mich selbst zu ändern, um mich den anderen anzugleichen – nun ja, darüber lohnt es sich nicht einmal nachzudenken.

Aber es ergibt sich dennoch eine Möglichkeit, und zwar im räumlichen Sinn. Ich ändere meinen Lebensraum und mache sozusagen mich mit der Steigerung des Rubikon bekannt. Mit der Station danach.

Es gibt im Rubikon außer mir noch anderes Publikum, das in die eher konventionelle Atmosphäre ebenfalls nicht oder nicht mehr hineinpasst. Ich bin diesen Leuten bisher immer aus dem Weg gegangen, weil deren Bekanntschaft hinderlich sein kann für einen guten Ruf: richtig harte Trinker, Außenseiter, Drogenleute und schlimmeres. Man lässt sie in Ruhe, respektiert sie, weil Respektlosigkeit ihnen gegenüber Ärger bedeuten kann. Die Wirte tolerieren sie, solange sie im Rubikon nicht allzu auffällig werden, außerdem stellen sie sogar eine gewisse Prominenz dar, die die Atmosphäre interessanter werden läßt. Ich werde, ohne es zu merken, in ihre Nähe gezogen. Ich scheine, dadurch, daß ich den Habitus eines Außenseiters vermittle, Signale einer gleichwie rebellischen Konsequenz auszusenden, die registriert wird. Man spricht mich an, fragt nach Feuer, ich merke beiläufige Blicke, die

58

nicht gerade interessiert sind, aber man hat mich bemerkt. Das Rubikon ist für diese Menschen keine Heimat, wie es für mich lange Zeit eine war, sondern ein Ort, den sie manchmal aufsuchen, weil sie sich, wie ich glaube, selbst in Erinnerung rufen wollen. Vielleicht brauchen sie auch hin und wieder die Gewißheit einer halbwegs konventionellen Welt. Ich beobachte sie oft. Sie kümmern sich nicht um die anderen, sie zeigen aber auch keine Unsicherheit oder ein Unbehagen wegen ihrer Nicht-Zugehörigkeit. Irgendwie bewundere ich ihren Gleichmut. Sie verkehren im „Werk".

***

Das Werk liegt am Rand des Industriegebiets im Tal meiner Stadt. Ein großer Teil dieses Tals wird von einem riesigen Areal eingenommen, groß wie ein Stadtviertel und bebaut mit Metallfabriken und mit einem eigenen Straßennetz. Mein Vater hat hier jahrelang gearbeitet, bis er krank wurde, und ich auch, in den Sommerferien als Schüler. In den letzten Jahren hat sich das Areal immer wieder verändert, durch Abrisse und Neu- und Umbauten von Werkshallen. Einige Gebäude stehen schon lange leer. Eins davon, zu erreichen über eine parkplatzgroße Schotterfläche voll mit Schlaglöchern, hinter der ein verwinkelter Durchgang liegt, steht ein ehemaliger Verwaltungstrakt. Ein junger Mann, den ich aus meiner Jugend irgendwoher kenne, hat das Gebäude angemietet oder gepachtet und eine Kneipe daraus gemacht. Den Namen Werk hat er gewählt, weil ihm ein Blechschild mit der Aufschrift „Werk II" in die Hände gefallen ist und er es kurzerhand über die Eingangstür nagelte. Die Inneneinrichtung des Gebäudes wurde kaum verändert. Zwar gibt es jetzt, direkt am Eingang, einen Tresen mit Zapfanlage und allem, was dazugehört, der Rest wurde allerdings weitgehend belassen, wie er vorher war: Neonröhren an der Decke, grauer Linoleumboden, die Tische und Stühle wahrscheinlich altes Kantineninventar. Eine

Musikanlage gibt es nicht, stattdessen eine Musikbox mit Schlagern. Man kann auf den ersten Blick sehen, dass die ganze Schäbigkeit kein gewollter Versuch ist, gezielt eine Botschaft zu vermitteln oder einem Trend gerecht zu werden oder gar zu kreieren. Die Einrichtung ist dem Wirt schlicht egal. Man muß ihm zugute halten, dass er einen Billardtisch im hintersten Raum des schlauchartigen Gebäudes aufgestellt hat. Das Publikum ist entsprechend. Die meisten der Gäste sieht man selten in anderen Kneipen, entweder, weil sie dort nicht gern gesehen sind oder Hausverbot haben oder weil sie mit dem konventionelleren Kneipenpublikum nicht zurechtkommen. Typisch für das Werk ist, dass es erst nach Mitternacht für das Stammpublikum öffnet, und zwar, indem der Wirt die Tür verschließt und Gäste, die reinwollen, nach kurzer Begutachtung von ihm eingelassen werden. Wer hier reinkommt, hat es weit gebracht. Das erste Mal komme ich mit einem Trinkkumpan her, als dessen Begleitung ich anstandslos um zwei Uhr morgens, nach der Sperrstunde des Rubikon, mit hineingelassen wurde. Neulinge, die allein kommen, werden abgewiesen. Sie stören. Drinnen spielt die Musikbox ein Lied von Trude Herr, das Neonlicht ist schonungslos hell. Ich kann die Gesichter deutlich erkennen. Es gibt keinen freundlichen Kneipendämmer. Niemand nimmt mich zur Kenntnis. Mein Kumpan drückt mir ein Bier in die Hand und verschwindet, um Bekannte zu begrüßen. Ich nehme einen Schluck, sehe mich kurz um und setze mich langsam in Bewegung, um eine Runde durch die Räume zu machen. Eine tausendmal vollzogene, automatische Revierbegehung, der Blick dabei beiläufig und desinteressiert, niemandem zunicken, mit dem man nicht schon mal ein paar Worte gewechselt hat. Hier kenne ich viele, aber es ist ein beiläufiges Kennen vom Hörensagen in der Art von: der da hat schon mehrere Jahre gesessen, dieser da ist ein stadtbekannter Schläger, wieder ein anderer ist ein Junkie, dazwischen ein Obdachloser, dem jemand wortlos einen Schnaps hinstellt und der sonst in Ruhe gelassen wird. Ich fühle einen kleinen Schock. Ich kenne die Kneipenszene, angefangen von den Spießerkneipen bis zu denen, deren Wirt einen Schlagstock mit eingebauter Tränengasspritze hinter dem Tresen bereithält und gelegentlich benutzen muß, und ich kenne alle Leute, die sich in der Szene herumtreiben. Diese Kneipe ist anders. Das ist kein Kneipenpublikum mehr, das ist Gesocks, und zwar die Art von Gesocks, dessen Bekanntschaft man sich nicht mehr verdienen muß. Die hat man sich schon verdient, sobald man zu denen gehört, die eingelassen werden. Wie gesagt: wer hier reinkommt, hat es wirklich geschafft.

Im Werk falle ich nicht auf, weil es überhaupt keine Bedeutung hat, ob ich da bin oder nicht. Ich werde lange ignoriert. Man kommt nicht her, um Bekanntschaften zu schließen. Neugier scheint unüblich und unerwünscht zu sein. Man kommt her, weil dies ein Ort ist, an dem sich niemand mit anstrengender Freundlichkeit oder Höflichkeit herumplagen muß. Das alles ist hier nicht mehr notwendig. Eine deprimierende Heimat. Es wird vielleicht nicht einfach werden, hier ohne Geld an Alkohol zu kommen.

Die Regeln im Werk sind simpel und schnell zu durchschauen. Man schaut niemandem direkt ins Gesicht, den man nicht näher kennt. Man spricht keine Frau an. Wird man selbst von einer Frau angesprochen, ist man höflich und distanziert, und sei sie noch so betrunken - man weiß nie, wer an diesem Abend ihr Begleiter ist und sie für sich in Anspruch nimmt. Man bringt keine Frau ins Werk mit, es sei denn, man ist darauf vorbereitet, seinen Anspruch energisch und mit physischem Einsatz zu verteidigen oder ist zumindest bekannt dafür, dies zu tun. Dann hat man vielleicht seine Ruhe. Besonders neue Frauen erregen immer Aufmerksamkeit. Männliche Stammgäste versuchen immer ihr Glück, egal, ob der Begleiter der Dame danebensteht oder nicht. Es endet immer hässlich.

Einige der Frauen prostituieren sich gelegentlich. Ich vermeide Gespräche mit ihnen, obwohl auch ich von ihnen registriert werde. Als Alkoholspender wären sie vielleicht hilfreich. Ich vermute, da sie auch nicht grade glücklich sind, sind sie empfänglich für Aufmerksamkeit und Interesse, aber ich kann damit rechnen, daß meine Absichten sowohl von ihnen als auch von den übrigen Männern falsch verstanden würden. Betrunkene dagegen sind für Verständnis und Zuspruch ebenfalls empfänglich, also fasse ich sie als Zielgruppe eher ins Auge. Mögliche Kandidaten lassen sich ausmachen, indem ich unauffällig auf Gesprächsfetzen und Kommentare achte. Es ist sehr wichtig, die richtige Stimmung zu erkennen. Wut oder Ärger sind kaum zu gebrauchen, extreme Niedergeschlagenheit ebenfalls. Es muß eine Stimmung sein, die das Angebot von Solidarität möglich macht. Kränkung zum Beispiel ist sehr gut. Ideal ist, wenn die Kränkung durch eine Frau geschah, verbunden mit einem mittleren Rausch des Gekränkten, weil das fast automatisch das Bedürfnis nach Loyalität bedeutet. Ein Vollrausch dagegen ist nur bedingt brauchbar. Für den Abend mag er ein Garant für Freigiebigkeit sein, aber das Vergessen am nächsten Tag lässt die Chance auf Möglichkeiten, die Quelle zukünftig nutzen zu können, sinken, und ich müßte wieder von vorn anfangen. Sinnvoller ist, der Betreffende kann sich an die Loyalität erinnern, die ihm entgegengebracht wurde. Ein Gespräch zu beginnen ist meistens leicht. Ich stehe, wenn mein Ziel grade allein ist - in einer Gruppe funktioniert so etwas nicht - wie zufällig neben ihm und lasse, während ich mir eine Zigarette anzünde oder einen Schluck aus meinem Glas nehme, beiläufig und gar nicht mal direkt an ihn gerichtet etwas wie „Drecksweiber" fallen und achte darauf, ob er durch seine Trunkenheit meine Worte als Angebot erkennt. Ich habe damit gute Erfahrungen gemacht. Verständnis führt zu Dankbarkeit, Dankbarkeit macht großzügig. Ich bin nicht wählerisch. Das kann ich mir nicht erlauben. Im schlimmsten Fall verbringe ich für drei Bier zwei Stunden mit einem Arsch, der seine Frau verdrischt oder sonstwie mißbraucht und sich beklagt, weil sie so abweisend ist. Auch eine Art Prostitution, wenn man so will. Im Werk bleibe ich immer bis zum Morgengrauen. Niemanden stört es, wenn jemand besoffen mit dem Kopf auf dem Tisch einschläft oder auf dem Klo in einer Ecke liegt. Ärger gibt es, wenn einer in den Raum kotzt, dann wird er rausgeschmissen. Am nächsten Abend ist schon wieder alles vergessen. Es passieren erstaunlich wenig Schlägereien, zumindest drinnen. Wenn zwei Typen etwas auf ihre Art regeln wollen, gehen sie vor die Tür. Sie tun das mit der gleichen Haltung, als würden sie Zigaretten aus ihren Autos holen. Neulinge erwischt es öfter mal, nämlich dann, wenn sie sich nicht an die Regeln halten. Neue, die es schaffen, bereits am ersten Abend eine Prügelei zu verursachen, werden beim nächsten Mal nicht mehr reingelassen. Das Rudel, das sich hier rumtreibt, will in Ruhe gelassen werden und sorgt selbst für Ruhe. Jedem hier ist klar, dass es nicht mehr viel Orte wie diese gibt, die er aufsuchen kann. Selbst Ismael, von dem keiner weiß, wieso er so heißt, und außer ihm kennt auch keiner seinen richtigen Namen, der auf größeren Festen gern mal mit einem Zylinder erscheint; Ismael, der mit seinen langen Locken, seiner schmalen Figur und großen blauen Augen fast selbst aussieht wie ein Mädchen und den ich noch nie angetrunken gesehen habe, der dafür bekannt ist, denjenigen, von denen er sich beleidigt fühlt, einen schweren Kristallaschenbecher ins Gesicht zu schmeißen und auch sonst keinerlei Hemmung bei körperlichen Auseinandersetzungen hat, der selbst dann noch zutritt, wenn der andere wehrlos am Boden liegt, der immer wieder eine andere Frau mit einem blaugeschlagenen Auge an seiner Seite hat, weil er sie regelmäßig gegen ihren Willen verleiht, wie er das nennt, der so unberechenbar ist, dass man ihm überall, wo er sich bewegt, eine armlange Hoheitszone einräumt; selbst Ismael zieht sich hier manchmal in sich zurück und verzichtet darauf, seinen Blick unablässig schweifen zu lassen.

Ich bin in den Zeiten, in denen ich zu Hause bin, bald jeden Abend im Werk. Die Stunden vorher im Rubikon haben den Zweck, die Zeit bis dahin zu überbrücken. Jetzt, da ich das Werk kenne, wird mir die mich verstörende Normalität des Rubikon erst recht deutlich. Ich beginne, das Rubikon, die Menschen, die dort verkehren, zu verachten, ihre

63

Unbeschwertheit, ihre saubere Kleidung, ihre klaren Blicke, ihren aufrechten Gang. Am meisten verachte ich ihre Unfähigkeit, mich zu mögen.

An manchen Abenden im Werk finden sich lose, kleine Gruppen, die losziehen, um sich in irgendeiner Wohnung zu treffen. Irgendwann, als ich schon länger dabei bin, nach ein paar Wochen vielleicht, werde auch ich beiläufig angesprochen, oder besser, im Vorbeigehen darauf hingewiesen, daß noch „etwas" bei dem oder dem, der Name ist völlig unwichtig, stattfindet. Das Etwas, das gemeint ist, ist immer ein schlichtes Zusammensitzen in irgendeiner Bude, man trinkt, raucht, redet oder redet nicht, manchmal gibt es nicht einmal Strom, geschweige denn Musik, es brennen Teelichter, die den Vorteil haben, daß man den Rest der Behausung nicht so deutlich sieht. Trostlose Treffen, und das Trostloseste ist, es geht in den Gesprächen nie um den Job, um Beziehungen, die Freundin, die Lehre, den Urlaub, die ganzen Themen also, die im Rubikon selbstverständlich sind.

Ich habe mit dem Übergang ins Werk einen Raum zum Überleben finden können. Gleichzeitig spüre ich mit einer dumpfen Ahnung, daß dies Überleben kein Ausharren mit der Aussicht auf Rettung bedeutet, sondern einen letzten Zeitgewinn, bevor mir keine andere Wahl mehr bleibt als aufzugeben. Was auch immer da aufzugeben ist.

***

Es heißt, man gewöhnt sich an das Alleinsein. Mag sein. An Einsamkeit dagegen gewöhnt man sich nicht. Oder vielleicht tun es andere, aber ich nicht. Man findet sich ab, ergibt sich, und vielleicht wird sie irgendwann selbstverständlich, aber tief drinnen ist immer ein kleiner Rest, ein Teil der Persönlichkeit, der dagegen aufbegehrt. Er kann noch so klein sein, er ist trotzdem da, und ich glaube sogar, je kleiner er ist, desto heftiger macht er sich bemerkbar, ähnlich einem Säugling, der

64

sich selbst nicht bewußt ist, daß es ihn gibt, der aber trotzdem- oder genau deswegen- schreit, weil er Berührung vermißt. Einsamkeit ist wie ein Phantomschmerz nach einer Amputation, nur weiß man weder, welcher Teil einem fehlt, noch was eigentlich genau schmerzt. Daran kann man sich nicht gewöhnen. Man kann vielleicht aufgeben, aber so freundlich bin ich zu mir nicht.

Ich spüre vierundzwanzig Stunden am Tag, daß ich allein bin, und ich spüre es deshalb, weil etwas in mir vierundzwanzig Stunden am Tag schreit. Mit einer sehr dünnen, leisen Stimme allerdings. Vielleicht ist es auch Sehnsucht. Ich wünsche mir eine Freundin, aber ich weiß gleichzeitig, daß es bei der Sehnsucht und beim Alleinsein bleiben muß. Ich habe keine andere Wahl, beziehungsweise, natürlich hätte ich eine Wahl, aber diese Wahl hätte Konsequenzen, die noch schwerer auszuhalten wären als ein Alleinsein, welches immerhin den Vorteil hat, mir vertraut zu sein und ich deshalb, wie ich aus Erfahrung weiß, damit leben kann.

Ich bin nicht hässlich. Rein äußerlich entspreche ich dem Durchschnitt. Ich habe zwar die letzten Jahre durch den Alkohol sehr abgebaut, aber abstoßend bin ich nicht. Sagen wir, meistens nicht. Manchmal werde ich sogar von Frauen angesprochen, ganz selten, aber es kommt vor. Ich glaube, der Grund, warum ich angesprochen werde, liegt darin, dass kaputte Menschen etwas Spezielles auslösen, etwas wie einen Rettungsinstinkt oder vielleicht die Hoffnung, Verständnis für das eigene Kaputtsein zu finden. Ich gehe nie näher auf solche Annäherungen ein. Was soll ich mit jemandem anfangen, der seine Ansprüche soweit runterfährt, dass er sich mit mir einlassen will. Was soll ich mit jemandem, der genauso kaputt ist wie ich. Minus plus minus gibt Doppelminus. Ich weiß, wie schwer es mir schon fällt, für mich zu sorgen. Einem, *einer* anderen, der es genauso schwerfällt, bin ich dabei keine Hilfe, aber genau das würde mit Sicherheit von mir erwartet. Und falls die Frau kein restlos kaputtes Innenleben hat, hat sie irgendwelche romantischen Vorstellungen oder Ideale. Dann

65

kommt für sie ziemlich schnell das böse Erwachen, nämlich dann, wenn sie die Realität erkennt, also mich, und dann wird´s auch für mich richtig schlimm. Ich will nicht auf ein Licht zugehen, das ausgeht, wenn ich es erreicht hab. Und mal abgesehen davon: was soll ich tun, sollte das Licht mal nicht ausgehen? Sie wird anfangen, sich für mein Leben zu interessieren, und ich kann mir sicher sein, dass sie das, was sie darin bemerkt, schleunigst ändern will, weil sie schnell kapieren wird, dass alles, was sie kennenlernt, unmöglich so bleiben darf. Sie würde mich nicht leiden lassen wollen und könnte nicht erkennen, daß Leiden manchmal die einzige zuverlässige Sicherheit bedeutet. Deswegen muß ich so bleiben, wie ich bin, denn wenn ich mein Alleinsein aufgebe, und dessen bin ich mir sicher, werde ich ab diesem Zeitpunkt ihr unausweichliches und unbarmherziges Urteil erwarten, das umso schmerzhafter sein wird, weil ich vorher das Glück vor Augen hatte.

In meinen Träumen und allein bin ich sicher. Wenn ich bis zum frühen Morgen meine Musik höre, mit meinen Kopfhörern, die die ganze Welt ausschließen, und meinem Alkohol, der meine Seele weich und geschmeidig macht wie die träge Flüssigkeit in einer Lavalampe, dann erlebe ich Beziehungen voller Zärtlichkeit, Sanftmut, Humor und wortloser Innigkeit, die ich in einer physischen Welt nie gestalten könnte. Nie würde ich das aufgeben.

***

Die Semesterferien dauern drei Monate, und wenn es schon zu viel ist, ein Wochenende in meinem Studentenzimmer zu verbringen, sind drei Monate vollkommen unmöglich. Deswegen verbringe ich sie zu Hause. Eine dreimonatige Anwesenheit, in der ich offenbar nichts tue, ist für meine Eltern nur schwer auszuhalten. Daß ich viel trinke, scheint nicht aufzufallen oder wird toleriert. Oder ignoriert. Meine Beschäftigungslosigkeit führt mit Sicherheit irgendwann zu

Befremden oder Besorgnis, und das bedeutet Gefahr. Meine Eltern könnten auf die Idee kommen, mein Stil dieser Tagesgestaltung, den sie tagtäglich sehen, sei mir mehr als vertraut. Besorgte Menschen wollen ihre Besorgnis loswerden, stellen Fragen und verlangen Veränderung. Das muß ich vermeiden. Deshalb bringe ich für die drei Monate meine Schreibmaschine mit nach Hause. Nach meiner Heimkehr spät in der Nacht und meinem rituellen Trinken in die Phantasie schlafe ich einige Stunden. Mein Wecker weckt mich etwa zur gleichen Zeit, zu der meine Eltern aufstehen. Dann setze ich mich an die Schreibmaschine. Das Klappern ist bis in den ersten Stock zu hören und zeugt von Aktivität. Es funktioniert. Niemand verlangt mehr Rechenschaft über mein Treiben. Das frühe Aufstehen und die wenigen Stunden Schlaf sind übrigens keine Belastung. Ich weiß, daß ich am späten Vormittag wieder ohne Sorge schlafen kann, was noch den weiteren Vorteil bietet, die Zeit bis zum Abend besser zu überbrücken. Ich trinke morgens ohnehin weniger, so daß ich jetzt, während ich an der Schreibmaschine sitze, beinahe die Illusion von Nüchternheit habe.

Ich schreibe nicht wahllos drauflos. Ich schreibe Liedtexte meiner Schallplatten ab, versuche sie manchmal sogar ins Englische zu übersetzen und stelle fest, daß selbst ich hin und wieder überzeugt bin, ernsthafte Arbeit zu verrichten. Dieses morgendliche Sitzen an meinem Schreibtisch in meinem alten Zimmer, während die Rolläden noch geschlossen sind, dieses Ritual, das ich von nun an regelmäßig durchführe, könnte ein Hinweis sein auf das, was meine Andersartigkeit ausmacht. Der Gedanke, den ich neulich im Zusammenhang mit meiner Rückmeldung an der Uni hatte, bekommt wieder Form und Leben. Mehr als das, er erfüllt mich mit einer Art Freude und Begeisterung. Alles erscheint mir logisch. Es ist das Schreiben! Das Schreiben ist eine Beschäftigung, die ich allein durchführe, ohne mich mit anderen absprechen zu müssen und bei der meine Gedanken Medium und Instrument sind, ja sogar der Alkohol findet als Impuls und Inspirationsquelle seine

Berechtigung.

Je mehr ich mich mit diesem Gedanken beschäftige, desto mehr Sinn vermittelt er meinem Dasein. Ich bin ein Schriftsteller. Ein trinkender, der Einsamkeit verpflichteter Autor! Diese Erkenntnis hat durch ihre Schlüssigkeit eine Erleichterung zur Folge, die einem Aha-Erlebnis gleichkommt und daher ein unbedingter Beweis für ihre Richtigkeit sein muß. Das Trinken hat endlich einen Sinn.

Meine Phantasien verändern sich.

Ich stelle fest, daß ich die Energie aufbringe, regelmäßig und diszipliniert zu schreiben, ja, sogar bereits an den morgigen Vormittag zu denken und Ideen abzuwägen, um sie in Worte zu fassen. Während der Schreibpausen denke ich an den Erfolg, den ich als Autor haben werde, Gespräche, die ich mit Journalisten führe und in denen ich über die Bedeutung und den wahren, lange unerkannten Sinn meines Trinkens befragt werde, über meine Gefühlswelten der zurückliegenden Zeit, ich stelle mir die Anerkennung und Achtung vor, sogar die Erkenntnis, die andere Menschen über mich gewinnen werden, nämlich die Erkenntnis, ich bin ein beachtenswerter Mensch, der zwar trinkt und leidet, aber genau dies macht das entscheidende Merkmal seiner Qualität aus. Alles in meiner Vorstellung ist überschaubar und rein, einschließlich der Wohnung, in der ich lebe, mit einer loyalen, klugen und duldsamen Frau an meiner Seite. Mein Leben ist still und geruhsam. Ich lebe zurückgezogen, aber diese Zurückgezogenheit ist keine Vorsicht oder Flucht, sondern der sichere Ausgangspunkt für immer wieder unternommene Ausflüge ins Außen, in dem ich mich dann souverän und sicher bewege, um jederzeit, wenn ich es will, wieder zurückzukehren. Natürlich trinke ich weiterhin, aber diesmal nicht aus Verzweiflung. Diesmal wird der Alkohol nicht die Dunkelheit abschirmen müssen, sondern eine nutzbare Quelle meines gezielten Schaffens sein. Meine Frau versteht es. Sie muß nicht darunter leiden, da der Rausch keine Flucht vor ihr ist, auch keine Absicht, sie aus meinem Leben auszusperren.

Sie versteht, daß ich einen Raum brauche, der nur mir gehört, und diesen Raum darf ich auf keinen Fall mit irgendjemand anderem teilen. Ich darf darüber nicht einmal mit ihr reden. Sie hat dafür uneingeschränktes Verständnis. Ich stelle mir solche Szenarien oft und gern vor, überzeugt von ihrem Eintreten. Ich habe alles vor Augen, weiß, wie die Menschen aussehen, mit denen ich sprechen, kenne die Kleidung, die ich tragen werde, die Einrichtung meiner Wohnung, genauer gesagt, meines Hauses, etwas abseits gelegen, aber gut erreichbar. Vielleicht habe ich sogar einen Hund, aber mich noch nicht entschieden, ob ich lieber einen Labrador oder einen großen Mischling will.

Um die Bilder nicht zu stören, die sich vor meinen Augen entwickeln, lasse ich die Rolläden unten. Mein Zimmer ist dunkel bis auf meine Schreibtischlampe. Sie wirft ein angenehmes, weiches Licht und erhellt nur einen kleinen Bereich vor mir, der mir dabei hilft, mich nicht ablenken zu lassen. Ich weiß, was passiert, wenn ich meinen Blick schweifen lasse und nicht mehr nur meine Schreibmaschine vor mir sehe und sie bediene, als sei sie die Steuerungskonsole eines durchs All fliegenden Raumschiffes, das unkontrolliert in der Tiefe des Weltraums verschwindet, sobald ich Helligkeit zulasse. Wenn das geschieht, würde etwas in mein Zimmer gelangen, um mich in die Wirklichkeit zu zerren, die gleichbedeutend entsetzlich sinnlos ist wie Nüchternheit, würde wohligen Schleier zu zerreißen und mir erbarmungslos mein jämmerliches Schauspiel vor Augen zu führen, und Schreibmaschine und Texte als das zu entlarven, was sie sind, nämlich Dinge, mit denen ich dem Verlust meiner Würde und dem Eingeständnis meiner Unfähigkeit zu leben eine freundliche Maske verleihe, und bevor ich erkennen müßte, daß das, was ich als Leidenschaft und wahre Bestimmung fühle, nichts weiter ist als eine der wenigen übriggebliebenen Möglichkeiten, wenigstens in meiner Phantasie weiter zu existieren, bevor ich erkennen muß, daß die Buchstaben auf dem Papier nur sinnlose, bedeutungslose Abdrücke des

69

Farbbandes sind, codierte Hilferufe, die nicht einmal ich selbst mehr als solche entschlüsseln kann; bevor die Realität sanft, aber bestimmt meinen Kopf in beide Hände nimmt und mich zwingt, ihr in die Augen zu sehen, in denen sich weder Ruhe noch Mitgefühl noch Heimat widerspiegeln, trinke ich hastig. Hastiger als sonst, in panischer Eile, um der Blutbahn das rettende Serum zuzuführen.

***

Mein Vater ist krank. Als meine Mutter sagt, er habe Krebs, bin ich grade wieder für ein Wochenende nach Hause gekommen. Es ist spät, mein Vater schläft schon. Das passt zu ihm, denke ich. Als Tier würde er in eine Totenstarre verfallen. Da sind wir uns ähnlich. Als meine Großmutter – seine Mutter – starb, war ich sieben Jahre alt, und selbst als kleiner Junge habe ich immer gefühlt, wie eng das Verhältnis zwischen den beiden war. Mein Vater weinte nicht, er war still, und ich erinnere mich, dass er einen seltsam staunenden Blick während der Tage bis zur Beerdigung hatte. Während der Beerdigung versuchte er, seine Tränen zu verbergen. Ich war darüber verwundert und erinnere an meine Neugier auf den Grund seiner Scham, traute mich aber nicht zu fragen. Ich selbst musste nicht weinen und fühlte mich deshalb stolz.
Jetzt liegt er im Bett, und ich weiß, dass er sich überlegt, wie er sich mir morgen gegenüber verhalten soll. Genauso sicher weiß ich, dass er nicht darüber nachdenkt, was der Krebs für sein eigenes Leben bedeutet.
Meine Mutter sieht mich nicht an, als sie mir vom Arztbesuch und der Diagnose erzählt. Sie sitzt auf ihrem Platz am Küchentisch und sieht auf den Küchenboden, wobei sie darauf achtet, dass sie den Kopf aufrecht hält. Sie verachtet Haltlosigkeit. Menschen, die sich nicht „in der Gewalt haben" – ihr Lieblingsausdruck für Selbstbeherrschung – kommen bei ihr nicht gut weg. Für einen kurzen Moment habe ich den irrwitzigen Gedanken, mein Vater sei wegen ihr krank

70

geworden. Man müsse meinem Vater die Blase rausnehmen und einen künstlichen Ausgang legen, sagt sie. Ich setze mich an den Tisch und frage dies und das, einfach, weil ich weiß, dass sie das erwartet. Ich will alles nicht so genau wissen. Sie ist besorgt und hat Angst, das weiß ich, aber wieso ist sie nicht bei ihm, denke ich. Sie sitzt bestimmt seit Stunden hier und wartet auf mich, während mein Vater allein ist. Ich überlege, zu ihm zu gehen, weiß aber im gleichen Augenblick, dass ich weder ihm noch mir damit einen Gefallen tun würde. Er wäre überrascht, gerührt, die Nähe würde ihn seine Fassung verlieren lassen, und ich müsste ihn auffangen und für ihn da sein und die Nähe wäre einfach zu viel für uns beide. So gehen wir nicht miteinander um. Ich bin in einem Dilemma. Ich müsste zu ihm gehen, das wäre richtig und gut und meine Pflicht als Sohn, aber gleichzeitig fürchte ich, zu versagen. Ich wünschte, meine Mutter würde mir helfen, aber ich kann sie unmöglich darum bitten. Diese Bitte um Nähe gehört nicht zu unseren Regeln. Ich sitze im Schaukelstuhl in der Küche und wahre wie sie Distanz. Ein Refrain aus einem englischen Lied fällt mir ein, ich glaube, von Richard Thompson, der auf Deutsch etwa lautet: „Wenn du mir zu nahe kommst, was bleibt mir übrig, als zu fallen?" Er muß an Leute wie uns gedacht haben.
Ich bin froh, dass es schon so spät ist, und kann mit der Begründung, müde zu sein nach unten im mein Zimmer gehen. Ich schlafe nicht. Ich höre Musik und trinke. Meine Angst tritt langsam in den Hintergrund, ganz ausblenden kann ich sie nicht. Das ärgert mich.

Mein Vater bekommt einen künstlichen Blasenausgang. Von jetzt an trägt er Jogginghosen, weil sich so der Plastikbeutel an der Seite am besten verstauen lässt. Ich bin froh, dass die Operation vorbei ist. Ich kann mir sagen, alles ist wieder gut. Ich habe nicht daran gedacht, dass mein Vater sterben könnte, der Gedanke ist zu undenkbar. Ich habe nicht so sehr Angst vor seinem Tod. Ich wäre traurig, zweifellos, und er würde mir, zumindest in der ersten Zeit, fehlen, aber damit würde ich

71

zurechtkommen, das weiß ich. Viel schlimmer wären die praktischen Folgen, die sein Tod für mich hätten. Ich müsste vielleicht mein Studium aufgeben, in meine Heimatstadt zurückkehren, um meine Mutter zu unterstützen, und sei es nur, damit sie anfangs nicht allein ist. Ich traue ihr zu, dass sie das strikt fordern würde, „weil man das in einer Familie so macht", und weil sie weiß, daß ich sonst keine familiären Verpflichtungen habe. Meine Schwester ist auf der sicheren Seite. Sie hat eine eigene Familie. Ich dagegen bin relativ frei, und meine Mutter weiß, dass ein Studium ausgesetzt werden kann. Ein entsetzlicher Gedanke. Die Konsequenz wäre zwangsläufig, verfügbar zu sein zu müssen, ein Leben bei Tageslicht zu führen und meine Welt zu verlassen. Mein Trinken wird beobachtbar und nicht mehr möglich. Deswegen darf er nicht sterben.

Ich versuche, mehr Zeit mit meinem Vater zu verbringen, wenn ich zu Hause bin. Wenn ich ihn sehe, spüre ich eine Mischung aus Mitleid, Zuneigung und auch Ekel wegen des Schlauchs, der in seiner Seite steckt, und auch, weil er nicht mehr der Mann ist, der stundenlang in seinem grauen Kittel in seinem Werkzeugkeller verbringt und ganz mit sich zufrieden vor sich hin murkst, hin und wieder Besuch von einem Nachbarn bekommt, die durch die stets offene Kellertür hereinspazieren, um gemeinsam eine Zigarette zu rauchen oder ein Bier zu trinken. Er geht nicht mehr oft in den Keller. Ich vermute, es stört ihn, dass die Nachbarn, wenn sie bei ihm hereinschauen, nicht mehr unbefangen sind und die Besuche immer etwas von einer Kondolenz haben. Er liegt stattdessen oft auf dem Sofa im Wohnzimmer. Die Medikamente, die er nehmen muß, machen ihn außerdem träge. Seinen blauen Kittel, den er stets anzog, sobald er von der Arbeit kam, trägt er nicht mehr. Ich erzähle ihm viel vom Studium, erfinde Geschichten, weil ich weiß, dass er stolz auf mich ist und mich bewundert. Mir tun die Geschichten ebenfalls gut. Ich profitiere auch von seiner Krankheit. Mein Vater fährt nur noch sehr selten Auto, und das heißt, daß ich den Wagen häufig nutzen kann, um in meine

Studentenbude zu fahren. Eine Riesenerleichterung für mich. Ich muß nicht mehr mühsam zu Fuß in die Supermärkte, und das lästige Dosenbierkaufen hört auf. Mit einem Auto kann ich Bierkisten transportieren. Das Benzingeld bekomme ich von meinem Vater, und da ich selbst zum Tanken fahre, kann ich immer etwas davon für mich zurückbehalten. Alles ist perfekt. Wenn ich betrunken bin, fahre ich selten Auto. Nach zwei oder drei Bier setze ich mich ohne weiteres ans Steuer, aber mit dieser geringen Menge ist mein Körper bestenfalls höchstens beruhigt und ich bin noch lange nicht hinter dem warmen Vorhang, der Zeit, Alltag und Fahrvermögen ausschließt. Zwei oder drei Bier sind gar nichts. Manchmal, an ganz wenigen Abenden, fahre ich natürlich auch betrunken, wenn ich mir abends vor dem Schlafengehen etwas vom Imbiss zum Essen hole zum Beispiel. Betrunken heißt nicht, daß ich in Schlangenlinien fahre. Geübte Trinker fahren unauffällig. Die ungeübten erkennt man daran, daß sie Unfälle bauen. Ich kenne kaum jemanden, der ausschließlich und prinzipiell nüchtern fährt. Angst vor Polizeikontrollen habe ich nicht, die sind hier in der Gegend eher selten. Außerdem spricht es sich schnell herum, wenn irgendwo eine Kontrolle steht. In den meisten Fällen bewege ich mich ohnehin per Anhalter, abends vor allem. Und in eine Kneipe mit dem Auto zu fahren ist sowieso Unsinn.

***

Seit zwei Monaten bin ich jetzt in diesem Krankenhaus. Immer im gleichen Bett, direkt an der Tür. Jeder Tag ist wie der andere. Morgens werde ich geweckt, ich wasche mich, es gibt Frühstück. Visite, Mittagessen, nachmittags Kaffee oder Tee, Abendessen, Schluß. Meine Mitpatienten in 12a wechseln immer wieder. Keiner bleibt länger als drei bis vier Wochen. Manche sehe ich sogar zweimal. Es ist merkwürdig. Obwohl ich weiß, daß ich irgendwann entlassen werden muß, gewinnt der Gedanke daran nicht genug Form, um mich ernsthaft zu beschäftigen. Ich fühle mich so wohl wie noch nie zuvor, und ich glaube, dieses Wohlfühlen liegt in einem Vertrauen daran, daß, egal wer welche Entscheidung über mich fällt, dies nicht zu meinem Schaden tun wird. Ich habe eigentlich keinen Grund für dieses Vertrauen. Niemand hat mir etwas zugesichert oder versprochen. Ich bin nur fest dazu entschlossen, Vertrauen zu haben. Dieses Vertrauen hat sehr viel mit der Wunsch zu tun, mich der Entscheidung anderer auszuliefern. Es ist mir egal, wenn mich das passiv erscheinen läßt. Ich spüre eine grenzenlose Freiheit, die darauf gründet, keine Entscheidung fällen zu müssen. Ich wäre bereit, mein Leben lang Patient zu sein. Ich würde Aufgaben im Krankenhaus übernehmen, genügsam sein, ja nicht einmal das Gebäude verlassen.

Auf einem meiner abendlichen Wanderungen durch die Klinik kommt mir der Gedanke, tatsächlich einen Tod erlebt zu haben. Kein Tod im physischen Sinne, in Verbindung mit einem hellen Licht und außerkörperlichen Wahrnehmungen, sondern den Tod meines psychischen Daseins, meiner Sicht auf die Welt und meiner Rolle darin. Vielleicht ist das der Grund, warum ich mich leicht und sorglos fühle. Als sei mein Körper ein Hologramm, und alles, was mir widerfährt oder was meine Sinne erkennen können, gleite durch mich hindurch wie ein Papierflugzeug durch Nebel, ohne auf Widerstand zu stoßen und haften bleiben zu können. Es wäre schön, wenn dieser Zustand bliebe.

Körperlich geht es bergauf. Ich habe ein Gewicht von knapp 55 Kilo erreicht. Das ist immer noch wenig, aber sehr viel mehr habe ich noch nie gewogen. Mein Organismus funktioniert wieder einigermaßen. Aus meiner Leber wurde irgendwann in den letzten Wochen eine Gewebeprobe entnommen. Ich war örtlich betäubt, als ich auf dem OP-Tisch lag. Der Arzt zog etwas aus meinem Körper und hielt es mir dann vor das Gesicht, ein fadenähnliches Stück, das, wie ich mich zu erinnern glaube, wie eine verkochte Rindfleischfaser aussah. Ich konnte den Zustand nicht beurteilen, da ich nicht wusste, wie die

Beschaffenheit sein muß, aber als er in strengem Ton sagte: „So sieht Ihre Leber aus" nahm ich an, eher schlecht. Ein anderer Arzt erklärte mir später, die Leber würde sich wieder erholen. „Diesmal noch", sagte er bedeutungsvoll.

Ich darf an diesem Wochenende für ein paar Stunden nach Hause. Ich nehme an, meine Mutter oder meine Schwester haben nach der Möglichkeit eines Ausgangs gefragt. Ich selbst habe kein großes Interesse, das Krankenhaus zu verlassen. Ich hätte auch nie nachgefragt. Welchen Sinn sollte ein Ausgang haben? Ich will ja nirgendwohin zurück, nicht einmal vorübergehend und stundenweise.

Wir fahren an einer Bäckerei vorbei, um Kuchen zu kaufen. Ich gehe mit hinein. Während meine Mutter mit der Verkäuferin spricht, höre ich, wie leise sie nach einem Kuchen ohne Alkoholzutat fragt. Es überrascht mich nicht. Es ärgert mich auch nicht. Mir fällt ein, wie meine Mutter vor vielen Jahren im Zusammenhang mit dem schwer alkoholabhängigen Lebensgefährten meiner Großmutter einmal erklärte, ein trockener Alkoholiker müsse nur an einer Cognacbohne riechen, um wieder rückfällig zu werden. Ich habe das damals unbestritten geglaubt, ohne weiter darüber nachzudenken. Wahrscheinlich hat sie dieses Schreckensbild grade vor Augen. Jetzt, da mir ihre Erklärung wieder einfällt, bin ich mir nicht sicher, ob ein Rückfall wirklich so lapidar zu beschreiben ist. Ich glaube eher, daß ein Alkoholiker, der Cognacbohnen in greifbarer Nähe hat, sowieso noch nicht ganz auf der sicheren Seite steht.

Die drei Stunden zu Hause sind freundlich, behutsam und nett, sie sind ein Kurzbesuch aus einem Krankenhaus, und wie Besuch werde ich behandelt. Mir ist es recht. Kein Wort davon, ob ich zurückkomme oder was später mit mir zu tun ist. Ich beginne zu ahnen, daß sie ein dramatischeres und daher realistischeres Bild von mir hatten, als ich dachte, und ich bin ihnen für ihre Vorsicht in ihren Worten dankbar. Es wäre sehr schwer für mich, würden sie die ganze

Angelegenheit als Bagatelle abtun, die nun mal passiert ist, und nun Schwamm drüber, der Alltag geht weiter. Sie scheinen wohl zu wissen, daß ein Neuanfang notwendig ist. Aber das bedeutet, daß sie sich mit mir beschäftigt und über mich geredet haben, zu Erkenntnissen gekommen sind, die mich in keinem schlechten Licht dastehen lassen, sonst würden sie mich nämlich verurteilen. Oder nicht? Ich bin irritiert und müde.

***

Die Ärzte sagen, die Krebsmetastasen haben gestreut. Streuen. Ein harmloses Wort für etwas ganz und gar nicht Harmloses. Man streut Salz, wenn es glatt ist, oder Samen, damit etwas wächst. Metastasen streuen von allein und bringen einen um. Mein Vater bekommt eine Chemotherapie. Ihm fallen die Haare aus. Er trägt eine kleine Wollmütze. Das Krankenhaus, in dem er behandelt wird, liegt zwanzig Kilometer entfernt. Ich habe einen Führerschein, meine Mutter nicht. Meine Mutter will jeden Tag zu ihm. Die Besuchszeiten sind nachmittags. Für mich wird das ein ernstes Problem. Ich kann den Vormittag ganz gut überstehen, ohne viel zu trinken. Der Nachmittag allerdings sieht anders aus. Ich muß einerseits einigermaßen nüchtern bleiben, da ich mich nicht traue, tagsüber stark alkoholisiert zu fahren. Andererseits darf ich auch nicht zu wenig trinken, ich muß schließlich funktionieren und psychisch einigermaßen stabil sein. Die Autofahrt führt zum größten Teil über Landstraßen, was das Risiko einer Verkehrskontrolle erhöht. Ich versuche meine Mutter zu überzeugen, dass tägliche Besuche unnötig sind, da mein Vater in der Klinik gut versorgt wird, es deshalb keinen Grund zur Sorge gibt, dass sie sich selbst schonen müsse, dass häufige Besuche für einen Chemopatienten eine Belastung sein können etc. Es hilft nichts. Sie interpretiert meinen Widerwillen als Unverständnis für ihre Besorgnis und Gleichgültigkeit meinem Vater gegenüber. Sie sagt es nicht deutlich, aber ich höre die Anklage heraus. Ich bin

76

nicht gleichgültig. Es bricht mir das Herz, wenn ich ihn mit seiner Mütze sehe, seiner hilflosen Freundlichkeit, seiner Unfähigkeit, sich zu beklagen. Ich brauche selber Trost, weil ich Angst habe um meinen Vater, weil ich mich dafür schäme, lieber zu trinken als bei ihm zu sein, wegen meiner Schwäche und meines Egoismus´.

Ich muß, wenn ich zuhause bin, jederzeit gefasst sein auf einen Anruf der Klinik. Meine Mutter ist besorgt, ohne Frage, aber daß ich deswegen ebenfalls gezwungen bin, erreichbar zu sein, und zwar sehr nüchtern erreichbar, ist nicht nur kaum zu ertragen, sondern eine Tortur. Es wäre leichter für mich, wenn mein Vater sterben würde.

Die Krankheit meines Vaters verändert meine Trinkträumereien. Ich erinnere mich im Rausch häufiger an gemeinsame Erlebnisse in meiner Kindheit und Jugend. Einmal bastelte er einen Drachen, den wir zusammen fliegen lassen wollten, oben auf dem Berg unserer Siedlung, der damals noch unbebaut war. Der Drachen flog einfach nicht. Kurz darauf kam eine Gruppe von Jungen aus der Nachbarsiedlung, die sich auf die Wiese fläzten und sich einen Spaß aus unseren vergeblichen Bemühungen machten. Meinem Vater war das sehr unangenehm, und ich konnte sehen, dass er sich so sehr schämte, dass er mit nicht einmal einen Blick zuwarf, und er schämte sich nicht, weil der Drachen nicht flog, sondern weil er in meinem Beisein machtlos gegen die Witze der Jungen war. Andere Erinnerungen betreffen die Zeit meines Teenagerdaseins, als ich vielleicht sechzehn Jahre alt war. Ich fühlte mich ihm gegenüber haushoch überlegen, sowohl intellektuell als auch männlich, und machte ihm dies bei jeder sich bietenden Gelegenheit klar. Meine Mutter war ihm dabei keine große Hilfe, weil sie seine Weichheit mehr oder weniger ebenfalls verachtete. Das waren, wie ich mich erinnere, einige der wenigen Gelegenheiten, in denen ich meine Mutter vorbehaltlos auf meiner Seite wusste. Mein Vater wurde, wenn ich es auf ein Kräftemessen anlegte, zunächst laut, was zu seiner sanftmütigen Art überhaupt nicht passte und keinerlei Wirkung hatte, außer mir die Gelegenheit zu geben, meine Souveränität erst recht unter Beweis zu stellen, bis er schließlich still wurde und sich zurückzog.

In meinem Zimmer, trinkend und musikhörend korrigiere ich meine Erinnerungen. Ich spiele sie erneut durch, erlebe sie noch einmal und verändere sie. In den Berichtigungen ist nicht mein Vater derjenige, der anders handelt, der nun energisch und durchsetzend auftritt, sondern ich bin derjenige, der ihn unterstützt und ihm zeigt, dass er nicht allein ist, weshalb er schließlich selber stark sein kann und ich stolz ihn bin, weil er nun alles bewältigt und allem standhält. In meinen Phantasien kämpfe ich nicht gegen ihn. Ich bin sein loyaler und zuverlässiger Partner. Und er ist dasselbe für mich. Ich verändere Erinnerungen an ihn stundenlang. Erinnerungen an meine Mutter ändere ich nicht. Ich glaube, es liegt daran, daß ich bei ihr nichts wieder gut machen muß. Vielleicht will ich es nicht. Ich bin nicht sicher, mag aber auch nicht darüber nachdenken.

***

Ins Rubikon gehe ich, um mich in der Normalität sehen zu lassen, ins Werk, weil ich dort keine Fassade aufrechterhalten muß, weil Fassade dem Gesocks egal ist. Ich bin dort selbst Gesocks. Das Trinken allerdings führt nicht mehr so ohne weiteres zu einem weichen, geborgenen Entgleiten. Es kommt häufiger vor, dass mich diffuse Angst berührt, als würde ich im Dunklen ein leises, hinterhältiges Geräusch hören. Es eine andere Angst als die um meinen Vater. Es ist eine Furcht vor dem Entdecktwerden, vor Blöße, und wie beim Versteckspiel bedeutet Entdeckung die unmißverständliche Aufforderung, das Versteck zu verlassen. Während das Trinken bisher immer eine probate Möglichkeit war, Angst als Katapult für den Sprung in eine andere, sichere Welt zu nutzen, wird es immer

78

öfter zur nackten Notwendigkeit einer Betäubung in dumpfe, leblose Gedanken ohne Befriedigung. Ich habe begonnen, ohne Illusionen zu trinken.

Der Zustand meines Vaters bessert sich, sieht man einmal von den Auswirkungen der Behandlung ab, die heftige Spuren bei ihm hinterlassen; er magert ab, wird kraftlos und er wird ganz sicher nie wieder wie früher sein. Aber er kommt wieder nach Hause, was für meine Mutter eine außerordentliche Beruhigung und ein Beweis seiner Heilung ist. Ich staune über ihre Naivität. Für mich sieht er immer noch sehr krank aus, aber auch ich bin mehr als beruhigt, weil ich mich wieder zurückziehen kann. Die letzten Monate waren für mich schwer durchzustehen. Ich wundere mich, dass mich niemand auf mein Trinken hin ansprach. Es muß bemerkt worden sein. Ich werde einmal am Wochenende wegen extremer Magenschmerzen (ich habe wieder Blut erbrochen, aber das behielt ich für mich) von meiner Schwester am Wochenende zu einem Bereitschaftsarzt gefahren, der ein Ultraschall macht und im Beisein meiner Schwester gutgelaunt erklärt, dass meine Leber zu groß und die Magenwände zu dick seien, was er aber nicht weiter kommentiert. Ich bekomme eine Spritze, die auch sofort hilft, und das war's. Ich bin erleichtert, als ich wieder zurück in meine Studentenbude fahre. Das Auto kann ich nun nicht mehr so häufig nehmen. Mein Bekannter, der mich bisher immer mitnahm, hat dazu noch sein Studium beendet. Glücklicherweise habe ich jemand anderen gefunden, mit dem ich mitfahren kann, einen Bekannten aus meiner Kindheit, dessen Elternhaus eine Straße über meiner liegt. Er kann mich direkt vor der Haustür abholen beziehungsweise absetzen, weshalb ich keine langen Fußwege mehr habe. Ich bin sehr froh über diese Fügung. Nach zwanzig Metern Fußweg muß ich neuerdings eine Pause machen. Die Schmerzen in den Unterschenkeln sind schlimmer geworden. Außerdem kann ich nicht mehr sicher gehen. Manchmal schrecke ich zusammen, weil ich glaube, ein lautes Geräusch gehört zu haben. Mir geht es nicht gut.

Es wird immer schwieriger, mit dem Geld zurechtzukommen. Die Menge, die ich in der Woche trinken muß, hat sich erhöht, nicht sehr viel, aber ich brauche etwa fünf Mark mehr für fünf Tage, weil ich mich mittlerweile um zehn Dosen Bier für die Zeit von montags bis freitags gesteigert habe. Das ist nicht viel, zwei Dosen mehr pro Tag, aber die brauche ich nun mal. Zwei Dosen weniger sind die fehlenden zwei Grad Temperatur, die nötig sind, um nicht zu frieren, zwei fehlende Ziffern einer Telefonnummer, zwei Schritte über die Grenze. Die fünf Mark, die mir dadurch fehlen, muß ich anderswo einsparen. Mein Essen noch weiter zu reduzieren ist kaum möglich, sonst verhungere ich. Mit Hunger kann ich gut umgehen. Tagsüber spüre ich ihn kaum. Erst abends. Alkohol im Magen sorgt für ein Sättigungsgefühl. Außerdem funktioniert die Methode, ersatzweise kulinarische Reportagen zu lesen, während ich zwei Stunden lang eine Handvoll Kartoffelchips und vielleicht ein Brötchen esse, ganz gut. Die einzige Möglichkeit wäre, meinen Tabak zu rationieren. Das ist allerdings schwer, da ich, sobald ich alkoholisiert bin, unweigerlich rauche und Disziplinierungsversuche sofort scheitern, wenn ich betrunken bin. Ich beginne damit, die Zigaretten, die aus bereits gerauchten Kippen drehe, noch einmal aufzudröseln und erneut Zigaretten daraus zu drehen. Auf diese Weise kann ich denselben Tabak bis zu dreimal rauchen. Mehr geht nicht, sonst ist ein Inhalieren nicht mehr möglich. Das Zeug ist entsetzlich. Ich denke nicht in Zeiträumen. Ich weiß, daß ich vor sieben Jahren die Schule beendet habe, so wie ich weiß, daß ich seit fast fünf Jahren studiere beziehungsweise eingeschriebener Student bin. Ich weiß es auf die gleiche Art, wie mir bekannt ist, daß die Woche sieben Tage hat. Es ist so, hat aber keine Bedeutung. Es gibt keine Veränderungen. Nur Vakuum und Stillstand. Seit ich hierher zog, sind fünf Weihnachten vergangen, fünf Geburtstage, fünf Sommer. Ich erinnere mich nicht daran. Ich habe es nicht vergessen, aber es geschah einfach nichts, das ein Anker für eine Erinnerung hätte sein können. Ich erinnere mich dafür an anderes. An den Nachmittag im letzten Jahr in meinem Studentenzimmer, an dem ich mit drei alten Kartoffeln, die ich abends im Küchenschrank der Wohngemeinschaft fand, jonglieren lernte, weil ich kurz vorher in einer Nachmittagssendung im Fernsehen etwas darüber sah. Es war ein schöner Nachmittag, mit Stunden, in denen ich beschäftigt und erfüllt war. Ich erinnere mich an den Tag, an dem ich in die Stadt ging, um ein neues Farbband für meine Schreibmaschine zu kaufen, und daran, wie ich mit einem Hochgefühl anschließend durch die Fußgängerzone schlenderte, in Gedanken an meine Zukunft in Bekanntheit und Berühmtheit, meiner hart verdienten Belohnung meiner Quälerei. Ich erinnere mich an den Moment eines Dienstagmorgens, an dem ich plötzlich mit erbarmungsloser Klarheit sehe, daß meine Gedankenfluchten der einzig übriggebliebene Inhalt meines Lebens sind, während alles, was außerhalb meiner Körperhülle geschieht, nichts, aber auch gar nichts mehr mit mir zu tun hat und in mir weder Kraft noch Mut genug übrig sind, mich selbst einem wahrhaften Leben anbieten zu können.

Ich erinnere mich daran, daß die Kraftlosigkeit, die sich schließlich endgültig einstellte, nicht so sehr das schlimmste war, sondern die damit einhergehende, nicht mehr zu leugnende Erkenntnis, daß mein Leben keinen vorstellbaren Sinn haben würde.

Mein Betrunkensein wird zu Zuständen, die mehr und mehr dem Wunsch nach körperlichem und seelischem Vergehen ähneln. Das Trinken ist kein Transit mehr in eine bergende Vertrautheit, sondern wird ein Sturz in Betäubung und Auslöschung. Mir wird klar, welches Ausmaß Verzweiflung, Einsamkeit und unmissverständliche Hoffnungslosigkeit angenommen haben. Ich denke an Sterben. Ich habe keine Angst vor dem Tod, keine Furcht vor dem großen Dunkel, keine Trauer darüber, etwas zurückzulassen, kein Bedauern. Ich lebe ein Leben, das nicht mehr zu ändern und das zu Ende ist. Eine Alternative gibt es nicht, die ist genauso unvorstellbar

81

wie Glück. Ich denke darüber nach, wie ich meinem Leben ein Ende setze. Ich habe ein schönes, robustes Klappmesser, dass mir ein Onkel vor zwanzig Jahren schenkte, mit einer glänzenden Klinge, die nie benutzt wurde, weil ich den makellosen Stahl nicht zerkratzen will. Es ist das einzige Utensil, das sich in meinem Besitz dafür eignet und das mir erlauben würde, mich in meinen eigenen vier Wänden zu töten. Andere Arten finde ich zu schwierig oder zu hässlich. Tabletten habe ich keine, und ich bin auch sicher, dass ich keine bekomme, dem Eindruck nach, den ich auf einen Arzt oder Apotheker machen würde.

Aufhängen kommt nicht in Frage. Es ist das übelste Bild, das ich demjenigen darbiete, der mich dann findet, und das unfreundlichste Lebewohl, mit dem man sich verabschieden kann. Außerdem ist es würdelos. Ein Messer ist etwas anderes. Ich würde mir das Messer ins Herz stoßen, das geht schnell. Die Handgelenke aufschneiden dauert zu lange. Ich hätte Angst davor, den Tod langsam kommen zu sehen.

Eigenartigerweise stelle ich fest, dass die Möglichkeit, mich töten zu können, eine Erleichterung bewirkt. Egal, wie groß Verzweiflung und Hoffnungslosigkeit werden, sie sind nichts mehr, dem ich machtlos gegenüberstehe, weil ich, wenn und wann ich es will, eine Entscheidung treffen und aussteigen kann. Ich kann diesen Ausweg jederzeit wählen. Dieses Jederzeit verschafft mit Raum. So kann ich weiterleben, ja sogar ausprobieren, wie viel ich noch aushalte, wieviel mehr an Verzweiflung und Hoffnungslosigkeit noch möglich ist. Das Messer wird – neben dem Alkohol – das tröstlichste Element in meinem Leben.

***

Ich bin wieder zu Hause, weil mein Vater einen Schlaganfall bekommen hat, der ihn halbseitig lähmt und ihn einen großen Teil seines Sprachvermögens kostet. Meine Mutter beschließt, ihn zu Hause zu pflegen. Von der Krankenkasse bekommt er

82

einen Rollstuhl, was eine blödsinnige Idee ist für eine Wohnung im ersten Stock mit drei Zimmern, in denen man einen Rollstuhl nur mit Mühe drehen kann und dauernd an irgendwelche Möbel stößt. Die Hilflosigkeit meines Vaters macht ihn bösartig. Er fegt mit seinem gesunden Arm Dinge vom Tisch oder brüllt unverständliche Flüche. Die Flurtür wird abgeschlossen, weil er versucht, mit dem Rollstuhl die Treppe hinunterzukommen. Ich habe lähmende Angst, zu Hause zu sein, schaffe es aber auch nicht, einfach zu verschwinden. Ich verstehe meine Mutter nicht. Man kann so einen Mann nicht daheim pflegen, der rund um die Uhr professionell versorgt werden muß. Mir wäre es lieber, ich müsste ihn nicht mehr sehen. Das ist nicht mehr mein Vater. Selbst das Trinken beruhigt mich nicht. Es bleibt ein andauerndes, würgendes Gefühl von Furcht hinter dem Brustbein. Meine Selbstmordphantasien kommen häufiger, nur diesmal beruhigen sie mich nicht, weil ich genau weiß, jetzt darf ich mich nicht töten. Grade jetzt habe ich kein Anrecht darauf. Der Weg ist mir versperrt. Gottseidank bessert sich der Zustand meines Vaters irgendwann wieder soweit, dass er mit einem Stock laufen lernen kann. Laufen bedeutet, er bewegt diesen ausgeklügelten Vierpunktstock zwei Zentimeter ruckartig nach vorn und zieht das andere Bein nach dreißig Sekunden, wenn seine Balance es zulässt, nach. Für den Weg vom Wohnzimmer zur Küche braucht er, nachdem er den Dreh raus hat, zwanzig Minuten. Wenigstens ist er nicht mehr so bösartig. Sprechen kann er immer noch nicht. Die Ärzte sagen, das wird wohl auch nichts Rechtes mehr. Er ist eine Ruine, bei der nach und nach Wände und Dach einstürzen. Energie hat er trotzdem. Die Flurtür müssen wir immer noch abschließen, weil meine Mutter ihn einmal noch rechtzeitig kurz vor der Treppe erwischte, als er versuchte, nach unten zu gelangen. Ich denke, er will in seinen Keller, aber selbst, wenn er es schaffen würde, sich ohne das Genick zu brechen hinunterzusteigen, käme er allein nie wieder hoch. Es hat wohl mehr als das Sprachzentrum erwischt. Ich selbst laufe herum wie ein Geist. Angst und Sorge meiner

Mutter haben mich ausgeschlossen. Sie sorgt sich allein, und ich höre ihr dabei zu. Ich gebe ihr Recht, wenn sie sich über die Ungerechtigkeit beklagt, die ihren Mann hat krank werden lassen, obwohl es mir eigentlich egal ist. Sie hält Monologe, litaneiartig, fast monoton, Gedanken, die sie nur ausspricht, damit irgendwer, egal wer, hört, was sie denkt, und es ist meine Rolle, ihr Publikum zu sein, sonst könnte sie ihre Gedanken genauso gut in ein Tagebuch schreiben. Sie will kein Gespräch, keinen Beistand, keinen Trost, sie will deutlich machen, wie schwer alles für sie ist und was sie alles zu bewältigen hat und wie stark sie ist, und sie ist jetzt besonders stark, weil mein Vater schwach ist, und wenn ich ihr jetzt ein Signal gebe, dass ich auch schwach bin, gerade jetzt besonders, weil ich erlebe, wie sich mein Vater Stück für Stück verliert und ich mich nach Trost sehne und mich endlich, endlich fallen lassen möchte, würde sie noch stärker werden und ich nicht, ich würde schwächer, weil sie von ihrer Stärke nichts abgeben kann, dann würde ich mich auch verlieren wie mein Vater, und ich würde einen endgültigen Platz in meiner Verlorenheit einnehmen müssen, den ich nie wieder verlassen kann, und das wäre noch schlimmer als ein Tod.

***

Am nächsten Morgen werde ich sehr früh wach. Das passiert in der letzten Zeit häufig. An diesem Morgen fühlt sich mein Körper an, als sei er transparent. Wie immer ziehe ich mir ein Hemd mit langen Ärmeln an, damit man die Hämatome auf meine Armen nicht sieht. Ich bekomme in letzter Zeit sehr leicht blaue Flecke, ein leichter Stoß oder etwas stärkerer Druck reichen schon aus. Das Morgenlicht ist klarer als sonst, es kommt mir vor, als wäre mein Gesichtsfeld erweitert. Ich sehe auf meine Hand, die auf dem Treppengeländer liegt und mit mir hochgleitet, während ich nach oben gehe. Ich bin verwundert über die glatte Oberfläche des Holzes, das ich schon tausende Male berührt habe und staune, dass ich die Beschaffenheit, die

84

so makellos ist noch nie bemerkt habe. Meine Schritte sind unendlich langsam. Ich fühle mich leicht. Eigentlich sollte ich schweben. Auf halbem Weg lasse ich mich nach vorn auf die Stufen sinken. Meine Augen sind geöffnet. Ich kann mich nicht bewegen, ich will es auch gar nicht. Alles ist vollkommen. Etwas geht zu Ende, endlich, und ich muß gar nichts tun. Gar nichts.

***

Mir wird etwas fehlen, wenn ich nicht mehr trinke. Ich weiß das auf eine rationale, fast logische Art. Alkohol war nicht nur eine Konstante meines Lebens, er war zudem zuverlässig und um vieles vertrauter und geliebter als eine reine Gewohnheit, auch wenn diese Liebe eine Abhängigkeit bedeutete. Er war buchstäblich mein Leben. Und nun habe ich mich losgesagt. Obwohl das so nicht ganz stimmt. Nicht ich habe eine Entscheidung gefällt, sondern etwas in mir, ohne Beteiligung meines Verstandes. Es war, als sei irgendwo in mir – vielleicht in meinem Kopf, vielleicht irgendwo anders in meinem Organismus - eine Autorität, die, wenn es darauf ankommt, und das kam es ja diesmal, zum Wohl des gesamten Systems „Ich" einen grundsätzlichen Entschluß faßte und sich dabei über sämtliche gängigen Entscheidungsinstanzen in mir hinwegsetzte. So kam es mir tatsächlich vor. Jetzt, da ich darüber nachdenke, erinnere ich mich an das Gefühl des Vertrauens und der Erleichterung, als ich erkannte, wie sicher diese Entscheidung bereits war, noch bevor ich irgendeine gedankliche Arbeit leisten mußte. In dieser beruhigenden Passivität kann ich aber schlecht bleiben, wenn ich nicht stillstehen will. Ich werde ein Vakuum zu füllen haben. Ich könnte abwarten und darauf vertrauen, daß dies von allein geschieht, und das würde es mit Sicherheit. Ich würde Erfahrungen machen, das Leben und mich kennenlernen, und alles davon wird neu sein, aber warum nicht die Gelegenheit ergreifen und das Alles unter Anleitung beginnen? Mit einer professionellen Einführung, wenn man so will? Ich muß mir das Leben nicht unnötig schwer machen. Ich will so etwas wie eine Einführung in Abstinentes Leben.

Ich will eine Therapie.

Noch weiß ich nicht, wie ich das anstellen soll. Es scheint mir auch noch keine Angelegenheit zu sein, die dringend erledigt werden muß.

Auch diese Entscheidung wird mir abgenommen.

Ein Mann kommt eines Morgens in unser Zimmer. Ernster Blick, etwas zu ernst und zu eindringlich vielleicht. Vollbart, braune Augen, legere Kleidung. Er stellt sich als Sozialarbeiter vor.

„Ich glaube, wir müssen mal was unternehmen", sagt er.

Wir müssen. Na gut. Ich weiß ja, was er meint. Ich bin einverstanden, und er ist sichtlich überrumpelt, da ich keine Fragen stelle oder abwiegele oder sonstwie auf eine Art reagiere, für die er geschult ist. Er erklärt mir vorsichtig die Möglichkeiten einer Behandlung, und ich merke, daß er meiner Zustimmung nicht so ganz traut. Ich bin bereit, sämtliche seiner Vorschläge anzunehmen, aber um ihm seine Sicherheit zurückzugeben, beginne ich, nachzufragen und mich nach dem jeweiligen Für und Wider zu erkundigen. Es ist mir im Grunde egal. Eine seiner Vorschläge betrifft eine Klinik, die etwa zwei Autostunden entfernt ist und eine sechsmonatige Therapie anbietet. Sechs Monate klingt gut. Je länger, desto sicherer, denke ich. Und Hauptsache: weit weg. Dort will ich hin. Ich muß mich weiter um nichts kümmern. Irgendeine Unterschrift, den Rest erledigt er. Die Therapie kann ich antreten, sobald ich aus dem Krankenhaus entlassen werde. Wenn ich es richtig verstanden habe, ist ein nahtloser Übergang sogar die Bedingung. Einleuchtend. Es darf wohl kein Sicherheitsrisiko zwischendurch auftreten.

Teil 2

***

Als Kind hörte ich von Entziehungskuren, einem geheimnisvollen Unterfangen, das in Gesprächen nur leise und mit wissendem Blick erwähnt wurde, bevor man rasch wieder auf unverfängliche Themen umschwenkte. Ich hörte Andeutungen von Tragik und Unglück und spürte gleichzeitig das Unverständnis und die vage Verachtung, die darin lagen. Ich kannte nur wenige Menschen, die sich solchen Kuren unterziehen mußten, vielleicht mal ein entfernter Verwandte, den ich bei sehr seltenen Besuchen sah, oder den einen oder anderen stadtbekannten Trinker, von denen ich zwei Sorten glaubte unterscheiden zu können: die hoffnungslosen, die mit dem Trinken nicht aufhören konnten, und die, die zwar aufhören konnten, aber trotzdem nicht glücklich wurden. Sie allen schienen ein Leben zusätzlich zum üblichen, sichtbaren zu führen, was mir aber gar nicht so befremdlich vorkam, da ich als Kind diese Erfahrung bei Erwachsenen ohnehin oft machte. Meine Vorstellung eines Alkoholikers war einfach: er ist unglücklich, niemand mag ihn, und das, was er tut, muß irgendwie von allen ausgehalten werden. Frauen gingen offenbar nicht in solche Kuren, deswegen nahm ich an, daß Frauen allgemein emotional stabiler als Männer waren. Das paßte jedenfalls zu dem, was ich zu Hause erlebte. Diese Kuren schienen nie einen dauerhaften Erfolg zu haben, daher dachte ich, es handele sich um Maßnahmen, die von vornherein keine Heilung vorsahen, sondern lediglich eine – im Idealfall – längerfristige Unterbrechung eines unglücklichen Zustandes; Alkoholiker finden sich mit ihrem Schicksal ab, ihre Familien tun das gleiche, und alle versuchen, mit einem für mich damals als Kind nicht erklärbaren, sich selbst verpflichteten Fatalismus nicht aufzugeben. So dachte ich. Ein Alkoholiker schien ein Mensch zu sein, den seine Familie sowohl Mitleid, Sorge, Hoffnung, Verachtung, Verzweiflung und Wut spüren ließ, für den siegleichzeitig aber auch enorme Energie aufbrachte. Mich faszinierte der Gedanke, daß nicht nur Liebe, sondern offenbar auch andere, vollkommen gegenteilige Gefühle mit intensiver Hingabe gelebt werden und eine Familie zusammenhalten können. Vor allem bekam ich eine Ahnung, daß Glück zwar erstrebenswert, aber nicht unbedingt der wichtigste, geschweige denn einzige Garant für ein Zusammenleben ist. Dann gab es noch die anderen Alkoholiker, die Helden aus Büchern und Filmen, die zwar kaputt, aber trotzdem fähig zu Integrität waren. Die waren bereit zu kämpfen, sich ihrer Ideale zu erinnern und sie, wenn auch als gebrochene Helden, dennoch letztlich verrieten, sondern schließlich auf einem Weg voller Widerstände und Versuchungen in das Leben zurückfanden, wobei sich der dornenreiche Weg auf eine fast spirituelle Weise als unumgänglich für das Erreichen ihrer wahren Bestimmung erwies. Das dahinterstehende Konzept hat mir wegen seines romantisierenden Anspruchs immer gefallen: Alkoholismus als Dämon, als finsteres Alter Ego, das heroisch besiegt werden muß. Ein typisch männliches Bild von Kampf, vom Einstecken von Rückschlägen und schließlich dem Sieg über sich selbst. Nur, daß ein Alkoholiker, wie es immer heißt, aus diesem Kampf gar nicht als Gewinner hervorgehen kann, weil er sein Leben lang Alkoholiker bleibt. Eine seltsame Krankheit, die ein Kind unmöglich begreifen kann. Fragt sich, ob sie von Erwachsenen begriffen wird. Eine Behandlung verspricht der gängigen Meinung nach keine Heilung, sondern höchstens die Aussicht auf ein das ganze Leben über dem Kopf schwebendes Damoklesschwert. Vielleicht kommt daher das Schulterklopfen, das man trockenen Alkoholikern gern aufnötigt, eine Geste, die die Verlegenheit darüber kaschiert, daß man eigentlich gar nichts bewundert, sondern eine Mischung aus Mitleid, Abwehr und Endlich-hat-er-es-eingesehen verspürt, was man aber nicht deutlich zeigen will, da sich niemand gern Herablassung nachsagen läßt.

Gegen Großmut kann niemand was sagen. Furchtbar.

***

„Eine Stunde noch", sagt mein Fahrer. Ich schrecke aus meinen Gedanken. Wir sind seit zwei Stunden unterwegs. Für die Verbringung in die Klinik ist eine Begleitung vorgeschrieben, wahrscheinlich, um sicherzustellen, daß kein Schützling auf dem Weg dorthin noch einen Zwischenstopp an einem Kiosk einlegt. Mein Sozialarbeiter (ich kann mir einfach nicht seinen Namen merken: Herbert? Herrmann?) hat sich dafür angeboten. Ich bin sehr dankbar dafür. Eine Bahnfahrt mit Gepäck hätte ich nicht geschafft. Meine Reisetasche, die hinten im Kofferraum liegt, ist zwar vollgepackt mit Klamotten für die nächsten Wochen, aber nicht besonders schwer. Es ist Frühling, Winterkleidung muß ich deshalb nicht mitnehmen. Die Tasche ist also eher leicht, aber ich habe sie nicht heben können. Was ich noch brauchen werde in den nächsten sechs Monaten, kann ich mir zuschicken lassen.

Sechs Monate Therapie. Ich stelle mir große, helle Gebäude vor, in denen ruhige, freundliche Menschen arbeiten und, ähnlich wie in einer Schule, eine Art Unterricht in Abstinenz geben. Ich habe vage Vorstellungen von Seminarräumen und entspannter Atmosphäre, ausgewogenen Mahlzeiten und Sauberkeit. Eine Art Krankenhaus halt. Nun, damit habe ich Erfahrung. Ich werde das halbe Jahr zur Besinnung nutzen, um in abgeschiedener Entspannung einen Weg für mein Leben zu finden. Ich werde ein guter Patient. Man wird feststellen, daß man sich um mich nicht sorgen muß.

Ich spüre, wie Herrmann (oder Hartmut) immer wieder zu mir rüber sieht, wohl um einzuschätzen, wie es mir geht, ob ich reden möchte, ob ich nachdenke, ob ich unruhig werde, jetzt, da wir bald da sind. Ich reagiere nicht. Ich will mich nicht unterhalten, schon gar nicht über mich, meine Erwartungen oder Pläne. Stattdessen sehe ich aus dem Fenster. Ich bin gern im Auto unterwegs. Als mein Vater noch Lastwagen fuhr, damals, bevor er in die Fabrik kam, nahm er mich in den Ferien oft mit. Ich konnte den ganzen Tag auf dem breiten Vordersitz hocken und wortlos aus dem Fenster schauen, genauso wortlos wie mein Vater, der entspannt und mit sich zufrieden das große Lenkrad herumschwang. Ich kann keinen Smalltalk. Ich rede überhaupt nicht sehr gern. Die letzten Jahre habe ich ohnehin kaum gesprochen. Häufig vergingen mehrere Tage, bevor sich die Notwendigkeit dazu ergab, zum Beispiel in einem Supermarkt an der Kasse. Vielleicht habe ich das Reden ja verlernt. Obwohl, schon als Kind war ich auch eher still. In Gesprächen hab' ich immer sehr genau überlegt, was ich sagen werde, ich konstruierte meine Sätze sozusagen vor, bevor ich sie aussprach, was zur Folge hatte, daß andere mir meistens zuvorkamen. Ich war kein langsamer Denker, ich war nur nicht spontan. Während andere Menschen quasi aus dem Stand ein beliebiges Gespräch beginnen konnten, mußte ich mir vorher einen Plan zurechtmachen. Auf diese Weise ist lebendiger Smalltalk natürlich nicht möglich.

„Wir sind gleich da."

Ich setze mich grade hin und spüre, wie ich nervöser werde.

„Vielleicht noch eine Viertelstunde", sagt mein Fahrer. Ich sehe, wie er sich konzentriert und weiß, er will mir ein paar Worte mit auf den Weg geben, etwas Bedeutsames, das den Umständen gerecht wird. Er tut mir fast leid, weil er mein Schweigen nicht einschätzen kann.

„Denk dran", sagt er schließlich, „ein trockener Alkoholiker kann für andere bedrohlich sein."

Ich kommentiere das nicht. Ich sehe ihn an und nicke zustimmend. Ich glaube, ich weiß sogar, was er meint.

***

Eine kleine Stadt. Ein Vorort, registriere ich. Daß es ein Vorort ist, merke ich an der fehlenden, üblichen Verschlafenheit anderer kleiner Orte, die ich kenne. Die Hauptstraße ist viel befahren. Viele LKW's.

Auf der linken Seite der Straße beginnt irgendwann eine meterhohe, dunkle Hecke, dicht wie eine Mauer, mit einer Patina aus Jahre altem Straßenstaub. Die Hecke ist bestimmt hundert Meter lang. Es ist die Art von Hecke, die ein Fußgänger wegen ihrer gleichförmigen Massivität und Höhe, die keinen Anreiz bietet, nach oben zu schauen, irgendwann nicht mehr wahrnimmt, wenn er an ihr entlangläuft. Ich sehe das schindelgedeckte, spitze Dach eines Gebäudes, vielleicht ein Turm oder Anbau, hoch genug, daß er hinter der Hecke grade eben von der Straße aus sichtbar wird. Ich blicke fragend zu meinem Fahrer. Er nickt. Unmittelbar vor uns erscheint plötzlich eine Einfahrt, eine Unterbrechung im mauerartigen Wall, an der man leicht vorbeifahren kann, wenn man nicht genauer Ausschau danach hält. Es gibt kein Hinweisschild. Wir biegen ein, fahren durch einen kleinen Torbogen und sind plötzlich in einem Vorhof, in dessen Mitte ein mit Blumen bepflanzten Rondell liegt. Vor uns liegt ein kleines, schloßähnliches Gebäude, leicht ramponiert, umgeben von einem trockengelegten Wassergraben. Es ist lehmgelb gestrichen, die Fensterläden sind grün. Die Farbkombination habe ich in dieser Gegend während der Herfahrt öfter gesehen. Zum Eingang, einem gewaltigen, zweiflügeligen Holztor, von dem ein Flügel offen steht, führt eine kleine Brücke mit einem schwarzen Geländer aus Schmiedeeisen. Neben dem Eingang hängt eine Glocke, die wie ich sehe, irgendwann einmal mit schwarzer Farbe dick übermalt wurde. Ich drehe mich um und schaue über das weitere Gelände. In die andere Richtung, vom Gebäude wegführend, liegt ein straßenbreites, von alten Bäumen gesäumtes Stück Weg oder besser, ehemaliger Weg. Ich nehme an, früher war dies der Hauptzugang, da er direkt auf das Haus zuführt und durch die Baumallee etwas Herrschaftliches vermittelte. Jetzt ist er teils mit Gras bewachsene, teils einfache, festgestampfte Erde. Neben der Baumreihe, zur Straße in Richtung Hecke hin gelegen, liegt ein ebenso breiter, leicht ansteigender Grasstreifen. Ganz am Ende, im Dämmerlicht der dichten Baumkronen, kann ich das Netz eines Volleyballfeldes erkennen. Weiter reicht der Blick nicht; dahinter scheint eine hohe Mauer oder wieder eine Hecke zu sein. Es ist still hier, fällt mir auf. Der Autoverkehr dringt kaum bis hier durch. Wir sehen und hören aber auch keine Menschen auf dem Gelände oder im Haus. Niemand nimmt uns in Empfang. Wir gehen hinein. Drinnen stehen wir einen Moment ratlos in einer kleinen Eingangshalle. Mein Sozialarbeiter geht zu einer Tür, ebenfalls schweres dunkles Holz mit zwei Flügeln, um anzuklopfen, als irgendwo anders plötzlich eine Tür aufgeht und ein Schwarm von jungen Leuten laut und zielstrebig zum Tor und nach draußen eilt, wo sie sich Zigaretten, die sie bereits in der Hand halten, anzünden und miteinander palavern. Während sie an uns vorbeieilen, werfen mir einige neugierige Blicke zu, die meisten aber eher beiläufig. Als letzter kommt ein Mann mit einem Schnauzbart und leicht hervorquellenden Augen, der seinem Auftreten nach zum Personal gehört. Auch er ist in Eile, bleibt aber kurz stehen, als er uns sieht und begrüßt uns knapp. „Du bist der Neue, oder?" stellt er fest. Er gibt mir kurz die Hand und ruft Richtung Tor: „Wolfgang! Joe! Kümmert euch mal um unseren Neuen!", bedeutet meinem Sozialarbeiter, ihm in den Nebenraum zu folgen, sagt zu mir bereits im Weiterhasten: „Ich bin Matthias" und weg ist er.

Das ist zu schnell und zu viel, denke ich. Zu hastig. Ich schaffe das so nicht. Ich muß mich langsam und behutsam vortasten können, langsam und vorsichtig, und jemand muß mich dabei führen. man muß mich schonen. Man darf mich nicht allein lassen. Ich habe Angst. Keine Angst vor etwas Besonderem, nur ...Angst vor allem. Ein Windei, denke ich, ein Windei ist ein Ei ohne Schale. Das hat mir mal ein Arbeitskollege meines Vaters erklärt. So fühle ich mich. Ich will ein Bett, Ruhe und Dunkelheit. Niemand soll mich sehen. Ich wünschte, ich hätte mir keine Hoffnungen gemacht.

Joe und Wolfgang ziehen ein letztes Mal an ihren Zigaretten, streifen sorgfältig die Glut ab und verstauen die Stummel in ihren Tabakbeuteln. „Komm mit", sagt einer von ihnen

freundlich. Er muß Joe sein, weil ich, als er das Gewicht meiner Tasche prüft, auf seinem rechten Unterarm eine selbstgestochene, unbeholfene Tätowierung erkenne: "Sioux Joe". Wolfgang nimmt wortlos meinen Rucksack. Wir gehen hinunter in den Keller. In einer Waschküche werde ich aufgefordert, mich bis auf die Unterwäsche auszuziehen. „Wir müssen deine Sachen filzen", sagt Joe und fängt an, meine Tasche auszuräumen. Die Prozedur hat einen routinierten Charakter. Sie reden leise miteinander über Belanglosigkeiten, aber achten darauf, nicht zu leise zu sein, um nicht unhöflich zu erscheinen. Ihre Bewegungen sind sicher, schnell und präzise. Einige von meinen Sachen legen sie zu einem kleinen Haufen: Rasierwasser, Zahnpasta, Deo, Duschzeug. Den Rest legen sie wieder in Tasche und Rucksack. Sie geben mir meine Kleidung zurück und sehen diskret weg, während ich mich anziehe.
„Okay", sagt Joe, „das wars. Gehen wir wieder hoch." Er deutet auf die Kosmetika. „Die kannst du nicht behalten", sagt er bedauernd.
"Warum nicht?"
"Sie enthalten Alkohol."
Ich bin traurig. Ich möchte nichts abgeben. Alles, was ich mitgebracht habe, ist etwas Vertrautes. Ich hänge plötzlich an dieser Zahnpasta und dem Deo und habe Tränen in den Augen, als wir die Treppe wieder nach oben steigen. Oben steht Matthias und wartet auf uns. „Und?" fragt er.
„Alles klar", antwortet Joe, „das hier haben wir", und zeigt Matthias meine Kosmetika.
„Was passiert damit?" frage ich bang, mit einem Kloß im Hals.
„Wir entsorgen das", antwortet Matthias.
Ich fange an zu weinen. Es ist mir alles zuviel. Ich bin fremd und allein und Dinge werden mir weggenommen, Dinge, die zwar völlig nichtig sind, aber deren Fehlen für mich auf einmal persönlichen Verlust bedeutet.
Joe und Wolfgang sehen Matthias verdutzt und ratlos an. Auch Matthias sieht erstaunt aus. „Na meinetwegen", sagt er. "Laßt ihm die Zahnpasta. Bringt ihn zu Helga, und dann müssen wir

93

wieder in die Gruppe." Im gleichen Moment ertönt ein ohrenbetäubendes Läuten. Im Eingangsbereich hängt eine zweite Glocke, die ich vorhin übersehen habe. Einer der Patienten schlägt den Klöppel mit energischer Begeisterung. Die Patienten hasten wieder zurück in den Raum, aus dem sie bei meiner Ankunft gekommen sind, irgendwo hinten am Ende des Ganges.

***

„Das hier ist eine Drogenklinik." Die Frau, die mir gegenübersitzt, mustert mich aufmerksam und streng. Sie ist elegant gekleidet, grauer Rock, graues Jackett, dezenter Schmuck. Sie macht ihren Mund mit Absicht schmal, denke ich. Vorgestellt hat sie sich als Helga Sowieso. Den Nachnamen habe ich nicht verstanden. Unwichtig. Hier duzt sich jeder. Rechts und links neben ihren Mundwinkeln sind zwei kleine Falten, wenn ihr Mund streng wird. Die Falten verschwinden, wenn sie redet. Also ist ihr Mund nicht sehr häufig schmal. Ihr Gesicht sieht eigentlich überhaupt nicht so streng aus. Sie hat eine glatte Stirn, und wenn man genau hinsieht, kleine Lachfältchen in den Augenwinkeln. Warum tut sie dann so streng? Sie muß mich gar nicht beeindrucken. Ich bin eingeschüchtert genug, das muß sie nicht erst forcieren. Eingeschüchtert bin ich permanent. Das ist mein Normalzustand. Ich merke ihn gar nicht mehr, außer, ich werde daran erinnert, so wie jetzt zum Beispiel. Ich glaube, Helga ist im Grunde ein netter Mensch, aber zu mir will sie es offenbar nicht sein. Vielleicht liegt das an ihrer Aufgabe. Sie nimmt Patienten auf. Patienten müssen von vornherein auf Strenge vorbereitet werden. Das klingt logisch, denke ich. Auf diese Weise wird ihnen sofort klargemacht, daß sie sich zurückhalten müssen. Man bremst sie gleich zu Beginn, und die folgenden Schritte werden automatisch langsamer. Leichter als andersherum. Komisch, was mir durch den Kopf geht. Ich beobachte, wie ich mich selbst beobachte. Ich kann mich sehen, wie ich auf dem gepolsterten Stuhl sitze, leicht vornübergebeugt, in meinem grauen Parka mit den großen Seitentaschen, in denen ich oft Bierdosen verstaut habe. Der Parka ist mir zu groß. Verrückt, denke ich, ich kann wirklich sehen, daß mir der Parka zu groß ist.

Eine Drogenklinik. In der Broschüre, die ich gelesen habe, stand: Klinik für Alkoholiker. Helga mustert mich immer noch. Worauf wartet sie? Was soll ich sagen? Ich habe mal gelesen, daß Therapeuten in Gesprächen manchmal schweigen, damit der Patient das Schweigen schließlich beendet und durch seine Reaktion irgendwas Wesentliches über sich preisgibt. Zeigt, daß er Herr der Lage ist, oder so etwas. Vielleicht ist das ein Test. Ich versuche zu überlegen, aber ich fühle mich ausgehöhlt. Als hätte ich eine Woche nicht geschlafen. Sie können mich nicht wegschicken. Das ist einfach nicht möglich. Sie müssen sich kümmern. Ich wäre gern allein, wie früher, in meinem vertrauten, für alle unerreichbaren Universum, aber trotzdem muss jemand da sein, jemand, der draußen vor der Tür auf mich aufpaßt, der da ist, falls ich etwas nicht mehr aushalte. Sie könnten mich in ein Zimmer schicken und mich dort einfach sein lassen. Ich würde nichts anstellen. Mich nicht einmal bewegen.

Ich muß jetzt etwas sagen. Nur was? Es ist immer noch schwer, meine Gedanken in einen Satz zu formen, der ausgesprochen und nicht nur gedacht werden soll, in eine Sprache, die von einem anderen verstanden werden muß. Im Krankenhaus habe ich natürlich gesprochen, aber wenig, und in der Gewißheit, daß nichts, was ich aussprach, Konsequenzen für mich habe würde. Als Krankenhauspatient wird man umsorgt. Hier offenbar nicht.

„Ich will nicht gehen", bringe ich schließlich hervor. Ich will nicht wieder anfangen zu weinen, ich bin siebenundzwanzig Jahre alt, das kann doch nicht wahr sein, daß ich so am Ende bin. Helga unterbricht ihr Mustern und lehnt sich zurück. Freundlicher. Als hätte ich einen Test bestanden. So sieht sie echt aus, denke ich.

„Wir lassen dich mal hier" sagt sie schließlich. „Einer der Patienten wird sich um dich kümmern und dir alles zeigen." Sie telefoniert kurz und zwei Minuten später kommt ein junger Mann ins Zimmer, der mir als John vorgestellt wird. „Ich bin dein Pate" sagt er. „Komm. Gehen wir mal los." Wir verlassen Helgas Büro. Draußen im Gang sehe ich wieder Patienten. „Die Gruppe macht grad Pause", erklärt John, ohne daß ich gefragt habe. „Es gibt Tage, da bimmelt die Glocke fast ununterbrochen." Etwas kryptisch fügt er hinzu: „Manchmal ergibt sich ein Streß aus dem anderen." Ich beobachte ihn verstohlen von der Seite. Er trägt eine zerrissene schwarze Jeans, ein helles T-Shirt mit einem Totenkopfemblem und nagelneue weiße Turnschuhe. Sein linker Arm ist bis zum Handgelenk komplett mit Tätowierungen bedeckt, die ich nicht genau erkennen kann. Er hat schulterlanges, blondes Haar, das er zu einem Pferdeschwanz zusammengebunden hat. Soweit ich sehen kann, trägt er keine Ohrringe. Wenn er nachdenkt, zieht er die linke Seite seiner Oberlippe hoch. Ihm fehlt ein Eckzahn. Unwillkürlich vergleiche ich sein Aussehen mit meinem und schäme mich meiner armseligen, langweiligen Art, mich anzuziehen. Ich komme mir vor wie jemand, der seine Feigheit ganz offen zur Schau trägt. Unter meinem Parka trage ich ein dunkelblaues Sweatshirt, meine Turnschuhe sind abgenutzt, meine Frisur unauffällig. Ich wünschte, ich würde wenigstens einen Ohrring tragen. Auf unserem Rundgang sehe ich junge Männer – und zwei Frauen – die ähnlich lässig wie er gekleidet sind. Es ist ein warmer Maitag. Ich kann viele bloße Arme sehen. Die meisten der Patienten sind tätowiert und haben eigenwillige Frisuren: kurzgeschoren mit einem Zopf, frisch rasierte Köpfe, auf denen die Kopfhaut durch die Stoppeln schimmert, vernarbte Unterarme. Ich werde beiläufig gemustert, als ich vorbeigehe, aber nicht angesprochen. Gespräche werden meinetwegen nicht unterbrochen, es ist, als wäre mein Kommen belanglos. Ich lasse mich führen und muß darauf achten, nicht zurückzubleiben. Meine Beine schmerzen. John redet. „Das Haus läuft nach dem Prinzip

Selbstverwaltung", sagt er grade wie ein Fremdenführer. „So gut wie alle Regeln, Organisation, Hausordnung, Putzordnung, alles liegt in der Hand von Patienten. Außer den Therapiesitzungen natürlich. Wir regeln fast alles selbst." Er sieht ein wenig stolz aus. Ich nicke bloß und überlege, welche Frage ich stellen kann. Von der Anstrengung des Laufens habe ich Schweiß auf der Stirn. Außerdem habe ich immer noch meinen Parka an.

„Die Frau vorhin....Helga, sagte, dies sei eine Drogenklinik", sage ich scheu. „Ich hab kein Drogenproblem. Ich bin Alki." John nickt bereitwillig. „Das kommt ab und zu mal vor", sagt er. „Die Broschüren über das Schloß sind nicht mehr auf dem Laufenden. Hin und wieder taucht hier ein Alki auf. Das geht aber nicht immer gut." Er nickt bedeutsam.

„Wieso?" frage ich unsicher.

„Naja", sagt Wolfgang mit einem vorsichtigen Blick auf mich, „Junkies und Alkis sind... haben verschiedene Geschichten. Junkies sind kriminell und haben Knasterfahrung. Sie haben ´ne gewisse Energie. Alkis können da oft nicht mithalten. Alkis sind meistens dumpf, die kennen das Leben auf der Straße nicht. In deren Leben hat sich oft nicht viel getan. Oft halten die hier einfach nicht mit. Die schaffen es nicht. In Alkihäusern sind die besser untergebracht." Er überlegt. „Wir hatten mal einen hier, bis vor sechs Wochen. Den Käpt`n. Der war zwar Alki, aber richtig pfiffig. Der hatte hier alles im Griff. Zum Schluß war er sogar Gruppensprecher." Er überlegt weiter. „Die anderen dümpeln hier eher so durch. Aber das gilt natürlich nicht für alle", beeilt er sich hinzuzufügen.

„Was ist mit den Alkis, die es "nicht schaffen"?" frage ich.

„Entweder sie brechen ab, oder sie fliegen raus. Ganz einfach."

***

Das Haus, Schloß genannt, besteht aus drei Stockwerken, wie ich anfangs richtig dachte. Im Erdgeschoß liegt das Hauptbüro, das gleichzeitig Besprechungsraum der Therapeuten ist, der

Speiseraum, das Büro der Gruppensprecher und der große Gruppenraum, also der Raum, in dem die Patienten seit meiner Ankunft immer wieder verschwinden. Im ersten Stock befindet sich ein riesiger Aufenthaltsraum, von der Grundfläche so groß wie eine größere Wohnung und eingerichtet wie ein Wohnzimmer mit vielen Sofas, Tischen und Sitzecken. Auf einer Seite des Ganges, der zum Aufenthaltsraum führt, liegt ein kleinerer Gruppenraum, auf der anderen Seite die Zimmer und Waschräume für die weiblichen Patienten. Im Obergeschoß befinden sich die Zimmer für die Männer, ähnlich wie in einem Hotel an den Seiten eines langen Flurs. Es gibt noch ein Dachgeschoß, aber das ist nicht zugänglich. Ich erfahre, daß es irgendwann einmal ausgebaut werden soll, um zusätzliche Zimmer einrichten zu können. Im Untergeschoß liegt die große Küche, ein Vorratsraum und die Waschküche. Nach einer halben Stunde ist der Rundgang vorbei. Meine Beine tun durch das Treppensteigen weh. Ich müßte mich dringen ausruhen, will mir aber keine Blöße geben. Einen Therapeuten habe ich, außer Matthias und Helga, bisher nicht gesehen.

„Das war´s", sagt er, als wir wieder im Eingangsbereich stehen. „Wir wissen noch nicht, welches Zimmer du bekommst. Das klären wir später. Das Beste ist, du kommst gleich mit in die Gruppe. Wir machen eine Vorstellungsrunde, damit du den Rest kennenlernst." Mir ist alles recht. Der Vorteil meiner Erschöpfung ist, daß meine Angst vorübergehend einer Apathie gewichen ist.

Der Gruppenraum hat einen hellblauen Teppichboden und bunte, bleiverglaste Fenstern. Die hereinfallenden Sonnenstrahlen schaffen freundliches Licht. An einer Wandseite stehen aufgestapelte Plastikstühle. Als ich hereingeführt werde, lümmeln alle Patienten auf Kissen unterschiedlicher Farbe und Größe im Kreis und sehen mich neugierig an. Ich suche mir einen Platz an der Tür. Jemand wirft mir ein Kissen zu. Mein Kommen hat eine Diskussion

98

unterbrochen. „Das ist Jürgen", sagt John nur und setzt sich neben mich.

„Hallo", sagt jemand mit einer Hakennase, pechschwarzen Haaren und irritierend hellen Augen freundlich zu mir. „Wir machen nachher eine Vorstellungsrunde. Ich schlag vor, daß wir jetzt nicht unterbrechen." Zustimmendes Nicken.

Ohne Übergang schreit eine der wenigen Frauen der Gruppe los: „Wenn du Arsch das nicht auf die Reihe kriegst, wenigstens alle zwei Tage zu duschen, du Sau, dann möchte ich mal wissen, wo du eigentlich groß geworden bist! Ich fass es nicht! Dann schlaf doch auf der Straße! Du Penner!"

„Hast du `ne Ahnung, wie respektlos das uns gegenüber ist? Riechst du dich eigentlich selber nicht"? schreit ein anderer. „Ich hab nicht die geringste Lust, noch länger mit dir Penner auf einem Zimmer zu sein!"

Ich bin viel zu erschrocken, um eingeschüchtert zu sein. Mich schockiert nicht nur die Lautstärke und der ungehemmte Zorn, den ich da spüre, und die Plötzlichkeit, mit der das Geschrei begann, sondern vor allem die augenblickliche Erkenntnis, daß dies offensichtlich eine gängige Umgangsform dieser Gruppe ist. Für einen Moment habe ich den irrwitzigen Gedanken, ich sei der Grund für die Wut, einfach deshalb, weil meine Ankunft eine unwillkommene Störung bedeutet.

Ich schaue mich vorsichtig um. Niemand beachtet mich. Jeder sieht entweder ernsthaft entrüstet oder zumindest ernst aus, bis auf das Opfer der Attacken, ein magerer junger Mann, der immer wieder seine Brille auf die Nase zurückschiebt und nervös grinst. Ein Therapeut ist nicht anwesend, aber ich habe die Ahnung, daß der Umgangston dadurch auch nicht anders würde. Das Geschrei kann man sicher bis vorn in die Büros hören. Einer der Patienten, der mit der Hakennase, hebt beschwichtigend die Hand. Die Gruppe beruhigt sich.

„Also", sagt er, „das ist jetzt das dritte Mal in zwei Wochen, daß wir eine Gruppe wegen Paulis Hygieneproblem haben. Was machen wir jetzt? Wir können ihn schlecht mit einem Schlauch abspritzen."

„Können wir schon", sagt eine Frau trocken. „Ist warm genug draußen."

„Ich hab folgenden Vorschlag", sagt ein anderer, „einer von uns geht jeden Abend mit ihm duschen. Ab heute. Damit er es nicht vergißt. Und vielleicht lernt. Eine Woche lang. Dann sehen wir mal, wie`s läuft."

„Und wenn er´s trotzdem nicht kapiert?"

„Sehen wir dann. Vielleicht schmeißt Matthias ihn raus." Der mit der Hakennase scheint ein Sprecher zu sein.

Gemurmelte Zustimmung. Pauli, um den es die ganze Zeit ging, sitzt wie ein Häufchen Elend auf seinem Kissen und ist sichtbar erleichtert, daß es jetzt vorbei ist.

„Gut", sagt der Gruppensprecher. „Dann machen wir jetzt mal eine Vorstellungsrunde."

Die Stimmung wechselt unmittelbar in Entspannung. Ich kann diesen plötzlichen Umschwung nicht recht deuten, aber das Thema scheint abgeschlossen.

Alle sehen jetzt mich an. Ich bin Mittelpunkt der Aufmerksamkeit von etwa zwanzig Menschen. Ich bin jetzt noch keine Stunde hier, aber diese Stunde war intensiver, anstrengender und „schutzloser" als alles, an das ich mich erinnere. Es hat keinen Sinn, an die vor mir liegenden sechs Monate zu denken, nicht einmal an die Herausforderung der nächsten Stunden. Ich kann mich nur ergeben.

Die Vorstellung dauert etwa eine halbe Stunde. Jeder der zwanzig Patienten stellt sich mit Namen und einer mehr oder weniger kurzen Lebensgeschichte vor. Sie scheinen Übung darin zu haben, keiner muß nach Worten suchen. Ich stottere ein paar Worte über mich, meinen Namen, meine Herkunft, ein wenig meine Vorgeschichte. Ich muß mich mehrmals räuspern, damit meine Stimme nicht versagt. Aber niemand wird ungeduldig, keiner zeigt Langeweile, und ich spüre sogar so etwas wie Wohlwollen.

Die Vorstellungsrunde ist vorbei. Ein eher belangloses Ritual, aber jetzt bin ich nicht mehr namenlos. Wenn ich versuche zu zählen, wie viele Menschen in den letzten zehn Jahren meinen

Namen kannten, nun, ich weiß es nicht genau. Außer meiner Familie vielleicht...fünf? Oder vier? Es ist wohl doch nicht so belanglos.

***

Ich beziehe ein Dreierzimmer. Für Neulinge ist das üblich. Nach einigen Wochen wechselt man auf ein Zweibettzimmer, dann auf ein Einzelzimmer. Sechs Wochen vor Therapieende wird man in einem Nebengebäude untergebracht und bekommt besondere, gelockerte Regelungen, wie andere Ausgangszeiten und häufigere Heimfahrten. Meine beiden Zimmerpartner sind Chris und Freddie. Beide sind höflich zu mir und können mit mir nicht viel anfangen. Ich merke schnell, daß ihre gemeinsame Drogenvergangenheit eine Zusammengehörigkeit bedeutet, die mich ausschließt. Die Themen, über die sie sprechen, handeln von ihren Gefängniszeiten, ihren Erlebnissen auf der Straße, den krummen Dinger, die sie gedreht haben. Sie scheinen eine Art Wettbewerb darüber zu führen, wer mehr erlebt hat. Außerdem habe ich den Eindruck, sie möchten vor mir angeben. Sie nehmen mich nicht sehr ernst. Mich stört das nicht. Es wäre mir unangenehmer, sie würden versuchen, mich einzubeziehen.

Nach wenigen Tagen glaube ich zu wissen, wie das Konzept der Therapie funktioniert. Es scheint ganz einfach zu sein. Das Ganze ist eine Art große Wohngemeinschaft, in der die Patienten das Zusammenleben und den Alltagsablauf selbst regeln. Da die Nähe zwangsläufig Anforderungen wie Rücksichtnahme, Toleranz und Abgrenzung an sie stellt, müssen sie sich wohl oder übel arrangieren, ohne auf altbewährte Strategien, die in einem süchtigen Leben funktionierten, zurückgreifen zu können. Stattdessen üben sie sich in sozialen Kompetenzen. Die Therapeuten greifen in die Selbstverwaltung selten direkt ein. Man sieht sie eigentlich nur in den Gruppentherapien dreimal in der Woche und den Einzelgesprächen. Um 17 Uhr machen sie Feierabend und fahren nach Hause. Die Nacht über bleibt eine Aushilfskraft, die Nachtwache, im Haus, die, wenn es erforderlich ist, zu jeder Zeit einen jeweils zuständigen Therapeuten anrufen und Instruktionen einholen kann. Jeden Tag um 17 Uhr findet eine Großgruppe, das Plenum, mit allen Patienten statt, die etwa zwei Stunden bis zum Abendessen dauert. Um 22 Uhr gibt es eine letzte halbstündige Gruppe, die Abendrunde, danach ist Schluß. Der Tabak wird über Nacht eingeschlossen. Rauchen ist bis zum nächsten Morgen nach dem Frühstück verboten. Es gibt vier gewählte Gruppensprecher, die für die Bereiche Ordnung, Arbeit und Küche zuständig sind sowie einen Gesamtsprecher, der eine übergeordnete Funktion hat. Diese vier haben die Führung inne, und, wie ich in wenigen Tagen erlebe, sie nehmen ihre Aufgabe sehr ernst. Mich erstaunt zunächst, daß sie von den anderen Patienten in ihrer Führungsrolle akzeptiert werden. Ich hätte eine grundsätzliche rebellische Haltung der Gruppe vorausgesetzt, begründet in dem Wissen, daß einige von ihnen willkürlich höhergestellt werden und damit Macht bekommen, die sie wiederum auf die Gruppe ausüben können. Da diese Macht dazu auch noch in Händen von Leuten liegt, die so gut wie keine Erfahrung in verantwortungsvollem Umgang mit anderen Menschen haben, geschweige denn darin, sie umsichtig zu führen, müßte es eigentlich entweder zu einem dauernden Konflikt zwischen Gruppensprechern und dem Rest der Gruppe kommen, oder das Ganze wird eine Farce und jeder spielt seine Rolle, damit die Therapeuten zufrieden sind und jeder seine Ruhe hat. Verblüffenderweise ist es ganz anders. Dafür gibt es mehrere Gründe. Die Sprecher oder "Verantwortlichen", V-Leute genannt, werden von der Gruppe für die Dauer von sechs Wochen gewählt. Die Therapeuten können zwar diesbezügliche Vorschläge machen, halten sich aber meistens damit zurück. Für die genannten vier Bereiche ist jeweils ein Sprecher zuständig. Da ist einmal der Ordnungsverantwortliche, der zuständig für die Einteilung und Durchführung der täglichen Hausarbeit zuständig ist, was vor allem die Hausreinigung betrifft, angefangen bei der morgendlichen Säuberung der Zimmer, der Fußböden, der Toiletten, des Geländes bis zu hin und wieder anfallenden Arbeiten wie Fensterputzen, einschließlich der Instandhaltung der notwendigen Gerätschaften und Anschaffung von Putzmitteln. Der OV teilt die Reinigungsteams und –aufgaben ein. Der Arbeitsverantwortliche ist zuständig für alles, was die Arbeitstherapie angeht. Im Schloß ist andauernd etwas zu tun. Fast alle anfallenden Reparaturarbeiten werden von Patienten erledigt, was deswegen möglich ist, da die meisten eine abgeschlossene Lehre haben oder wenigstens Berufserfahrung. Ich bin erstaunt, wie viele Junkies einen Beruf gelernt haben. Der AV muß ein Auge darauf haben, welche Arbeiten getan werden müssen, und vor allem, daß sie getan werden. Er teilt die Arbeitsteams ein, sorgt für Arbeitsmaterial und kümmert sich um die zeitliche Planung. Der Küchenverantwortliche hat wahrscheinlich die anstrengendste Aufgabe. Er ist verantwortlich für den täglichen Speiseplan, den Einkauf der Lebensmittel, den er anhand der vorgegebenen finanziellen Mittel genau kalkulieren muß, die Auswahl und Beaufsichtigung der zweiköpfigen Küchenmannschaft und das pünktliche Auftragen der Speisen. Das Essen, habe ich festgestellt, hat den größten Einfluß auf die Stimmung im Haus. Entsprechend ist der KV der einzige, der während seiner sechs Wochen Amtszeit kaum zur Ruhe kommt. Wenn die anderen V´s mal Mist bauen, müssen sie sich zwar vor der Gruppe und dem Therapeutenteam verantworten, aber da ihre Arbeit für alle meistens transparent ist, kommt es oft gar nicht erst soweit und kann vorher schon geregelt werden. Macht der KV dagegen seine Arbeit schlecht und das Essen taugt nichts, kriegt er Ärger mit der ganzen Gruppe, und dieser Ärger kommt von Herzen. Ich habe erlebt, daß ein KV eine Woche lang dreimal am Tag, jeweils nach den Mahlzeiten, Thema von extra einberufenen Sondergruppen wurde, weil das Essen einfach grauenhaft war, selbst das Frühstück, bei dem man eigentlich nicht viel falsch machen kann, und das, obwohl er selbst gar nicht in der Küche stand. Er ist nun mal verantwortlich. Eine Rückgabe des Postens oder ein Absetzen des Verantwortlichen ist übrigens nicht vorgesehen. Selbst wenn jemand katastrophale Arbeit abliefert, bleibt er in seiner Pflicht, und es wird erwartet, daß er zusammen mit der Gruppe eine brauchbare Lösung findet, getreu dem Grundsatz: jeder Konflikt ist immer eine Angelegenheit der ganzen Gruppe und wird von allen gelöst.

An der Spitze der Hierarchie steht der Gruppenverantwortliche. Der GV ist die zentrale Figur der Selbstverwaltung. Seine Aufgabe ist am wenigstens definiert und deswegen am umfassendsten. Er hat ein Auge auf sämtliche Bereiche und außerdem noch die Aufgabe, das Zusammenleben der Patienten zu beobachten und oft genug zu steuern. Er achtet darauf, daß niemand zum Außenseiter wird und sollte in der Lage sein, die Gruppe zu lenken. Er sollte also Führungsqualitäten haben oder zumindest entwickeln können. Bei der Auswahl des GV greifen die Therapeuten gelegentlich ein, weil er ein wichtiges Bindeglied zwischen ihnen und den Patienten darstellt.

Die Verantwortlichen haben ein eigenes Büro, in dem sie regelmäßige Besprechungen abhalten, planen und organisieren. Jeden Morgen findet eine Sitzung zusammen mit den Therapeuten statt, in dem der vorige Tag, die Vorkommnisse der Nacht und Aufgaben des aktuellen Tages besprochen werden. In diesen Sitzungen sind sie den Therapeuten so gut wie gleichgestellt. Sie haben die Möglichkeit, bei Entscheidungen mitzureden. Es wird von ihnen erwartet, eigene Ideen zu entwickeln, wie zum Beispiel einzelne Patienten im Alltag unterstützt und gefördert werden können. Die Verantwortlichen gehen immer ernst und gesammelt in die Sitzungen.

Allen Patienten wird konsequent klargemacht, daß sie – ausgenommen Inhalte und Struktur mancher Therapiegruppen - ihre Therapie selbst mitbestimmen und -gestalten. Passivität wird sehr schnell als ein Anzeichen gesehen, Selbstbestimmung abzulehnen und keine Verantwortung für eine Veränderung übernehmen zu wollen, sprich, nicht bereit für therapeutische Arbeit und damit für Veränderung zu sein. Und für Abstinenz.

***

Die erste Woche verbringe ich mit einer meine Ängste zerstreuenden Atemlosigkeit. Ich habe das Gefühl, immer in Bewegung zu sein, selbst, wenn ich stillsitze, und eigenartigerweise spüre ich dabei kaum Erschöpfung. Ich bin nie allein, außer natürlich auf der Toilette und beim Duschen. Eine der Regeln im Haus lautet: Niemand zieht sich zurück. Ausnahmen gelten für die schon länger anwesenden Patienten, die ein paar Wochen vor der Entlassung stehen und im Nebengebäude wohnen. Ein Rückzug ins Zimmer ist tagsüber nicht erlaubt. Verstöße werden ernsthaft geahndet, weil sie als Versuch gesehen werden, von anderen mit Absicht nicht gesehen werden zu wollen, und das entspricht einem Merkmal rückfälligen Verhaltens, wenn ich es richtig verstanden habe. Ich frage abends im Bett meine Zimmernachbarn.

"Klar", sagt Freddie, "ist doch logisch. Denk mal nach: wenn du dir früher was reingepfiffen hast, hast du das allein gemacht. Allein sein bedeutet reinpfeifen. Oder meinetwegen auch andersrum: Reinpfeifen bedeutet allein sein."

„Kann es nicht einfach nur bedeuten, daß man mal seine Ruhe haben will?"

„Das kannst du hier vergessen. Wenn du was tust, wobei du allein sein willst, sieht es nach Verstecken aus. Warum verstecken sich Süchtige? Genau. Deswegen: Nie allein auf dem Zimmer." Mir leuchtet das irgendwie ein.

Ich spüre immer noch die Einschränkungen, die mein Körper mir signalisiert, die Schwierigkeit, Treppen zu steigen oder sicher zu stehen. Der Klinikarzt Herrmann, der zweimal in der Woche zu Untersuchungen anwesend ist und auch Gruppentherapien durchführt, untersucht mich eingangs und bescheinigt mir eine immer noch „nicht zu verachtende

105

Polyneuropathie". Er sagt noch, wenn der momentane Zustand eine Besserung sei, wolle er gar nicht wissen, wie es vor drei Monaten ausgesehen habe. Ich habe immer noch Untergewicht und leichte Mangelerscheinungen. Dafür bekomme ich keine blauen Flecke mehr. Während der Untersuchungen kann ich meinen entblößten Oberkörper im Spiegel sehen. Erstaunlich, daß ich mich eigentlich gut fühle, denke ich bei dem Anblick. Während der Gruppentherapien bin ich zwar aufmerksam und neugierig, aber still. Von den Therapeuten werde ich zunächst nicht angesprochen oder direkt aufgefordert, mich zu äußern. Dafür bin ich dankbar. Außerdem hat es so seine Richtigkeit, finde ich. Ich bin neu. Zuerst sind die wichtig, die länger da sind. Von mir aus kann es sogar so bleiben. Ich habe keine wichtigen, existentiellen Lebensfragen, die geklärt werden müssen. Ich bin entschlossen, nicht mehr zu trinken, und für die folgende alkoholfreie Lebenszeit wird diese Therapie eine Überleitung sein. Die sechs Monate, die ich hier sein werde, werden dafür ausreichen. Viele der Gespräche, die ich in den Gruppentherapien beobachte, scheinen sich um die Schwierigkeit zu drehen, überhaupt eine fundierte Entscheidung für Abstinenz zu treffen. Mich wundert das. Ich ging immer davon aus, jeder, der eine Therapie beginnt, sei sich restlos klar über seine Absicht. Jeder der Patienten sagt zwar, er sei fest entschlossen, aber wenn Matthias oder Elke, die andere Therapeutin, intensiver hinterfragen, werden Unsicherheiten deutlich. Vielleicht gehören die Zweifel dazu, denke ich. Vielleicht lasse ich zu wenig Zweifel zu. Ich kann meinen Entschluß ja auch nicht mit anderen Worten erklären als die anderen, auch wenn deren Argumente zwar ernstgemeint, aber eher wie Beteuerungen klingen. Andererseits: sind Argumente für so einen Entschluß notwendig? Ich habe ja auch keine schlüssigen Begründungen, außer die letzten zehn Jahre meines Lebens, die ich nicht noch mal erleben will.

Auch die anderen Patienten lassen meine Zurückhaltung zu, etwas, was ich ebenfalls mit Dankbarkeit registriere. Sie sprechen mich an, viele sind freundlich oder gönnerhaft. Meine besorgte Erwartung, ich würde durch meine Schweigsamkeit schnell ein Gruppenthema, erfüllt sich nicht. Der Grund liegt bestimmt zum großen Teil an meinem immer noch sichtbaren, erbärmlichen Gesamtzustand. Ich bekomme eine leichte Aufgabe als Neuling. Für jeden Patienten gibt es eine Tätigkeit, die er für gewisse Zeit ausüben muß, einen sogenannten "Posten". Mein Posten ist es, jeden Abend um halb elf, also kurz vor dem Zimmerrückzug, die Aschenbecher im Wohnzimmer auf der ersten Etage zu leeren. Außerdem muß ich regelmäßig die Blumen gießen. Deswegen wird diese Aufgabe „Blumenposten" genannt. Ich erledige meine Aufgabe sehr gewissenhaft. Und gern. Es ist eine simple Aufgabe, aber egal, was mir aufgetragen worden wäre, ich hätte es mit allem Engagement erledigt, das ich aufbringen könnte, weil dieser kleine Posten mir einen Platz im Gefüge gibt. Zudem verschafft es mir einen kleinen Stolz, der letzte zu sein, der das Wohnzimmer verläßt und das Licht löscht. Mir ist klar, daß Stolz ein großes Wort für diese Bagatelle ist, aber, wenn ich versuche, mich zu erinnern, fällt mir nicht ein, wann ich das letzte Mal stolz war.

Ich bin fasziniert von den Menschen, mit denen ich zusammen bin. Niemand von ihnen scheint niedergeschlagen oder ängstlich zu sein, wenn das Thema auf seine Drogenvergangenheit kommt. Auch scheint sich niemand schämen oder Unbehagen zu spüren. Im Gegenteil, es erscheint mir fast, als sei ein Drogenleben trotz Erfahrungen wie Gefängnis oder heftigen Entzügen kein Dasein, das zwangsläufig trostlose Beschränkung bedeutet. Alle Erzählungen, Sätze und Kommentare die ich im Zusammenhang mit Drogenerlebnissen höre, erwecken in mir den Eindruck von Bewegung, Aktivität und Freiheit, die sich selbst in den Rauscherlebnissen zeigt. Von Energie, die ich so nie gespürt habe. Die Erlebnisse scheinen ganz anders zu sein als meine, die nichts von Abenteuer oder Euphorie an sich hatten. Ich verfolge die Erzählungen stets mit aufmerksamer Gespanntheit, und bestimmt auch mit einer gewissen Bewunderung, und ich glaube, meine spürbare Faszination ist für viele schmeichelhaft. Ich persönlich erlebe von anderen eine leise, unterschwellige Verachtung, die, wie ich weiß, häufig von Drogis gegenüber Alkis gezeigt wird. Ich akzeptiere dabei ohne Vorbehalt, eine Sucht zu haben, die der Drogensucht unterlegen ist. Mit Interesse stelle ich jedoch fest, daß viele andere ebenfalls ein Alkoholproblem vorweisen können, was sie aber meistens konsequent bagatellisieren. Die typische Erklärung ist: "Klar habe ich auch getrunken. Um runterzukommen von dem anderen Zeug, oder wenn nichts Anderes da war." Die Alkoholmengen, von denen ich höre, übersteigen dabei mein gewohntes Limit um einiges. Vielleicht handelt es sich auch um Angeberei. Es ist auf jeden Fall offensichtlich, daß Trinken, selbst exzessives, gegenüber Drogenkonsum keinen sehr hohen Wert genießt und eher belächelt wird.

***

Der Tagesablauf unterliegt genauen Regeln. Aufgestanden wird um 7 Uhr. Um 7 Uhr 15 beginnt der Frühsport, bei gutem Wetter draußen, bei schlechtem im Haus, im großen Therapieraum. Die Anleitung übernimmt jeweils ein Patient, der Sportposten. Frühsport ist eine Umschreibung für die halbherzige Absicht, jedes Körperteil einmal in einer Viertelstunde in Bewegung gebracht zu haben. Um 7 Uhr 30 gibt es Frühstück, das bis 8 Uhr dauert. Bei allen Mahlzeiten herrscht Anwesenheitspflicht. Anschließend haben wir eine Stunde Zeit, um zu duschen, uns anzuziehen, Wäsche in die Waschküche zu bringen und so weiter. Nach dem Frühstück wird der Tabak aufgeschlossen, und es darf wieder geraucht werden. Auch die Rauchpausen sind genau festgelegt. Auf den Zimmern ist das Rauchen streng verboten. An den Vormittagen finden, je nach Wochentag, Therapiegruppen statt. Während der Arbeitstherapie, an zwei Nachmittagen in der Woche beziehungsweise mittwochs den ganzen Tag werden Arbeiten im Haus oder im Garten durchgeführt. Alle Patienten nehmen daran teil. Diejenigen, die für anspruchsvollere Arbeit nicht eingesetzt werden können, können in der hauseigenen Werkstatt irgendwelche Dinge mit Holz anstellen. Meistens bin ich bei dieser Gruppe. Einmal in der Woche findet die Sporttherapie statt, während der die ganze Gruppe, angeführt von einem Sportstudenten, auf ein Gelände am Ortsrand zieht und dort Runden auf einer großen Wiese dreht. Ich könnte mich davon befreien lassen, aber ich hoffe, durch Bewegung meine Beine wieder funktionsfähig zu bekommen. Ich kann immer nur wenige Meter laufen und amüsiere damit die durchwegs viel fitteren Mitpatienten. Es gibt außerdem noch die weniger ernstgenommenen Therapieeinheiten wie Kunsttherapie, Musiktherapie oder Bewegungstherapie. Die sind nicht sehr beliebt. Manchen, besonders den Männern, ist die Teilnahme peinlich oder sonstwie unangenehm. Ich glaube, sie haben Angst davor, sich bloßzustellen. Ich mache diese Therapien ganz gern mit (außer der Musiktherapie, aus Angst, vielleicht singen zu müssen), weil sie von Therapeutinnen von außerhalb durchgeführt werden.

Mittagessen findet von 12 Uhr bis 12 Uhr 30 statt. Anschließend ist eine Stunde Mittagspause. Um 17 Uhr findet die tägliche Großgruppe statt, in der die Angelegenheiten des Tages besprochen werden.

Abendessen gibt es um 19 Uhr, anschließend Freizeit bis um 22 Uhr. Bis dahin können die Patienten frei über ihre Zeit verfügen. Es ist erlaubt, jetzt die Zimmer aufzusuchen.

Jeden Tag von 20 Uhr bis 22 Uhr besteht die Gelegenheit, Anrufe entgegenzunehmen. Den Telefondienst übernimmt ein Patient, der den jeweils Angerufenen ans Telefon holt und darauf achtet, daß die vorgeschriebene Zeit von zehn Minuten eingehalten wird. Es wird genau darauf geachtet, wer anruft. Mögliche Telefonkontakte müssen angemeldet und abgesegnet werden. Mit Bekanntschaften aus der Drogenszene oder alten

Saufkumpanen sind keine Gespräche erlaubt. Telefonverbote gelten ebenfalls gegenüber Personen, die auf irgendeine Art Gewalt gegenüber einem Patienten ausgeübt haben, auch wenn es sich um Familienangehörige handelt. Die Therapeuten achten streng darauf, daß die Gruppe die Telefonverbote im Auge behält.

Von 19 Uhr 30 bis 22 Uhr (und samstags von 10 Uhr bis 13 Uhr) gilt die Ausgangsregelung. Die Regelung ist im Vergleich zu anderen Therapieeinrichtungen außergewöhnlich, wie ich erfahre. Während es sonst üblich ist, die ersten Ausgänge erst nach vielen Wochen, manchmal Monaten zuzulassen, dürfen Patienten aus dem Schloß das erste Mal unbegleitet nach drei Wochen das Haus verlassen. Sie dürfen das bis zum Übergang in die Entlassungsphase ausschließlich in Dreiergruppen, die sich während des Ausgangs nicht auflösen dürfen. Der Sinn dahinter ist gegenseitige Kontrolle und Schutz. Sollte einer aus der kleinen Gruppe den Impuls verspüren, sich eine Verfehlung zu leisten, sind immer noch zwei andere da, die das ausgleichen können. Selbst zwei Patienten, die sich absprechen könnten, haben immer noch einen dritten dabei, der durch seine bloße Anwesenheit eine regelnde Funktion haben kann. Ausgänge müssen während des Plenums angemeldet werden, einschließlich der Zusammenstellung der Dreiergruppe, wobei die gesamte Gruppe auf die Zusammenstellung achtet, um eventuell riskante Bündnisse zu vermeiden. Während der Ausgänge darf die Nachbarstadt nicht aufgesucht werden, da dort eine Drogenszene zu finden ist. Besuche von Gaststätten oder Orten, an denen vornehmlich Alkohol konsumiert wird, sind streng untersagt. Es dürfen Einkäufe erledigt werden, die nach der Rückkehr von den Gruppensprechern kontrolliert werden. Alkohol jeder Form ist tabu. Das schließt alkoholhaltige Lebensmittel oder Kosmetika ein, wie ich schon bei meiner Aufnahme erlebte. Ein Deostift, auf dessen Inhaltsstoffangabe das Wort Alkohol vorkommt, ist tabu. Selbst der Einkauf von Weingummi ist verboten. Es wird eine rigorose Sensibilität für und Einhaltung der Abgrenzung von allem

110

gefordert, was Assoziationen mit Sucht herstellen könnte. Andere Kunden im Supermarkt können uns leicht daran erkennen, daß wir die einzigen sind, die aufmerksam sämtliche Inhaltsstoffe von Artikeln lesen.

Patienten, die sich in der Entlassungsphase befinden, dürfen allein ausgehen. Mir gefällt die Ausgangsregelung. Was nützt es, drei Monate in einem Mikrokosmos zu verbringen und routiniert die Regeln zu befolgen, während man die Regeln des Alltags außerhalb außer Acht lassen muß, die dann später umso unvorbereiteter zu bewältigen sind?

Um 22 Uhr, zur Abschlußrunde, müssen alle im Haus sein. Die letzte Runde dauert normalerweise nur eine halbe Stunde und hat hauptsächlich den Sinn, sich am Ende des Tages noch einmal gegenseitig in Augenschein nehmen zu können und den Tag Revue passieren lassen. Nach der Runde kann eine letzte Zigarette geraucht werden, bevor der OV den Tabak in den Flurschrank einschließt. Spätestens um 23 Uhr haben alle in ihren Zimmern zu sein. Gegenseitige Zimmerbesuche sind ab da nicht mehr gestattet.

Auf den Zimmern sind keine Fernseher erlaubt, lediglich Radios oder Kassettenrekorder. Die Möglichkeit, fernzusehen, ist ohnehin stark begrenzt. Es gibt ein Fernsehgerät im Freizeitraum im Nebengebäude, dort, wo auch die Tischtennisplatte steht, aber der ist in einem Schrank verschlossen. Sich einen Film zur puren Unterhaltung anzusehen ist nicht möglich, schon gar nicht allein. Ausnahmen gibt es bei größeren Sportereignissen oder Filmen mit einem gewissen kulturellen Wert, dann aber auch nur, wenn alle oder wenigstens viele daran interessiert sind, oder manchmal an hohen Feiertagen. Ich habe nie festgestellt, daß die Patienten die Fernsehbeschränkung bedauern.

***

Es passiert etwas, was ich nicht so schnell, wenn überhaupt, erwartet hätte. Ich bin in kurzer Zeit, vielleicht innerhalb weniger Tage, ein Patient wie jeder andere. Die Tagesabläufe lassen keine Zeit für Grübeleien oder besorgte Gedankengänge. Ich habe gar keine Möglichkeit, mich in Gedanken zu verlieren, was ich einerseits bedauere, andererseits aber als sehr hilfreich empfinde, weil ich gefordert werde, mich in der unmittelbaren Gegenwart zurechtzufinden und nicht in imaginären Szenarien. Auch die anderen Patienten müssen mit den alltäglichen Ansprüchen zurechtkommen, die das enge Zusammenleben mit sich bringt. Warum sollten sie ihr Augenmerk auch auf mich richten? Ich bin angekommen, ein Mitglied der Gruppe geworden, und das Leben im Schloß nimmt weiterhin seinen Lauf. Weiter nichts. Mein Dasein erregt kein Aufsehen. Hin und wieder begegnet man mir noch mit einer gewissen Neugier, aber ich scheine niemand zu sein, der auffällt. Ich bin kein Außenseiter. Die Sicherheit, die ich durch diese Erfahrung gewinne, ist enorm. Sie ist völlig ungewohnt, ja tatsächlich bin ich überzeugt, etwas Vergleichbares noch nicht erlebt zu haben. Das bedeutet nicht, daß ich plötzlich vor Selbstbewußtsein strotze. Im Gegenteil. Ich bin scheu, nach wie vor ängstlich und daher erst recht aufmerksam, um Risiken, Fehler zu begehen, so früh wie möglich zu erkennen. Außerdem fühle ich mich den meisten anderen unterlegen, aber ich habe unter ihnen einen Platz gefunden. Ich spüre so etwas wie eine physische und psychische Stabilität, und zwar umso mehr, weil sie mir noch bis vor kurzem komplett fehlte und ich den Unterschied besonders deutlich registriere.

Die meisten meiner Mitpatienten reden nicht ungern über ihre Sucht. Auch ich werde häufiger gefragt, wie meine „Suchtkarriere", ein Wort, das zum Standardvokabular im Schloß gehört, verlaufen sei. Genauso bereitwillig werden mir eigene Karrieren geschildert, die mich manchmal an Veteranengeschichten erinnern. Geschichten aus einer anderen Welt. Ich bin noch nicht vertraut mit therapeutischen Prozessen und den Entwicklungsmodellen, die offenbar mit einigen Patienten erarbeitet und besprochen wurden und die in sich alle schlüssig sind. Häufig klingen die Berichte nach klar nachvollziehbaren Entwicklungen, die die jeweilige Sucht als logische Konsequenz darstellen. Warum auch nicht. Meine eigene Sucht ist ebenfalls die Konsequenz einer Entwicklung. Vielleicht ist sie selbst ein Entwicklungsprozeß, der seinerseits Konsequenzen nach sich zieht, und so weiter. Abstinenz wird ebenfalls Konsequenzen haben, das weiß ich, auch ohne genau zu wissen, welche. Manche Erklärungen sind allerdings sehr simpel. Ich habe zum Beispiel letzten Abend gehört, wie Chris zu einem anderen Patienten sagte, er sei süchtig, weil seine Großmutter ihm als Kleinking häufig Hustensaft verabreicht habe. Ich habe meine Zweifel, ob sich Sucht auf eine so einfache Weise erklären läßt. Als ich später darüber nachdenke, fällt mir ein, daß ich als kleines Kind, im Alter von vielleicht ein oder zwei Jahren, stark übergewichtig war. Meine Mutter erzählte mir, wie der Kinderarzt sie deshalb zurechtwies und eine strenge Diät anordnete. Sie sagte mir später, sie habe einfach nicht gewusst, wie man ein Baby ernährt. In ihrer Kindheit gab es nicht viel Auswahl, um Kinder sattzukriegen, und man gab ihnen oft das, was Erwachsene auch bekamen, nur in kindgerechter Form. Sie änderte nach dem Arztbesuch radikal meine Ernährung. Ich weiß nicht, ob es einen Zusammenhang zwischen dieser Erfahrung und meinem späteren Leben gibt, aber interessanterweise hatte ich anschließend bis ins Erwachsenenalter permanent leichtes Untergewicht, das sich während meiner Trinkzeit natürlich noch verstärkte. Mich beschäftigt die Frage, ob mein kindliches Übergewicht und die erforderliche Gewichtsreduktion (die meiner Mutter nach recht drastisch gewesen ist) eine Ursache für meine Sucht bedeutet. Eine gängige Ansicht lautet, daß viele Störungen ihren Ursprung in der Kindheit haben. Eine Ansicht, die hier im Schloß von fast allen Patienten sehr bereitwillig und überzeugt vertreten wird, während die Therapeuten, was das angeht, vorsichtiger mit ihrer Meinung sind. Ich kann mir denken, warum diese Sichtweise so beliebt ist, und ein Grund dafür ist mit Sicherheit der verführerische Ursache-Wirkung-Gedanke, weil er in seiner Einfachheit sofort begreifbar ist. Etwas passiert und hat etwas Anderes zur Folge. Ich stoße eine Billardkugel an, und die wiederum eine andere. Wenn ich mir das Leben als die Fläche eines Billardtisches vorstelle, ist der Anstoß der weißen Kugel sozusagen eine Erfahrung in der Vergangenheit, die ein anderes Ereignis, eine Folgeerfahrung, nach sich zieht, nämlich die Berührung einer zweiten Kugel, die dann ins Loch fällt. Ich könnte jetzt das Versenken der zweiten Kugel als das Beispiel für eine Suchtentwicklung nehmen und den Anstoß der ersten als irgendein Vorkommnis in der Vergangenheit als Verursacher. Das klingt auch alles plausibel, aber ich bin sicher, daß das Leben nicht nur aus zwei Billardkugeln besteht, sondern aus einem ganzen Haufen davon, und da wird es komplizierter mit dem Ursache-Wirkung-Prinzip. Angenommen, die schwarze Kugel ist die Sucht und muß als letzte ins Loch. Weiter angenommen, dazwischen liegen die ganzen anderen Erfahrungskugeln. Das bedeutet nichts anderes, daß jede einzelne von ihnen, sobald sie von der weißen Kugel berührt wird, deren Weg zur schwarzen Kugel verändert, entweder zum Guten oder zum Schlechten, und je mehr Kugeln berührt werden, umso unkalkulierbarer wird die Strecke. Deswegen kann ich nicht so ohne weiteres sagen, die weiße Kugel ist allein schuld, wenn die Schwarze ins Loch rollt. Die anderen haben genauso viel dazu beigetragen. Die Kunst ist wohl, herauszufinden, welche Kugel auf welche Weise zu nutzen ist. Oder welche Kugeln aus dem Weg zu geräumt werden müssen. Entsprechend diesem Beispiel hätte ich als Kleinkind erlebt, wie ein als selbstverständlich wahrgenommener Überfluß plötzlich zu einem frustrierenden Minimum reduziert wird. Das führte später nach dem Ursache-Wirkungs-Prinzip zu einem Versuch, die Gefahr einer Frustration von vornherein zu vermeiden und damit zu einer Sucht. Das passt aber aus verschiedenen Gründen nicht. Wieso habe ich keine andere Strategie als das Trinken angewandt, wie essen zum Beispiel, was doch naheliegender gewesen wäre?

114

Wieso habe ich eine lange Frustration überhaupt so lange ausgehalten, nämlich bis zum jungen Erwachsenenalter? Weil mir erst dann aus irgendwelchen Gründen klargeworden ist, daß mir etwas fehlt? Die Reduktion von Nahrung von mir also als Zurücknahme von Zuwendung interpretiert wurde, was ich später kompensierte? Möglich, aber das scheint mir weit hergeholt. Trotzdem: es klingt verführerisch plausibel. Und vielleicht ist diese Erklärung sogar so gut wie jede andere, ganz einfach deshalb, weil man eine Erklärung nun mal braucht, um sich sicherer zu fühlen. Wir tappen nicht gern im Dunkeln. Erklärungen beruhigen. Außerdem sind die Schritte, die später unternommen werden müssen, meistens sowieso eine ganz andere Sache, da man an die Ursachen in den meisten Fällen gar nicht mehr herankommt. Was würde mir in meinem Fall meine Erklärung nützen? Gut, ich könnte sagen, daß ich das Fehlen von Zuwendung in meinem Leben als Ursache für meine Sucht erkannt habe. Dafür brauche ich allerdings nicht nach einer Begebenheit in meiner frühen Biographie herumzustochern. Jede passende Begebenheit, die ich finde, kann als Erklärung gelten, und ich würde eine Menge davon finden. Gefährlich wird es, wenn ich sagte: meine Mutter ist schuld. In dem Fall wäre ich nämlich ein Opfer. Opfer sind die, die selber nichts tun können, weil mit ihnen etwas gemacht wird und sie passiv sind, und wenn ich diese Haltung verinnerliche, mache ich mir Machtlosigkeit bereitwillig zum Freund. Ich räume ohne weiteres ein, daß ich meine Schwächen habe und sogar schwach bin, aber mit meiner Machtlosigkeit wollte ich mich nie verbünden, nicht einmal in meiner übelsten Trinkerzeit.

***

Jeder Patient bekommt einen Einzeltherapeuten zugeteilt. Seinen Bezugstherapeuten. Das bedeutet, jeder hat einmal in der Woche ein Einzelgespräch zu führen. Es gibt im Schloß vier Therapeuten, die dafür zur Verfügung stehen. Die Patienten

115

ordnen die vier in eine Hierarchie ein, je nachdem, wie kompetent sie sie wahrnehmen.

Matthias, der Leiter, steht unbestritten an der Spitze. Das hat nicht nur mit seiner Chefposition zu tun. Wie ich höre, ist er in den Gesprächen sowohl unumwunden direkt als auch feinfühlig, wenn es darauf ankommt. Er fordert seine Patienten. Es gibt bei ihm, wie die Patienten sagen, keine Möglichkeit, sich zu verstecken, und das ist offenbar ein wichtiges Merkmal für Qualität. Vielleicht deswegen, weil die Möglichkeit, sich vor seinem Therapeuten zu verbergen, bedeutet, ihn austricksen zu können, was wiederum heißt, man kann ihn nicht ernst nehmen. Seine Gespräche sind berüchtigt und oft das Thema unter den Patienten. Mick erzählte einmal von einem seiner ersten Gespräch mit ihm. Mick war ernsthaft besorgt, als er feststellte, daß er plötzlich nicht mehr zu Sex mit seiner Freundin in der Lage war. Das Thema war ihm peinlich, er wußte nicht, wie er es zur Sprache bringen sollte. Er sprach mit Herrmann darüber, der ihm riet, das Thema im nächsten Gespräch mit Matthias zur Sprache zu bringen. Als Mick in Matthias´ Büro kam, saß dieser mit hochgelegten Beinen an seinem Schreibtisch und begrüßte ihn mit den Worten: "Mach die Tür zu. Was ist los mit deinem Schwanz?"

"Nach diesem Einstieg", sagte Mick, "war einfach keine Gelegenheit mehr für Verlegenheit."

Elke ist die einzige Psychologin im Haus. In der Achtung der Patienten steht sie hinter Matthias. Sie ist jung, besonnen, hat Humor, und da sie nett ist, verzeiht man ihr ihre Versuche, strenger zu wirken, als sie ist. Mir ist unangenehm, daß sie häufig Inhalt Phantasien männlicher Patienten ist. Ich versuche, solche Phantasien mit ihr zu vermeiden, da sie meine Bezugstherapeutin ist.

Helga lernte ich während meiner Aufnahme bereits kennen. In den Therapiegruppen ist sie selten dabei, da sie viel mit der Verwaltung zu tun hat. Von den Patienten wird sie belächelt. Ihr Vorgehen in den Gesprächen scheint allein das Ziel zu verfolgen, jemandem auf irgendwelche Schliche zu kommen.

Deshalb nennt man sie auch Miß Marple. Patienten haben in ihrer Anwesenheit oft das Gefühl, sich in einer Behörde zu befinden.

Der letzte in der Hierarchie ist Robert, ebenfalls ein Pädagoge. Er sieht aus wie ein großer, unbeschwerter Junge, und so führt er auch seine Gespräche. Die Patienten, die mit ihm arbeiten, sind manchmal irritiert, wenn sie aus seinem Büro herauskommen, weil sie nicht einschätzen können, ob er ihrer Thematik gewachsen ist. Ich habe mich einmal mit Robert unterhalten und hatte den Eindruck, er betrachte Probleme zwar als interessant, aber lasse sich nicht durch sie nicht weiter berühren.

Generell werden die Therapiegespräche von Patienten als wichtig gesehen, aber ich bin mir sicher, es ginge auch ohne sie. Ich treffe mich mit Elke im Zimmer der Nachtwache, im ersten Stock. Es ist ein Eckzimmer mit hohen Decken und großen, alten Fenstern auf drei Seiten. Das Nachtwachenzimmer ist tagsüber das ruhigste im ganzen Gebäude, weil alle Patienten um diese Zeit in dieser Etage nichts verloren haben. Es ist einfach eingerichtet: dunkler Teppichboden, eine große Schlafcouch, zwei Sessel, ein schwarzer Schreibtisch, Waschbecken und eine Stehlampe. Das Zimmer ist das einzige, das nach dem Verlassen wieder abgeschlossen und von Patienten nicht aufgesucht wird, deshalb hat es die Atmosphäre von Privatheit. Ich mag es hier.

Elke wartet bereits auf mich. Ich sehe erschrocken auf die Uhr, aber ich bin pünktlich. Elke steht vom Sessel auf, als ich hereinkomme. Das tut sie anfangs jedesmal, allerdings, ohne mir die Hand zu geben. Das wäre auch eigenartig, da wir uns mehrmals am Tag über den Weg laufen. Wir setzen uns. Sie hat einen Schreibblock auf den Knien. Ich bin angespannt. Meine Anspannung kommt nur zum Teil daher, daß ich seit langem nicht mehr als ein paar Minuten mit einem Menschen allein in einem Zimmer war. Für etwa eine Stunde werde ich die volle Aufmerksamkeit einer einzigen Person haben, noch dazu einer Frau. Ich fühle mich unbehaglich. Für einen Moment spüre ich

den Impuls, die ganze Szenerie von außen zu betrachten, unbeteiligt, wie ich es während des Aufnahmegesprächs kurz erlebte. (Ich glaube, das Wort heißt „dissoziieren". Manche Menschen scheinen dazu in der Lage zu sein. Ich habe es aufgeschnappt, als ein Patient über seine Zeit in der Psychiatrie erzählte.) Ich reiße mich zusammen. Elke bemerkt mein leichtes Schaudern.
"Alles gut?" fragt sie besorgt. "Ist dir kalt?"
"Nein", antworte ich. "Alles in Ordnung."
Sie schaut mich prüfend an. Dann nickt sie lächelnd.
"Gut. Wie geht es dir?"
"Gut", will ich spontan antworten, aber dann fällt mir ein, daß sie bestimmt nicht aus Höflichkeit fragt, sondern weil sie grade ihren Beruf ausübt. Also überlege ich, wie ich die Antwort mit Inhalt füllen kann. Ich antworte erst mal nicht und denke nach. Elke beobachtet mich ruhig. Na prima. Sie kommt grade zu dem Schluß, daß ich mit einer simplen Frage überfordert bin. Ich sollte einfach beim "gut" bleiben, aber dafür ist bereits zu viel Zeit vergangen, denn jetzt klingt die Antwort nicht mehr spontan, sondern als das Resultat eines ausführlicheren Gedankengangs, und wenn so eine simple Antwort genaueres Nachdenken erfordert, dann, denke ich, wird sie sich ein tolles Bild über meine gedankliche Leistungsfähigkeit machen. Bis jetzt sieht sie mich die ganze Zeit nur an. Wenn sie den Blick abwendet und aus dem Fenster schaut, dann habe ich verloren. Sie schaut nicht aus dem Fenster. Sie wippt mit einem übergeschlagenen Bein. Dann wechselt sie das Thema.
"Du scheinst hier gut zurechtzukommen."
Ich muß etwas sagen, um nicht wie ein Idiot dazustehen.
"Findest du?" frage ich vorsichtig. Ich weiß nicht genau, was sie mit "gut zurechtkommen" meint.
Sie nickt. "Jedenfalls habe ich den Eindruck. Die Regeln machen dir keine Schwierigkeiten, dem Klinikablauf kannst du mühelos folgen, mit den anderen hast du keine Konflikte. Oder irre ich mich?"
"Nein. Ich finde es nicht besonders schwer, um ehrlich zu sein."

"Tatsächlich? Schön!" Sie lächelt wieder. "Heißt das, du kannst dich gut einfügen?"

Ich sehe sie überrascht an.

"Nein", sage ich verwundert, "das kann ich eigentlich gar nicht. Die letzten zehn Jahre habe ich wie auf einer Insel gelebt. Ich komme mit anderen Menschen eigentlich gar nicht gut zurecht. Nur hier, wie soll ich sagen, muß ich nicht viel tun, um mich einzufügen. Es funktioniert automatisch"

"Automatisch. Hm. Wie merkt jemand, der lange auf einer Insel war, daß er mit anderen Menschen nicht auskommt?"

"Er merkt es einfach. Nämlich daran, daß er Angst vor ihnen hat." sage ich tapfer. Ich wollte gar nichts von mir preisgeben, jedenfalls nicht so schnell. Ich wollte warten, bis die Zeit reif dafür ist, vielleicht in vier oder fünf Wochen, wenn schon einige Therapiegespräche hinter mir liegen. Vorher hätten wir über grundlegendere Dinge geredet wie Sucht und Therapieansätze. Das hier kommt sehr schnell.

Elke wiegt den Kopf. "Vielleicht. Für mich bedeutet es eher, daß jemand, der Angst vor Menschen hat und dennoch in einer Gemeinschaft bleibt, entweder mutig ist oder auf etwas anderes zurückgreifen kann, was ihn mehr lenkt als seine Angst. Wie klingt das?"

Ich bin eine Weile still. "Und was soll das sein?" frage ich vorsichtig.

"Keine Ahnung", antwortet sie gutgelaunt. "Finden wir es raus!"

"Und was, wenn da nichts ist?" frage ich.

Sie winkt ab. "Da ist immer etwas. Du denkst zum Beispiel viel. Vielleicht ist das etwas, was dir besonders hilft. Du bist ein aufmerksamer Beobachter, du kannst dich anpassen, und ich glaube, du kannst viel aushalten."

"Wer, ich?"

"Ja, du. Manch einer mag das Leidensfähigkeit nennen." Sie verzieht das Gesicht. "Ein blödes Wort. Aber wer mit Leiden vertraut ist, und zwar lange Zeit, plus - wie in deinem Fall - mit Einsamkeit, muß nun mal gewohnt sein, Dinge auszuhalten."

119

Ich starre sie an.

Sie seufzt gespielt. "Ich bin auch ein guter Beobachter."

Wenn sie mich da mal nicht falsch einschätzt, denke ich. Obwohl, so, wie sie es sagt, klingt es gar nicht mal schlecht. Irgendwie... plausibel.

Sie fährt fort. "Was willst du hier erreichen?"

Ich denke nach, wie ich es am besten ausdrücken soll. Am besten ganz einfach. "Ich will nicht mehr trinken", sage ich.

"Sie nickt. "Gut. Und wie willst du das tun?"

Das ist eine komische Frage.

"Zu schwierig?" fragt sie belustigt.

"Etwas", sage ich.

"Na gut. Ich will dich ja nicht in Verlegenheit bringen. Ich erklär´s dir: In deiner Therapie geht es für dich darum, herauszufinden, was du für Kompetenzen hast. Denn wenn du das weißt, kannst du es gezielter, oder sagen wir, planvoller einsetzen."

"Trotzdem: wenn sich herausstellt, daß ich nichts draufhabe?" frage ich und merke im gleichen Moment, mit welcher Beharrlichkeit sich dieser Gedanke immer wieder nach vorn drängt. Elke merkt es auch.

"Wenn du gar nichts draufhättest, wärst du nicht hier", antwortet sie trocken. "Du hast lange Zeit nur deine Defizite vor Augen gehabt. Aber" – sie beugt sich vor - du hast lange mit den ganzen Defiziten gelebt, ohne unterzugehen, und um das zu können, braucht man Fähigkeiten."

"Ja. Trinken."

"Trinken ist keine Fähigkeit. Trinken ist eine Funktion und hat viel mit deinen Bedürfnissen zu tun. Menschen trinken häufig, weil sie an ihre Bedürfnisse nicht rankommen und es auf diese Art versuchen. In gewisser Weise schaffen sie es damit sogar, nur ist der Preis dafür zu hoch. Wenn du zurückblickst, erkennst du vielleicht, wie Alkohol und deine Bedürfnisse zusammenhängen. Ich glaube sogar, du weißt es schon. Und jetzt, da du nicht trinkst, hast du die Chance, zu erkennen, auf welche Weise du sie nun zufriedenstellen mußt. Da die

120

Funktion Alkohol nicht mehr zur Verfügung steht, mußt du andere...Dinge in dir aktivieren. Ganz einfach. Jede Minute hier im Schloß bietet dir die Möglichkeit, auszuprobieren, zu trainieren und dich zu beobachten." Sie klappt ihren Block zu. "Du kannst dich hier auf das reale Leben vorbereiten, obwohl alles hier bereits reales Leben ist, auch wenn es manchmal nach Irrenhaus aussieht. Realer geht es eigentlich gar nicht."

***

Es gibt wenig Möglichkeiten für mich, mich mit mir zu beschäftigen, und das scheint mir gut zu tun. Ich kann mich nicht in Gedanken verlieren, die, wie ich weiß, ohnehin nur die Art von Gedanken wären, die ich früher hatte, und die auf das Bedürfnis, mich zu isolieren herauslaufen würden. Soweit kommt es hier im Schloß gar nicht. Die Gefahr einer Besinnlichkeit tritt nicht auf. Besinnlichkeit. Wenn ich nachdenke, in wenigen, kurzen Augenblicken, in denen ich mir Unachtsamkeit erlauben kann, dann denke ich nicht an mein vergangenes Leben. Es scheint keine Bedeutung zu haben scheint im Vergleich zu dem, was ich jetzt, in diesem Moment erlebe. Ich erlebe ununterbrochen Bewegung, Lärm, Gespräche. Es scheint nichts da zu sein, was danach drängt, erinnert zu werden. In meinem Gedächtnis sind Bilder vorhanden, die manchmal, zum Beispiel kurz vor dem Einschlafen, vor meinen Augen erscheinen, aber sie sind wie körnige, schlechte Fotografien. Gesichter zu erinnern fällt besonders schwer. Nicht die Gesichter aus meiner Kindheit oder Schulzeit; die sind deutlich. Aus meiner Zeit jedoch, in der ich trank, erscheint kaum etwas klar. Keine Gesichter. Keine Menschen. Ich muß wirklich sehr allein gewesen sein. An meine Familie denke ich ebenfalls wenig, und wenn, dann sind die Gedanken beiläufig. Ich bin froh darüber. Es gibt nur wenig Scham und Schuld in mir. Ich weiß, daß andere hier im Schloß viel mehr darunter zu leiden haben. Was mich besonders erleichtert, ist die Tatsache, daß ich keine Bitterkeit

121

oder Wut gegenüber meiner Familie spüre. Es gibt dafür ohnehin keinen Grund. Sie sind an der Art, wie ich mein Leben führte, nicht Schuld. Es wäre ungerecht und dumm, in diese Richtung zu denken. Ich hatte die vage Erwartung, daß sich eine Bitterkeit möglicherweise von allein einstellt, weil Menschen immer Gründe und Erklärungen brauchen für das, was ihnen widerfahren ist, erst recht, wenn sie Schlimmes erfahren haben, und sie diese Gründe immer im Vergangenen, weil (logischerweise) bereits Erlebten suchen. Dann ist die Gleichung verkorkstes Leben = Gründe liegen in der Vergangenheit, sind bei mir aber nicht zu finden = Gründe bei anderen suchen = Gründe liegen bei Eltern ziemlich schnell aufgestellt. Gründe für ein kaputtes Leben werden gern woanders als bei sich selbst gesucht, weil das weniger Angst macht. Sie bei sich zu finden, ist sehr schwer. Es sind immer "Umstände" verantwortlich. Ich glaube nicht, daß ein Mensch in sich hineinsehen kann, um sich ein klares, zuverlässiges Bild über das zu machen, was in ihm vorgeht. Er kann zwar erkennen, was er fühlt, aber der Grund für das Fühlen liegt ja nun mal zum großen Teil in der Art, wie er denkt. Wir beurteilen und bewerten mit unserem Denken Dinge, die uns widerfahren, und je nach Ergebnis der Bewertung stellt sich das dazu passende Gefühl ein. Eine Führerscheinprüfung bedeutet erst mal gar nichts, aber je nachdem, ob ich denke: "Das schaff ich nie, weil ich zu blöd bin", oder: "Kleinigkeit, sowas mach ich mit links", habe ich entweder Angst oder freu mich sogar drauf. Den Gedanken, zu blöd zu sein, habe ich aber wahrscheinlich nicht nur bei dieser einen Prüfung, sondern immer, wenn ich genau der Typ des Ich-bin-blöd-Denkers bin, und dann denke ich bei vielen anderen Herausforderungen, denen ich mich zu stellen habe, genauso. Und habe deswegen nicht nur andauernd Angst, sondern bin zusätzlich davon überzeugt, zu versagen. Was wird ein überzeugter Ich-bin-blöd-Denker denn finden, wenn er in sich hineinsieht? Jede Menge Beweise für seine Blödheit, weil er gezielt danach sucht, um seine Hypothese zu überprüfen. Die Gründe, die

122

dagegensprechen könnten, sieht er nicht. Und ein Die-Eltern-haben-Schuld-Denker macht es ebenso. Um in sich hineinzusehen, braucht man jemand anderen, der einem sagt, welche Denkmöglichkeiten es da auch noch geben könnte.

***

Meine Mutter hat begonnen, mir regelmäßig zu schreiben. Ihre Briefe sind ausführlich und lang. Sie schreibt, wie es ihr geht (gut) und meinem Vater (gar nicht gut), wie ihr Tagesablauf aussieht, welches Buch sie grade liest. Sie schreibt über den kleinen Sohn meiner Schwester und was sie im Weltgeschehen bewegt. Es scheint, als wolle sie mich auf dem Laufenden halten, weil sie mich offenbar für völlig isoliert hält. Sie hat in gewisser Weise sogar Recht. Ich bin zwar nicht eingesperrt; genau wie jeder andere kann ich jederzeit gehen, außerdem können wir Zeitung lesen oder Radio hören, aber alles, was außerhalb des Schloßgeländes vor sich geht, hat zumindest für mich nicht die geringste Bedeutung. Es interessiert mich nicht. Sie schreibt nicht, was sie über mich denkt, ob sie sich sorgt, Angst hat oder wütend ist. Es ist gut möglich, daß sie das alles für unwichtig hält. Ihren Briefen nach ist alles in Ordnung, und vielleicht ist es das auch. Sie hat erlebt, wie ich in der Intensivstation beinahe gestorben bin. Es wurde nie darüber gesprochen, was für ein Schock das für sie gewesen sein und welche Angst sie gehabt haben muß. Und genau deswegen, weil sie es nie erwähnte, muß ihre Angst enorm gewesen sein. Oder ihre Wut, das weiß ich nicht. Aber spielt das wirklich eine Rolle? Weder sie, mein Vater noch meine Schwester machen mir Vorhaltungen oder Vorwürfe. Im Gegenteil. In ihren Briefen ist meine Mutter äußerst vorsichtig darin, jeden Hinweis, der auch nur andeutungsweise in diese Richtung gehen könnte, zu vermeiden. Sie achtet sogar darauf, das Wohlwollen meiner Schwester oder meines Vaters zwischen den Zeilen immer wieder spürbar werden zu lassen. Ich lese ihre Briefe sehr genau. Sie rühren mich durch ihre

123

Behutsamkeit und Aufmerksamkeit, die ich nicht erwartet habe. Ich schreibe regelmäßig zurück, mit der gleichen Ausführlichkeit und genauso behutsam, beschreibe den Klinikalltag, das Schloß, das Essen, den Tagesablauf. Ich vermeide Themen wie Alkoholismus, Drogensucht, Krankheit, Angst und Einsamkeit, weil ich fürchte, vielleicht genau wie meine Mutter, daß uns diese Themen überfordern und uns eher voneinander entfernen würden. Nicht, daß ich mir mehr Nähe wünsche. Auf keinen Fall. So wie es ist, ist es gut. So kann es bleiben. So muß es sogar bleiben. Größere Nähe würde mich wieder einen Schritt näher dahin bringen, wo ich war.

***

Der große Therapieraum ist voll besetzt. Sämtliche Stühle sind belegt. Einmal im Monat, an einem Dienstagvormittag, findet eine Versammlung statt, an der jeder, einschließlich aller Therapeuten und Ärzte teilnimmt. Die Veranstaltung hat fast zeremoniellen Charakter. Bereits Tage vorher ist spürbar, wie sich sämtliche Gedanken und Befürchtungen auf diesen Vormittag richten. Es herrscht eine unterschwellige Nervosität, alltägliche Aufgaben werden mit noch größerer Aufmerksamkeit als sonst erledigt.
"Orga", erklärte mir Freddie vor einigen Tagen. "Einmal pro Monat sitzen alle im Kreis, und jeder bekommt von jedem, auch vom Therapeutenteam, eine persönliche Rückmeldung über sich. Darüber, wie er seine Aufgaben erledigt, wie er sich in der Gruppe verhält, wie er mitarbeitet, alles."
"Deswegen sind alle nervös?"
"Kann man wohl sagen. Das Schlimmste ist nämlich: man muß sich die Rückmeldung schweigend anhören."
"Warum?"
Mick zuckt die Schultern. "Weil darüber nicht diskutiert werden darf."
"Ja, aber warum nicht?"
"Hat was mit Aushalten zu tun."

124

Matthias und Elke sind die letzten, die hereinkommen. Sie setzen sich auf ihre Plätze an der Tür. Ich sehe mich um. Ich war in den wenigen Wochen seit meiner Ankunft schon oft in diesem Raum (vielleicht dreißig-, vierzigmal?), aber diese Atmosphäre unterscheidet sich von den Stimmungen, die ich hier bis jetzt erlebte (und es war von allgemeiner Ausgelassenheit bis zu Mutlosigkeit alles dabei). Es herrscht nervöse Aufmerksamkeit, eine gespannte, ängstliche Erwartung. Wenn ich den Sinn der Orga richtig verstehe, handelt es sich um eine kritische Runde, in der jeder mal an der Reihe ist, sowohl als Kritiker als auch als Kritisierter. Der Unterschied zu anderen Gruppen ist ihre sachliche Ernsthaftigkeit, die jedem gleichermaßen zuteil wird. Da ich noch nicht sehr lange hier bin, kann ich mich damit beruhigen, noch nicht viel in Erscheinung getreten zu sein. Das, was ich an Aufgaben erledige, erledige ich zuverlässig, außerdem kann ich davon ausgehen, keine unangenehmen Überraschungen zu erleben, weil Rückmeldungen über alltägliche Verfehlungen ohnehin unmittelbar gegeben und nicht aufgespart werden. Hoffe ich. Und wenn ich kritisiert werde; nun, ich werde einfach alles annehmen und zu erkennen geben, daß ich mich bessere. Ich hoffe natürlich trotzdem, daß es nicht so heftig kommt. Ich sehe rüber zu Mark. Er blickt konzentriert und ernst auf den Boden. Ich schlucke. Eine kleine Paranoia meldet sich in mir: Meine Einschätzung war falsch. Die Zeit bis heute war nichts weiter als eine Art Probelauf für mich. Gleich werden mir alle klarmachen, daß ich nicht hierhergehöre. Heute wird das kollektive Urteil gefällt, und ich werde feststellen, daß das bißchen Sicherheit, das ich glaubte erlangt zu haben, ein Trugschluß war. Man wird mir nahelegen, zu gehen. Ich sehe, wie ich den Raum verlasse, nachdem Matthias seine Entscheidung verkündet hat. Alle sehen mir schweigend nach, und nachdem ich die Tür hinter mir geschlossen habe, höre ich, wie die Gruppe weitergeht, ohne mich, und ich in wenigen Augenblicken schon vergessen bin. Ich spüre die vertraute Scham, Scham aufgrund meiner Anmaßung, eine Berechtigung für mein Hiersein und Anspruch auf Loyalität vorausgesetzt zu haben. Ich denke daran, aufzustehen und von mir aus zu gehen, um die Demütigung nicht noch größer werden zu lassen. Aber Elke sitzt genau vor der Tür. Ich müßte sie erst bitten, mir Platz zu machen, und sie würde eine Erklärung wollen....

„Also!" beginnt Matthias aufgeräumt. „Fangen wir an!" Ich komme abrupt in die Gegenwart zurück, als würde ich aufwachen. Ich hab´ wirklich ein Problem, denke ich. Matthias sagt einige einleitende Worte. Die Reihenfolge ist einfach. Begonnen wird mit dem Patienten am rechten Ende des offenen Sitzkreises. Er wird aufgefordert – und jetzt beginnt mein Herz wieder heftiger zu klopfen – ein Feedback über sich selbst abzugeben. Erst dann geben die anderen ihres ab. Darauf war ich nicht vorbereitet. Das Erschreckendste ist jedoch die unmißverständliche Aufforderung, das Feedback über sich selbst ausschließlich positiv zu halten. Das kann ich nicht. Ausgeschlossen. Mein Unvermögen rührt nicht aus der Unfähigkeit, etwas Positives in meinem Tun zu finden, ich könnte es sogar benennen, aber öffentlich ausdrücken? In dem Wissen, alle werden es hören? Ich muß einer Gruppe von Menschen darlegen, wie ich mich selbst positiv beurteile, muß also letztlich verkünden, daß ich mich gut finde, ohne diese Beurteilung den gängigen allgemeinen Regeln entsprechend in aller Bescheidenheit anderen zu überlassen? Unmöglich.

Es geht nur langsam voran. Ich sitze etwa in der Mitte der Runde. Meine Beunruhigung läßt etwas nach, je mehr ich feststelle, daß es für alle Überwindung und Verlegenheit bedeutet, sich wohlwollend zu beurteilen. Kunststück, denke ich. Wir haben alle gelernt, uns eher kritisch zu sehen. Wahrscheinlich ist das sogar eine gesellschaftliche Regel. Es wird allgemein anerkannt, daß man sich klein macht. Sozial erwünscht, heißt das. Es ist die Aufgabe anderer, zu loben. Eine klare Rollenverteilung. Selbstwert von außen. Was für ein Unsinn eigentlich, denke ich, und setze mich auf meine Handflächen, damit keiner das Zittern sieht. Noch zwei Patienten vor mir. Kommt das aus der Bibel? Das mit der

126

Selbsterhöhung? Wer sich selbst erhöht undsoweiter? In dem Fall haben wir die christlichen Werte aber ganz ordentlich verinnerlicht. Eigenlob stinkt, das ist das andere, was mir einfällt. Eigenlob ist tabu, nicht erlaubt, wer sich selbst lobt, wird von anderen sofort zurechtgestutzt. Dabei kennt man sich selbst doch am besten, denke ich. Wenn jemand die eigenen guten Eigenschaften kennt, dann doch derjenige, der sie hat. Vielleicht sind die eigenen Eigenschaften auch erst dann akzeptabel, wenn sie anderen gut tun. Dann allerdings dürfen sie tatsächlich nur von anderen bewertet werden. Irgendwo scheint mir da ein Denkfehler zu sein.

Noch einer, dann bin ich dran. Das eigene Feedback kriegt jeder so halbwegs hin. Es gibt den einen oder anderen Versuch, sich mit einem "mir fällt einfach nichts ein" aus der Affäre zu ziehen, der aber sofort im Keim erstickt wird. Wenn das geschafft ist, kommen die anderen dran. Deren Rückmeldungen dürfen sowohl positiv als auch negativ sein. Man hat sie kommentarlos anzuhören, ohne die Möglichkeit, sie zu relativieren oder sich zu rechtfertigen. Sie müssen schlicht akzeptiert und ausgehalten werden. Es handelt sich bei diesen Rückmeldungen streng genommen um Zusammenfassungen der letzten Wochen, um ein Gesamtbild des jeweiligen Patienten. Überraschungen sind eigentlich nicht zu erwarten. Am spannendsten ist es, zu beobachten, wie jeder einzelne, der sich sonst eher zurückhält, in der Orga seine Beurteilung über andere abgibt. Häufig erfahre ich mehr über den Beurteilenden als den Beurteilten. Ich halte mich in meinen Rückmeldungen so allgemein wie möglich und passe mich den anderen an. Ich will nicht auffallen. Vor allem befürchte ich, die Rückmeldungen der anderen mir gegenüber könnten schärfer ausfallen, wenn ich unfreundlich bin.

Ich bin dran.

Die meisten sehen mich neugierig an, manche freundlich, einige gleichgültig. Die Bereitschaft, mich zu zerpflücken, kann ich in keinem Blick erkennen. So weit bin ich beruhigt, oder jedenfalls nicht beunruhigter. Ich schlucke und sehe auf

127

den Boden, eine Stelle zwei Meter vor mir. Meine Haltung soll nicht zu unterwürfig sein. Wie fange ich an? Mit meinem Blumenposten. Der Anfängerjob. Was könnte ich da schon verkehrt gemacht haben?

"Ich glaube, ich hab´ meine Aufgabe ganz gut erledigt. Die Aschenbecher sind jeden Abend leer, das Licht pünktlich aus, und die Blumen haben regelmäßig Wasser bekommen." Wie ich das so sage, klingt das lachhaft. Was ist denn schon groß dabei? Das ist alles, was ich gut gemacht habe? Mich dafür positiv darzustellen ist peinlich. Ich sehe auf und erwarte verächtliche Mienen. Matthias, Elke und die anderen, sogar einige der Mitpatienten nicken ernsthaft zustimmend. Ich werde mutiger.

"Der Anfang im Schloß ist mir schwergefallen. Mir ging es auch nicht besonders gut. Aber trotzdem komme ich hier ganz gut zurecht." Wieder bestätigendes Nicken. Ich atme auf. Mehr fällt mir wirklich nicht ein. Die anderen kommen dran. Die Rückmeldungen an mich sind freundlich, fast behutsam wohlwollend. Ich bin erleichtert und erstaunt. Man scheint mich tatsächlich genauer beachtet zu haben, als ich dachte. Niemand greift mich an.

Mark räuspert sich. "Du achtest sehr genau auf die anderen, ist mir aufgefallen. Der Blumenjob ist überhaupt keine Herausforderung an dich – eigentlich eine Lappalie – aber du erledigst ihn trotzdem äußerst gewissenhaft. Ich denke, wir können dir langsam was Anderes geben. Was dein Verhalten in der Gruppe angeht, da kannst du dich ruhig mehr zeigen. Noch weiß keiner, was du wirklich so kannst. Halt dich nicht so zurück."

Helen sagt: "Er meint, du benimmst dich wie ein Weichei."

Matthias verdreht demonstrativ die Augen. Einige lachen.

"Vielleicht bist du wirklich eins. Das stellt sich wohl noch heraus." Helen starrt mich herausfordernd an.

Matthias macht den Schluß. Er denkt nach. Dann sagt er: "Im Grunde ist jeder hier der gleichen Meinung wie ich."

Er wendet sich mir direkt zu. "Du legst großen Wert auf

Zuverlässigkeit. Du erledigst deine Aufgaben, paßt dich an. Im Grunde bist du der perfekte Patient."

Das klingt irgendwie nach Ironie, denke ich.

"Ich bin der gleichen Meinung wie Mark", fährt er fort, "ich muß gestehen, keiner von uns", er zeigt auf seine Therapeutenkollegen, "weiß, was wirklich in dir drin steckt. Um das zu beurteilen, bist du natürlich noch nicht lange genug hier. Viel wichtiger ist allerdings, daß du selbst es auch nicht weißt. Aber um das herauszufinden, bist du hergekommen. Wie du das bewerkstelligen kannst, weiß ich nicht. Noch nicht. Soviel ist jedenfalls klar: mit diesem wilden Haufen hier", er macht eine ausholende Armbewegung, "kommst du auf deine Art klar. Es wäre wichtig für dich, herauszufinden, wie du das schaffst. Ich habe die Ahnung, es hat nicht nur mit deiner Fähigkeit zu tun, nicht anzuecken. Ich glaube nicht, daß du ein bloßer Mitläufer bist."

Damit schließt er, und der nächste ist an der Reihe. Die Orga dauert gute vier Stunden. Das Mittagessen verzögert sich entsprechend. Die Küchenmannschaft kocht an solchen Tagen Eintopf, der auch mal länger auf dem Herd stehen kann. Während wir auf das Essen warten, sitzen wir auf der Treppe. Mark setzt sich neben mich und schreckt mich aus meinen Gedanken.

"Ab morgen teilen wir dich für die Gartenarbeit ein", sagt er aufmunternd. Eine Beförderung. Er betrachtet mich von der Seite und errät, was mich beschäftigt.

"Matthias hat schon recht", sagt er. "Das mit dem herausfinden, was du eigentlich kannst, meine ich. Alles gut und richtig zu machen, ist natürlich eine tolle Sache, aber dadurch erfährt man ja nichts Neues über sich."

"Was soll ich denn machen? Anfangen, mit Absicht Fehler zu begehen? Nur um auszuprobieren, wie ich sie wieder ausbügeln kann?"

Mark zuckt mit den Schultern. "Vielleicht. Warum nicht." Er dreht sich zu mir, um mich besser ansehen zu können. "Ich hab mal mit Herrmann, unserem Arzt gesprochen. Der sagte mir:

129

"Die sechs Monate im Schloß sind ein winziger Zeitraum in deinem Leben. Die ganzen Figuren, die du hier triffst, einschließlich Mattias, Elke, und mir, siehst du danach nie wieder. Was spielt es für eine Rolle, was sie über dich denken? Nutz die Zeit, um die Dinge zu tun, die du dich vorher nie getraut hättest. Dazu mußt du nicht mal die Regeln verletzen. Das hier ist nur ein Durchgang. Wenn du den hinter dir hast, haben dich bald alle wieder vergessen. Also, leg los! Es geht nur um dich!"" Er nickt nachdrücklich. "Kluger Mann. Seit dem Gespräch bin ich viel entspannter."
Da ist was dran. Ich müßte nur noch wissen, was ich ausprobieren soll und wie.

***

Die Erfahrung, fast ununterbrochen mit anderen Menschen zusammen zu sein, war für mich bis vor kurzem nicht nur unvorstellbar, deren bloße Vorstellung hätte mich in Angst und Schrecken versetzt. Trotzdem fühle ich mich wohl. Das andauernde Dasein als Mitglied einer Gruppe hat bis - auf wenige Ausnahmen - nichts Beengendes. Ich lerne, mit anderen im Wohnzimmer oder draußen auf der Wiese zu sitzen und trotzdem für mich zu sein. Ich muß mich dafür nicht zurückziehen. Es reicht zu sagen: „Laßt mich mal zehn Minuten in Ruhe." Ich lerne etwas außerordentlich Triviales: zu sagen, was ich möchte.
Die Regeln haben nicht nur die Funktion, für Ordnung zu sorgen, sondern auch für Schutz. Sie verlangen nicht nur Respekt und Aufmerksamkeit für andere und das Anerkennen von Grenzen, sie verlangen vor allem Aufmerksamkeit für uns selbst. Für viele von uns ist die Erfahrung, daß das eigene Tun keine isolierte Aktivität mehr ist, sondern ganz selbstverständlich Auswirkungen auf das Tun und das Befinden für anderer Menschen haben kann, völlig neu. Ich erlebe, daß manche dadurch überfordert sind und die Therapie verlassen. Ich glaube, Elke hat Recht. Die Regeln sind nicht alltagsfremd,

130

und die eingeforderte Verpflichtung, sie einzuhalten, ist letztlich nichts weiter als der Auftrag, das Zusammenleben in einem sozialen Mikrokosmos zu trainieren, wobei dieser Mikrokosmos ein sehr komprimiertes Abbild des Lebens ist. Wenn ich genauer darüber nachdenke, ist nichts von dem, was hier passiert, außergewöhnlich im Sinne einer künstlich geschaffenen Welt. Menschen leben zusammen, arrangieren sich, halten sich an Regeln, nehmen regelmäßig Mahlzeiten ein, gehen zu festen Zeiten ins Bett, streiten sich. Die Tage haben feste Strukturen, wer davon abweicht, muß dies rechtfertigen und Konsequenzen tragen. Das außergewöhnliche bei der ganzen Sache ist für viele bestenfalls, daß sie kaum jemals zuvor, jedenfalls in ihrem Erwachsenenleben, auf diese Weise gelebt haben. Wir haben diese Trivialitäten entweder nicht gelernt oder wieder ver-lernt. Für uns ist dieses Triviale, das für andere Menschen kaum der Rede wert ist, weil sie es kennen und für nichts Besonderes halten, möglicherweise das wichtigste für unser weiteres Leben überhaupt. Das ist mal ein interessanter Gedanke: für uns wird Triviales zu etwas Besonderem.

***

Um mich herum lümmeln die anderen auf der Wiese herum, spielen Backgammon, das Lieblingsspiel der Therapie, oder unterhalten sich rauchend. Manche liegen mit nacktem Oberkörper in der Junisonne. Ich sehe auf meine Armbanduhr. Gleich halb zwei. Es ist Samstag. Heute finden keine Gruppen und keine Therapiegespräche statt. Freizeit, zumindest für die, die keine Aufgaben im Haus zu erledigen haben. Von den Therapeuten ist bis Montagmorgen keiner anwesend. Ansonsten ist wie immer am Wochenende nur der Bereitschaftsdienst im Haus, diesmal eine junge Psychologiestudentin, die permanent sämtliche Patienten in therapeutische Gespräche verwickeln will. Wir behandeln sie mit gutmütigem Spott.

131

Die Nachtwachen und Bereitschaftsdienste sind in der Regel beliebt bei den Patienten. Sie werden weniger als Angestellte denn als Besucher gesehen. Sie haben einen leichten Job. Die Patienten legen Wert drauf, allein klarzukommen. Ich setze mich auf, weil ich nicht einschlafen will. Gleich kommen die ersten Besuche, und die will ich nicht verpassen. Besuchszeit ist Samstag- und Sonntagnachmittag von zwei bis fünf Uhr. Die Besuche müssen vorher angemeldet werden. Jeder kann einladen, wen er will, er muß den Besuch nur darauf hinweisen, daß er nüchtern sein muß, keinen Alkohol mitbringen darf (sollte das mal vorkommen, bekommt der Patient, dessen Besuch sich diesen Fehltritt erlaubt, ein ernstes Problem, da er nicht ernst genug Klarheit in seinem Umfeld schafft), und selbstverständlich darf er nicht aus der Szene kommen. Ich frage mich immer, was dieses Szenetabu für Alkis heißt. Die Szene der Junkies ist, wie soll ich sagen, vom Rest der Welt unterscheidbar. Wenn man in Köln über die Domplatte geht oder am Hauptbahnhof ist, kann man sie leicht orten. Das hat Vorteile: wenn ich nichts damit zu tun haben will, mach ich einen Bogen drumherum. Die Alkiszene dagegen ist praktisch überall. Trinker treiben sich nicht nur in Kneipen rum. Man kann sie überall finden, und den meisten sieht man das Trinken noch nicht mal an. Die meisten Alkis laufen ja nicht besoffen durch die Gegend oder lungern an irgendwelchen speziellen Ecken rum, sondern arbeiten, sind gute, mehr oder weniger unauffällige Nachbarn und schlagen ihre Familien nicht. Sie wären sogar empört, wenn man sie darauf hinweist, sie seien Alkis. Wie soll ein Alki seiner Szene in Zukunft aus dem Weg gehen? Das kann er gar nicht. Ich gehöre zu den wenigen, die keinen Besuch bekommen. Deswegen bin ich nicht traurig oder enttäuscht. Ich will das so. Meine Mutter, meine Schwester und deren Mann könnten kommen, aber, um ehrlich zu sein, ich wüßte nicht, wozu. Ich vermisse meine Familie nicht, und ich bin sicher, sie vermissen mich auch nicht. Ich bin sicher, wir würden uns alle unbehaglich fühlen.

Wobei ich sogar noch unbefangener mit dem ganzen Thema umgehen könnte, und zwar deshalb, weil ich damit vertraut bin. Für mich ist das sicheres Terrain. Für meine Familie nicht. Der Besuch wäre ein dreistündiger, höflicher Krampf. Lieber nicht. Wie gesagt, er muß nicht sein. Die anderen scheinen, was das angeht, keine großen Probleme zu haben. Mir macht es Spaß zu beobachten, wie sich meine Mitpatienten zusammen mit ihren Familien verhalten. Pit, der oft eine schroffe Kaltschnäuzigkeit an den Tag legt, wird von seinen Eltern Klaus-Peter genannt (was ihm sichtlich unangenehm ist) und zieht unwillkürlich den Kopf ein, wenn sein Vater mit ihm spricht. Miri, mit ihrer weinerlichen Stimme, die häufig das Mäuschen spielt, ist ihrer Mutter gegenüber lebhaft, lacht viel und laut und bemüht sich, keinen Moment Schweigen aufkommen zu lassen. Die Mutter dagegen sieht leidend aus. Michas Vater kommt allein und bringt seinem Sohn eine Plastiktüte Süßigkeiten mit. Ich weiß, daß er Polizist in einem kleinen Dorf in der Nähe ist und vor fünf Jahren seine Frau verlor. Sein Sohn und er begrüßen sich verlegen. Ich mag ihn sofort. Er erinnert mich an meinen Vater. Um drei Uhr ist es Zeit für das gemeinsame Kaffeetrinken im großen Wohnzimmer. Besuch und Patienten verteilen sich auf die verschiedenen Tische. Der Raum ist groß genug für ein bißchen Privatsphäre. Die Küchenmannschaft hat aufgedeckt und Kuchen gebacken. Ich setze mich etwas abseits. Mark kommt herein, sieht sich kurz um und läßt sich dann neben mich aufs Sofa fallen. Er grinst mich an.

Aus irgendeinem, mir nicht klaren Grund mache ich ihn, seit ich hier bin, neugierig. Meine anfängliche Befangenheit hat er ganz einfach ignoriert. Wieso ich sein Interesse geweckt habe, ist mir ein Rätsel.

„Na?" sagt er. Seine Hakennase geht einmal in alle Richtungen. „Das ist ja mal wieder ein Auftrieb heute. Hast du Udos Frau gesehen? Wenn der Rock noch einen Zentimeter kürzer wäre, könnte sie ihn auch gleich zu Hause lassen." Wieder grinst er fröhlich. Auch er bekommt keinen Besuch.

„Gefällts dir nicht?" frage ich.

133

„Und ob. Leider ist sie nicht meine Frau."
„Kommt deine Familie nicht?"
„Nee, danke. Das muß nicht sein." Er lacht. „Außerdem haben sie am Wochenende zu tun."
„Wieso?"
„Sie arbeiten in der Gastronomie. Da ist am Wochenende natürlich besonders viel zu tun."
„Verstehe." Ich strecke die Beine aus. Mark sieht mich an. Offensichtlich ist er unschlüssig. Dann grinst er wieder. „Sie haben einen Swingerclub."
„Im Ernst?" Ich muß lachen.
„Ich kann dir sagen..." Er seufzt resigniert. „So was in der Familie zu haben hat was. Das prägt."
„Kann ich mir denken. Und so was läuft?"
Er nickt. „Sogar gut. Gepoppt wird immer. Ich hab früher manchmal da mitgearbeitet. Als Bedienung. Ich durfte einen Leopardentanga tragen und den ganzen Deppen Sekt servieren, oder was sie halt so haben wollten."
„Aha...?"
„Nicht, was du jetzt denkst." Er schüttelt sich. „Angebote gabs da reichlich. Die denken ja alle, man gehört zum Service dazu. Aber erstens durfte ich nicht, und zweitens, na, du musst dir mal vorstellen, was da für Leute hinkamen. Man denkt immer, das sind schöne Menschen, so wie im Pornofilm. Meistens war das aber ein Gruselkabinett. Mit ein paar Ausnahmen. Von wegen jung und attraktiv. Einmal ist mir im Halbdunkel das Tablett aus der Hand gefallen und das Licht mußte angemacht werden. Da hab ich das ganze Elend mal ungeschönt gesehen. Mein lieber Mann." Er schüttelt sich wieder.
„Ich muß dich mal was fragen", sage ich. „wie bist du ans fixen gekommen?"
Mark holt seinen Tabakbeutel aus der Tasche und beginnt, eine Zigarette zu drehen. Als er sie in den Mund steckt, fällt ihm noch rechtzeitig ein, daß während der Kaffeezeit das Rauchen im Wohnzimmer verboten ist. Er steckt sich die Zigarette hinter das Ohr.

„Schwer zu sagen", meint er. "Ich wollte immer was erleben. Als Junge wollte ich zur Fremdenlegion oder Seemann werden. Im Ernst. Mit sechzehn bin ich nach Marseille, um mich einzuschreiben, aber die meinten, ich sei zu jung. Auf einem Schiff habe ich einen Job gekriegt, mit dem ich die Überfahrt nach Afrika abarbeiten konnte. Keine Ahnung, was ich da eigentlich wollte. In Tunis hab ich einen Typ getroffen, der mit einem kleinen Flugzeug zentnerweise Haschisch nach Europa geschafft hat. Der hat jemanden als Begleitung gesucht. Das ging drei Monate gut, dann wurden wir geschnappt. Und ich kam ins Gefängnis. Das war eine niedliche Sache, mit acht Schwuchteln in einer kleinen Zelle. Danach hatte ich von Afrika erstmal die Schnauze voll." Er beginnt, Zigaretten auf Vorrat zu drehen.

So wie er erzählt, klingt es, als hätte es ihm im letzten Sommerurlaub das Zelt vollgeregnet. Er sieht aus dem Fenster. „Matthias sagte mal, ich hätte durch die Drogen dem Rest der Welt zu verstehen gegeben: Ihr kriegt mich nicht. Deswegen war ich auch so viel unterwegs."

Er blickt sich um. Am Nebentisch verteilt Ralf gerade Kuchen. Als er Marks Blick bemerkt, hält er fragend einen Teller hoch. Mark nickt und bekommt ein Stück. Zu mir sagt Ralf:" Tut mir leid, aber wenn ich dir auch eins gebe, haben meine Eltern nichts." Ich nicke, gehe zum Buffet und hole mir ein eigenes Stück. Einen Moment essen wir schweigend.

„Ich weiß nicht so recht", sagt Mark schließlich. „Ich hab als Kind eigentlich nie Probleme gehabt. In der Schule konnte ich mich immer durchsetzen, ohne mich prügeln zu müssen. Mit den Mädchen hat es immer geklappt. Später hab ich wie alle anderen auch gesoffen, und das bisschen kiffen damals war auch kein Problem. Ich hab nur immer irgendwie das Gefühl gehabt..."

Er streckt die Beine von sich. Ich halte den Mund. Mark erzählt den lieben langen Tag gern und viel, aber mit persönlichen Angelegenheiten hält er sich immer zurück. Ich fürchte fast, er macht jetzt einen Rückzieher.

135

„Ich hatte immer das Gefühl, alle, mit denen ich zu tun hatte, fanden mich gut", sagt er. „Alle hielten mich für stark, immer gut drauf. Alles hab ich regeln können. In der Schule war ich entweder der Clown oder der Boss. Das Problem ist nur, wenn dich alle mögen, weil du so toll bist, stellt sich irgendwann die Frage: Was ist, wenn es bei dir mal nicht so klappt? Wenn sich der Gedanke erst mal festgesetzt hat, dann geht der Streß los. Dann denkst du immer dran, bloß keine Schwäche zu zeigen. Außerdem hast du oft mit Deppen zu tun, die rausfinden wollen, ob du wirklich so stark bist. Wenn sie Erfolg haben, strengst du dich beim nächsten Mal noch mehr an. Und wenn nicht, ist dein Ruf wieder etwas mehr zementiert. Die Mädchen himmeln dich zwar an, aber du willst auch mal ein Mädchen, das dich in deinen schlechten Momenten sieht. Eine, die dich mal auffängt, wenn es drauf ankommt. Das geht aber nicht, weil du selber immer auffangen mußt." Er grinst. „Schöne Scheiße. Mit Drogen hatte ich die Probleme nicht. Wenn ich drauf war, konnten mich alle mal gernhaben."
Die Gespräche an den Kaffeetischen werden lebhafter. Die anfängliche Scheu, die sich bei Besuchsnachmittagen in der ersten Viertelstunde immer einstellt, ist verflogen.
„Dann, mein Freund", sage ich gut gelaunt und hebe den Zeigefinger, „mußt du lernen, Schwäche zu zeigen und sie als Stärke einzusetzen."
Mark nickt ernst. „Sagt Elke auch. Die eigene Schwäche akzeptieren oder so was. Damit habe ich auch kein Problem. Nur, und ehrlich, das meine ich nicht irgendwie angeberisch: Ich glaube, ich bin nun mal ziemlich stark. Also eher stark als schwach. Was soll ich machen? So tun, als sei ich schwach?"
„Warum nicht", sage ich. „Wenn du dich von Frauen ab und zu mal auffangen lassen willst? Vielleicht kommt die Schwäche von ganz allein."
Er nickt unentschlossen. „Das müßte ich vielleicht mal ausprobieren. Die starken Frauen, die ich bis jetzt kennengelernt habe, hätten mich bloß nicht nur aufgefangen, sondern mich gleichzeitig noch von den Drogen weggebracht.

Jedenfalls hätten sie es versucht, und das ist das Problem. Ich meine, überleg mal: wenn ich in Zukunft Frauen kennenlerne und mich schwach zeige, dann, clean oder nicht, werden sie meine Schwäche wohl immer in Zusammenhang mit meiner Drogengeschichte sehen."

„Na und?"

„Na denk doch mal nach. Immer, wenn du in Zukunft unsicher oder ängstlich oder besorgt bist oder nicht weiter weißt, wird sie denken: klar, daß er so ist. Er ist ja ein Junkie. Egal, wie wir sein werden, man wird alle unsere Eigenheiten immer mit Sucht in Verbindung bringen. Der Spruch "Männer dürfen Schwäche zeigen" gilt für alle Männer außer uns. Wenn wir später mal Schwäche zeigen, denkt jeder, entweder sind wir kurz vor dem Rückfall, oder Junkies sind eben naturgemäß tief drinnen schwach, und dann ist Schwäche schon nichts Liebenswertes mehr, sondern verdächtig. So oder so, selbst wenn wir alles genau so machen wie alle anderen auf dem Planeten, wird es anders gesehen. Ich hab so meine Zweifel, ob wir mal normal sein werden. Also, wenn mich mal eine Frau auffängt, weiß ich doch nie, will sie jetzt mich auffangen oder den Junkie?" Er sieht mich herausfordernd an und beantwortet selbst seine Frage. „Ich sag's dir. Sie wird immer den Junkie auffangen. Eine Frau will uns entweder kennenlernen, weil oder obwohl wir süchtig sind. Entweder ist sie fasziniert von unserem verkorksten Leben, vielleicht braucht sie das sogar, um ihr eigenes Leben nicht ganz so verkorkst zu sehen, oder sie muß sich andauernd anstrengen, um unsere Sucht auszublenden."
Eigentlich sind das auch meine Gedanken...und jetzt, da ich sie von jemand anderem höre, habe ich auf einmal Zweifel an deren Richtigkeit. Sie klingen zu bitter, um wahr zu sein.
„Was ist mit denen, die ganz gut damit leben können, daß ihr Mann mal süchtig war?" frage ich. „Oder nein: diejenigen, die auch das andere sehen können? Den Rest? Das Gesunde, meinetwegen?"
„Klar. Die gibt's mit Sicherheit auch. Die richtig starken Frauen. Aber mal ehrlich: welche starke Frau sucht sich einen

Süchtigen aus, wenn sie einen anderen haben kann?"
„Wieso denn nicht? Glaubst du nicht, daß Süchtige stark sein
können?" Ich halte kurz inne. Immerhin bin ich es, der grade
über Stärke redet. „Ich bin vielleicht nicht grade der richtige, der über Stärke
reden sollte", sage ich verlegen.
Mark bleibt ernst. „Warum denn nicht? Die meisten Jungs hier
reden über Stärke und wissen gar nicht, was das ist. Hör sie dir
doch an. Da geht's um Kloppereien und Boss sein und wem im
Knast sie es gezeigt haben, was sie so alles draufhaben, was
weiß ich. Wenn sie wirklich stark wären, wären sie nicht hier.
Die haben so eine Angst vor Schwäche, weil sie die ganz genau
spüren. Guck dich doch um. Die ganzen Weltmeister, die so
tun, wären sie unbesiegbar. Dabei ist das einzige, was sie
können, draufhauen und flachlegen. Na danke. Auf die Stärke
kann ich verzichten."
Mark hat eine laute Stimme, selbst wenn er leise redet. Vom
Nachbartisch blicken einige herüber. Er merkt es und grinst
entschuldigend hinüber. Dann sieht er mich wieder an.
„Vielleicht bist du nicht besonders stark", sagt er zu mir, „aber
vielleicht weißt du deshalb am besten, was Stärke ist."
„Meinst du. Naja." Ich betrachte ihn prüfend. „Du hast gesagt,
du wärst stark", sage ich. „Was ist deine Stärke?"
Mark sortiert sich kurz. „Ich kann viel aushalten", sagt er
schließlich. „Ich versuche, anderen Leuten keine Belastung zu
sein. Ich will nicht, daß jemand anderes Verantwortung für
mein Leben übernimmt. Und ich weiß ziemlich genau, daß ich
nicht die Verantwortung für jemand anderen übernehmen
sollte."
„Das ist Stärke?"
„Das ist *meine* Stärke."
Ich denke kurz nach. Dann sage ich:" Du bist ein komischer
Junkie."
„Und du ein komischer Säufer. Ich geh jetzt eine rauchen"

138

***

Pit muß zum Arzt. Er hat seit einigen Jahren einen Leberschaden („Der Nachteil von irgendeinem Zeug, das man sich in die Adern spritzt, ist, daß man weder riecht noch schmeckt, ob es in Ordnung ist") und muß regelmäßig seine Blutwerte kontrollieren lassen. Im Schloß kann das nicht gemacht werden. Das Schloß ist zwar eine Klinik, aber wie viele andere Entwöhnungseinrichtungen verfügt es nicht über die Möglichkeit internistischer Untersuchungen. Termine bei auswärtigen Ärzten können ohne weiteres wahrgenommen werden, wenn ein Patient als Begleitung mitgeht, und die bin diesmal ich. Begleitung zu Arztterminen ist keine große Sache. Wir gehen zusammen hin, ich warte im Wartezimmer, bis Pit fertig ist, und wir gehen zurück. Auf dem Rückweg stoße ich mit einem Fußgänger zusammen.

„Entschuldigung", sage ich im Weitergehen. Nach einigen Schritten blafft Fred mich an.

„Was sollte das denn?"

„Wie bitte?" frage ich verdutzt.

„Wofür entschuldigst du dich?" fragt Fred ungehalten. Er ist ernsthaft verärgert.

„Na, weil..." Ich mache eine ratlose Handbewegung. Was hat er denn?

Pit sieht kurz über die Schulter und zündet sich eine Zigarette an, was bei Ausgängen zum Arzt verboten ist.

„Der Depp da", sagt er und zeigt hinter sich, „ist genauso in dich reingerannt wie du in ihn. Aber DU entschuldigst dich. Was soll das?"

Ich sehe ihn von der Seite an. Wie ernst meint er das jetzt?

„Was hättest du denn gemacht?" frage ich ihn neugierig.

Pit lacht ärgerlich. „Ich hätte ihm gesagt: Paß auf, du Arsch, wenn ich hier langlaufe, hast du die Straßenseite zu wechseln. Sackgesicht."

Ich lache auch. „Hättest du nicht."

Pit bleibt stehen. „Soll ich umdrehen?" fragt er herausfordernd.

139

„Laß gut sein, ich glaub´s dir auch so." sage ich. „Ist das denn wichtig? Ich war höflich, na und?"
Pit geht weiter. „Und ob das wichtig ist. Es ist eine Sache, „Guten Tag" zu sagen oder „Danke" oder „Gibst du mir mal das Salz, bitte". Eine andere ist, irgendwelchen Trotteln automatisch zuzugestehen, daß sie alles richtig machen und du nicht."
„Es war doch nur 'ne Kleinigkeit."
„Und wo hören die Kleinigkeiten auf?" Pit legt den Kopf in den Nacken und stößt Zigarettenrauch aus.

Wir lernen uns kennen durch die Therapiegruppen und die alltägliche Routine. Die meisten Menschen denken, in den Therapieeinheiten, seien es Gruppen- oder Einzelsitzungen, werde das Innerste einer Person zum Vorschein gebracht und mache ihn klar erkennbar und verstehbar, auch und vor allem für sich selbst. Das erlebe ich hier auch, aber es geschieht in einer eher undramatischen Art und Weise. Es gibt manchmal Aha-Erlebnisse, die auf einen plötzlichen gedanklichen Umbruch hindeuten, aber ich glaube nicht, daß sie besonders wichtig oder außergewöhnlich hilfreich sind. Man staunt über einen in sich schlüssigen, unerwarteten Sachverhalt, der das eigene Leben besser erklären kann, aber er ist ja nichts Neues, sondern wurde bisher nur nicht gesehen und ist vielleicht deshalb nur der Beweis der bisherigen eigenen Dösigkeit. Veränderungen geschehen nicht plötzlich, sondern langsam, so, wie sich Tageszeiten verändern. Wenn ich „plötzlich" staunend feststelle, daß schon Mittag ist, dann ja nicht, weil ich den Vormittag übersprungen habe, sondern weil ich ihn aus welchen Gründen auch immer nicht bewußt registrierte.
Therapiesitzungen werden von einem Therapeuten geleitet, der gezielt Fragen stellt und Möglichkeiten schafft, in einem geschützten Rahmen Dinge greifbar und dadurch veränderbar zu machen, die bisher für den Betreffenden nicht erkennbar waren oder aus einem Schutzbedürfnis, aus Scham, Angst oder Hilflosigkeit oder ähnlichem verborgen wurden. Viele

Patienten zeigen eine große Neugier, wenn es darum geht, sich selbst zu verstehen und auf die Schliche zu kommen. Ich habe Gruppen erlebt, aus denen einige angerührt, manchmal verstört über neue Erkenntnisse oder erleichtert hinausgingen. Kaum jemand nimmt die Gelegenheit nicht wahr, sich der Anstrengung auszusetzen, Erklärungen für seine Lebensentwicklung und mögliche Alternativen für die Zukunft zu finden. Ich glaube, Menschen haben den Drang, sich selber zu verstehen, ein angeborenes Interesse an Selbsterkenntnis, das sie in einem Rahmen wie einer Therapiesitzung besonders ausleben können.

Nach den ersten Therapiesitzungen, die ich miterlebte, hatte ich oft den Eindruck, als würden die Erkenntnisse, die in den Sitzungen gewonnen wurden, manchmal wie inselartige, vom Alltag getrennte Momente wahrgenommen, die unmittelbar im Anschluß an die Sitzung bereits wieder vom Alltag verdrängt werden. Ich merke jedoch schnell, daß die gewonnenen Erkenntnisse quasi in verborgenen Hirnarealen weiterreifen, gleichsam ohne daß wir uns weiter absichtsvoll damit beschäftigen müssen. Manchmal, in Gesprächen, die Tage später stattfinden, irgendwann während einer Pause oder während eines Ausgangs, tauchen diese Inhalte wieder auf, getriggert durch alltägliche Situationen, und sind für uns plötzlich Gesprächsthema, so selbstverständlich wie die Rekapitulation des gestrigen Fußballspiels. Wie auch immer, ich bin fest davon überzeugt, daß jede der 24 Stunden am Tag Therapie bedeutet. Natürlich ist es verständlich, daß Therapiesitzungen „mehr" therapeutische Bedeutung beigemessen wird als den anderen Stunden des Tages. Es handelt sich schließlich um zielgerichtete, fokussierte Zeiteinheiten, die der Patient ausschließlich für seine Belange in Anspruch nehmen darf, wobei er es auch noch mit einem sowohl lenkenden als auch schützenden Profi zu tun hat. Ich halte die Therapieeinheiten ebenfalls für wertvolle, kleine, bedeutungsvolle Inseln, die als Orientierungspunkte in einem Prozeß, zur Überprüfung der eigenen Person, zur

141

Vergangenheits- und Zukunftsklärung genutzt werden können, und genau das ist der Punkt, der mich manchmal unbefriedigt läßt. Es geht in den Sitzungen meistens um ein „Was wäre wenn?". Themen und Problemen wird auf einer theoretischen Ebene begegnet. Konflikte, Ängste, Sorgen finden ja nicht immer genau in dem Moment des Gesprächs statt (oder eher selten), sondern werden hervorgeholt in Form von Erzählungen oder Schilderungen der Vergangenheit, damit sie für alle erkennbar werden. Die Zukunft findet ebenfalls in Form von Hypothesen statt. Mir ist klar, daß Therapie genau so funktionieren muß, und vielleicht auch nur so funktionieren kann, nämlich in sicherer Distanz zu den lebenseinschränkenden Belastungen. In einem Zustand, der ausschließlich durch ein heftiges, belastendes Gefühl bestimmt wird, das alles absorbiert, kann ich schließlich kein Gespräch führen. Dennoch empfinde ich manchmal eine fehlende Nähe zur Realität. Vielleicht ist meine Einschätzung falsch, aber ich vermisse in den Therapiestunden den Bezug zur Gegenwart, zum Hier und Jetzt. Die Zukunft ist schließlich abstrakt. Sie ist theoretisch. Genau deswegen halte ich die restlichen Stunden des Tages für wertvoller. Zumindest für mich. Man könnte sechs Monate Leben in einem Haus wie diesem für etwas halten, das außerhalb des „normalen" Lebens stattfindet, aber das stimmt nicht. Jeder, der hierherkommt, hat sehr schnell keine andere Wahl, als sich genauso zu verhalten, wie es seiner Art entspricht, mit Ausnahme natürlich von Zuhilfenahme von Drogenkonsum, Suchtverhalten, Gewaltanwendung, Drohungen etc., aus dem einfachen Grund, weil er sich gar nicht anders verhalten kann. Wie denn auch? Wenn er es könnte, wäre er nicht hier. Und das ist die große Herausforderung: da das neue Verhalten ungewohnt ist und niemand auf erprobte Strategien zurückgreifen kann, muß er sich ausprobieren. Er muß mit Konflikten, Belastungen, Angst, Versuchungen, der Notwendigkeit von Rücksichtnahme und Selbstbeschränkung umgehen, und zwar als Anfänger. In gewisser Weise ist er nackt. Man kann sich nicht sechs Monate verstellen. Man kann sich hier drin sogar noch weniger verstellen als draußen. Hier kann niemand ausweichen, außer, er verläßt das Haus. Ein ideales Trainingsfeld. So ist es auch gedacht. Es ist äußerst anstrengend. Und geht manchmal schief. Am schwersten haben es die harten Jungs und Mädchen, die auf der Szene gut zurechtkommen und selbst im Gefängnis keine großen Probleme haben. Manchmal haben sie grade im Gefängnis weniger Schwierigkeiten, weil sie sich ohne Probleme einen sicheren Platz in der Hierarchie schaffen und sich durch ihre Fähigkeit zu Rücksichtslosigkeit und Gleichgültigkeit behaupten können. Im Schloß geht das nicht. In meiner Anfangszeit konnte ich nicht begreifen, daß gerade diejenigen, die mit demonstrativer Stärke und Kaltblütigkeit ankamen, bereits nach wenigen Tagen wieder gingen, weil ihnen außer kaltblütiger Stärke eben nichts Anderes zur Verfügung stand. Man muß einräumen, daß das Schloß zu einer Trägerschaft gehört, die durch ihr rigides Konzept und ihrer Strenge (womit sie Toleranz untereinander und Rücksichtnahme gewährleistet; nur auf den ersten Blick erscheint das paradox) landesweit in der Szene berüchtigt ist. Wobei das Schloß eine eher liberale Einrichtung ist. Andere Häuser der Gesellschaft schreiben einheitliche Arbeitskleidung und kurzgeschorene Haare vor und lassen ihre Patienten bei einer einjährigen Therapiezeit erst nach sechs Monaten zum ersten Mal raus. Kein Wunder, daß an Informationstagen, wenn Gefängnisinsassen die Gelegenheit haben, sich das Schloß als möglichen Behandlungsort anzusehen, Häftlinge, sobald sie das Eingangsschild lesen, gar nicht erst aus dem Transporter aussteigen und sich umgehend zurückfahren lassen.

***

Ich gerate mit einem der Neuen aneinander, als wir vertretungsweise gemeinsam Dienst in der Küche hatten. Charlie kam vorgestern zu uns und zeigte von der ersten Minute an keinerlei Scheu angesichts der neuen Umstände. Ich mag ihn nicht. Mir sind Menschen, die sich in neuer Umgebung nicht erst orientieren und ausloten, welche persönlichen Grenzen möglicherweise zu beachten sind und nicht die geringste Unsicherheit zeigen, unsympathisch. Vielleicht, weil sie sich genau das herausnehmen, was ich insgeheim bewundere. Obwohl gerade angekommen, versuchte er sofort, das Ruder an sich zu reißen und mir Arbeit zuzuteilen.

"Ich würde sagen, du machst die Kessel sauber, und dann räumst du die Schränke ein. Du weißt ja, wie es geht. Ich kümmere mich um die Speisekammer", sagte er beiläufig, drehte sich um und ging, ohne eine Erwiderung abzuwarten. Ich war verunsichert, aber auch ärgerlich.

"Warte mal", sage ich. Charlie bleibt stehen. Das ist ungeschickt von ihm. Er hätte mich ignorieren müssen, damit wäre er durchgekommen.

"Wir machen es andersrum. Du kümmerst dich um Kessel und Schränke, und ich mich um die Speisekammer", sage ich.

Charlie sieht mich an und kommt einen Schritt näher. Er ist noch freundlich.

"Ach komm. Wer was macht, ist doch egal. Lassen wir es dabei." Und, mit einem gönnerhaften Lächeln: "Das lohnt doch keinen Ärger." Er zwinkert mir zu, dreht sich wieder um und geht beschwingt weiter.

"Bleib hier!" Ich spüre, wie mein Herz schneller klopft. Charlie kommt langsam zurück, verwundert und wachsam jetzt, und ich sehe, wie er die Schultern zurechtrückt. Ich weiß, er will, daß ich es sehe. Wir sind allein, der Rest der Patienten arbeitet draußen. Er würde nicht zuschlagen. Oder vielleicht doch. Er sagte einmal, er habe niemals ins Gesicht geschlagen, weil man sich nur die Hand verletzt. Lieber auf den Solarplexus oder die Nieren. Außerdem sieht man dort die Verletzungen nicht.

Er bleibt vor mir stehen. Mein Herz klopft bis zum Hals. Jede meiner Körperfasern drängt danach, einzulenken.

"Wie bitte?" fragt er und nimmt das Kinn nach unten. "Willst du mir sagen, was ich zu tun habe?"

144

Ich habe ganz eindeutig Angst, die Angst vor Schlägen, dazu die Angst vor Niederlage, die Angst, beschämt zu werden. Ich sehe ihm in die Augen und bemühe mich, ärgerlich zu klingen. Ich nehme einen Stapel Geschirrtücher in die Arme, aus der Befürchtung heraus, ihn sonst unwillkürlich wegzustoßen oder sonst eine Bewegung zu machen, die er falsch versteht. Er steht wirklich sehr nahe vor mir. "Genau das", sage ich, "ich bin schon eine ganze Weile hier und du nicht. Deswegen habe ich die Übersicht über die Arbeit und du nicht. Wenn´s dir nicht paßt, kannst du dich oben beschweren. Dann machen wir ´ne Gruppe. Und jetzt geh an deine Arbeit, du Clown." Fast hätte ich ergeben die Augen geschlossen. Wie komme ich dazu, ihn als Clown zu bezeichnen?

Charlie ist fassungslos. "Wie hast du mich genannt?" frage er ungläubig.

Na gut, dachte ich. Aufgeben kommt ohnehin nicht mehr in Frage. "Clown hab ich gesagt! Und? Läßt du dich davon schon beleidigen?" Es kostet mich alle Kraft, den ärgerlichen Gesichtsausdruck beizubehalten. Der Ausdruck ist wichtig: er darf nicht unsicher, aber auch nicht angriffslustig oder hämisch wirken. Mit anderen Worten: nicht provokativ oder unterwürfig.

Charlie ist wütend. Und unsicher. Er sucht nach Worten. Schließlich hebt er drohend den Zeigefinger, als wolle er mir etwas erklären, dreht sich abrupt um und stampft Richtung Speisekammer. Er kocht. Ich atme aus. Schade, daß mich keiner sehen konnte, denke ich. Ein Erfolg. Ich habe eine Auseinandersetzung bewältigt, mich offen durchgesetzt und standgehalten, und dann sieht´s keiner. Mark wäre begeistert gewesen. Elke vielleicht auch.

Charlie ignoriert mich von da an, wo er konnte.

Was will ich erreichen? Was wirkt bei mir hier in der Therapie? „Was wirst du nach der Therapie machen?" fragt mich Elke. Wir sitzen wie immer in ihrem Büro im Turmzimmer. Durch die Fenster, kann ich den Park des Nachbargrundstücks, das Gelände vor dem Schloß und den Turm auf der anderen Schloßseite sehen. Mir schießt durch den Kopf: Früher, als Kind, wollte ich mal in einem kleinen Schloß wohnen. Jetzt tu ichs.

„Ich weiß nicht", sage ich. „Meinst du beruflich?"

„Beruflich, privat...was immer du meinst. Gehst du zurück nach Hause?"

„Nach Hause...nein. Auf keinen Fall. Ich wüsste nicht, was ich da tun sollte."

„Na, vielleicht leben?"

„Ich kann da nicht leben", sage ich entschieden. Ich denke an meine Mutter und meinen Vater, an das Werk, die Nächte, die endlosen, traurigen Träumereien, die körperlose, dumpfe Leere, die nur durch Betrunkensein aushaltbar wurde. Ich spüre wieder die vertraute Trostlosigkeit, das Gefühl von Hoffnungslosigkeit, das ich in den letzten Wochen im Schloß fast vergessen hatte.

„Woran denkst du grade?" fragt Elke. Die Frage bringt mich immer noch regelmäßig aus dem Konzept. Wenn ich, wie jetzt, irgendwie versunken wirke, dann bin ich nicht in Gedanken, sondern in Gefühlen, und dann wäre die richtige Frage nicht, was ich denke, sondern was ich fühle. Ich wundere mich, daß ich mich darüber ärgere.

„Es gibt nichts, woran ich zu Hause anknüpfen könnte", sage ich schließlich. „Wenn ich zurückgehe, dann nur, damit wieder alles wie vorher wird. Ich werde wie vorher. Anders kann ich dort nicht sein."

„Das heißt, du bist jetzt anders?"

„Vielleicht." Ich zucke die Schultern. „Mir geht es besser. Ich hab weniger Angst." Ich werde etwas verlegen. Es ist immer noch ungewohnt, von meiner Angst zu sprechen, erst recht vor einer Frau.

„Weniger Angst wovor?" fragt sie geduldig.

„Vor nichts Bestimmtem. Ich hatte auch früher vor nichts bestimmtem Angst, oder nein, ich hatte vor allem Angst. Das

146

trifft es eher. Vor anderen Menschen vor allem."
„Warum?"
„Weil ich dachte, alle sind besser als ich. Schöner, stärker, klüger." Ich lache kurz. Elke lächelt ebenfalls.
„Und? Sind sie´s?" fragt sie.
„Eher nicht. Vielleicht manche. Ich kenne ja nur hauptsächlich Patienten."
„Na und?"
„Patienten sind...wie soll ich sagen: nicht grade repräsentativ."
„Diese Patienten helfen dir allerdings, dich besser zu fühlen", gibt sie zu bedenken.
Ich denke nach. „Stimmt. Aber später werde ich andere Menschen kennenlernen." Ich mache eine kleine Pause. „Und ich weiß nicht, ob es mir mit denen genauso gut geht."
„Glaubst du denn, es liegt an anderen Menschen, wie es dir geht?"
„Naja, ich weiß ja nicht, mit welchen Menschen ich später zusammenkomme. Die können sowohl angenehm als auch unangenehm sein."
„So wie hier."
„Hier gibt es Regeln, die mich schützen."
„Draußen auch. Und die Menschen draußen sind weniger... extrem."
Ich atme tief auch. „Ja. Aber das hilft mir gerade nicht."
„Ja, das merke ich", sagt Elke trocken. „Ich frage mal anders: Was genau tust du hier, damit deine Angst weniger wird? Was tust *du* selbst?"
Ich überlege, finde aber keine befriedigende Antwort.
Elke beobachtet mich wartend.
„Vielleicht sage ich dir etwas über Angst", sagt sie. Sie legt ihren Bleistift auf den Schreibtisch und verschränkt ihre Hände hinter einem übergeschlagenen Knie.
„Angst ist kein Fluch, sondern eine Fähigkeit, ohne die wir wahrscheinlich schon während der Neandertalerzeit ausgestorben wäre", beginnt sie zu dozieren. „ein dumpfes Grollen in einem Busch sorgte dafür, daß sich unsere

147

Nackenhaare aufstellten und wir schleunigst das Weite suchten. Oder angriffen. Eins von beiden. Wichtig war, daß wir es als alarmierendes Signal erkennen und reagieren konnten. Und zwar schnell, ohne langwierige Überlegungen anzustellen. Verantwortlich dafür ist ein kleiner Teil im Gehirn, der zwar nicht in der Lage ist, selbst zu planen, dafür aber blitzschnell Impulse bereitstellt, die uns zum Handeln bewegen. Das Nachdenken darüber, was in so einer Situation zu tun ist - falls ein Neandertaler nachgedacht hätte -, hätte im Vergleich dazu zuviel Zeit in Anspruch genommen, Zeit, in dem der Säbelzahntiger schon den Sprung an die Kehle hinter sich gebracht hat. Mit anderen Worten: das Gefühl „Angst" wurde uns von der Evolution als überlebenswichtiges Gefühl mitgegeben."

Sie sieht mich abwartend an. Ich nicke verstehend. Sie macht weiter.

„Wir funktionieren heute immer noch auf dieselbe Weise. Das Angstgefühl wird von uns automatisch als äußerst wichtig interpretiert. Mit einem Unterschied: wir sehen heute nicht mehr die unmittelbare Notwendigkeit, anzugreifen, weil es keine Säbelzahntiger mehr gibt. Auch keine lebensbedrohenden Feinde. Naja, jedenfalls seltener. Und wenn es angstmachende Situationen in unserem Leben gibt, wissen wir oft nicht, was zu tun ist. Genauer gesagt, rational wissen wir es schon, aber wir neigen dazu, intuitiv zu handeln, so wie es uns die Evolution gelehrt hat. Manchmal greifen wir an, was meistens unsinnig ist, weil ein Angriff in keinem Verhältnis zum Angstauslöser steht, oder wir weichen aus. Das klingt zunächst vernünftig. Was soll schon passieren, wenn wir ausweichen? Nun, es passiert eine ganze Menge. Weißt du, was Angst vor geschlossenen Räumen ist?"

Ich nicke.

„Gut. So eine Angst kann man sich prima aneignen, selbst wenn einem in geschlossenen Räumen nie etwas Schlimmes passiert ist. Nehmen wir die Angst vor Fahrstühlen. Stell dir vor, du stehst vor einer Fahrstuhltür, und plötzlich stellst du fest, daß du Angst hast. Warum, spielt keine Rolle. Vielleicht hast du in der Zeitung von einem tragischen Fahrstuhlunglück gelesen, vielleicht fühlst du dich einfach nur unwohl, und zwar ganz ohne Grund. Auf jeden Fall entfernst du dich von der Tür und stellst fest, es geht dir besser. Am nächsten Tag erlebst du das Gleiche: Angst vor der Fahrstuhltür, du weichst zurück, es wird besser. Welche Erfahrung hat dein Organismus gemacht? Er hat gelernt, du kannst einer Angst ausweichen, indem du dich ihr schlicht nicht stellst, sprich, zurückweichst. Das Problem ist erstens: die Angst geht dadurch nicht wirklich weg, sondern bleibt als Potential, und wenn du mal wirklich auf einen Fahrstuhl angewiesen bist, bist du schlicht überfordert. Das zweite, viel wichtigere ist aber: Deine Angst fühlt sich zwar real an, aber der Auslöser dafür ist als Gefahr nicht real."

Ich überlege.

„Heißt das, man muß sich seinen Ängsten stellen, und dann verschwinden sie?" frage ich.

„Quatsch. Bloß nicht. Ich meine: nicht so pauschal. Wie gesagt, manchmal haben Ängste ihren Sinn. Wenn du Angst hast, eine vielbefahrene Autobahn zu überqueren, solltest du es einfach nicht tun. Aber wenn du Angst vor Menschen hast, sollten wir uns das genauer ansehen. Du hast bisher die Angst aufrechterhalten, indem du sie umgangen bist. Trinken ist eine wirksame Vermeidungsstrategie, die Ängste erstklassig füttert, indem dein Organismus immer wieder die Erfahrung macht: Es hilft."

„Aber...mein Problem ist, daß ich nicht mal genau weiß, wovor ich Angst habe. Ich meine, ganz konkret, ich weiß ja, daß Menschen keine Gefahr darstellen."

Elke wiegt ihren Kopf.

„Offen gesagt, ich weiß nicht, ob es bei dir Angst vor Menschen oder vor dir selbst ist. Das mag jetzt seltsam klingen, das gebe ich zu. Aber sieh mal, ich glaube, daß du ganz bestimmte Erwartungen darüber hast, was dir zusteht und was nicht, und dabei kommst du nicht gut weg. Du scheinst überzeugt zu sein, Unsichtbarkeit verdient zu haben, obwohl sie dich unglücklich macht, und wenn du versuchen solltest, sichtbar zu werden, dann...ja was dann? Was glaubst du, was dann passiert? Was würde eintreten, was du bisher vermieden hast?"

Ich zupfe einen Nietnagel von meinem Daumen. Ich könnte die Bestätigung dafür bekommen, daß ich unerwünscht bin, denke ich. Aber ich sage es nicht laut.

Elke ahnt, daß ich meine Gedanken zurückhalte.

„Soll ich dir sagen, was eintreten wird?"

Ich sehe auf.

„Du wirst bestimmt nicht feststellen, daß dich jeder mag. Aber der eine oder andere wird es tun. Wahrscheinlich sogar viele, wie ich vermute. Du bist ein netter Kerl. Vor allem wirst du dich irgendwann selber mögen, langsam, aber stetig. Es kann ein bißchen dauern, da machen wir uns mal nichts vor. Und bevor du mich fragst, wie lange genau, sage ich dir: Ich weiß es nicht. Aber es wird passieren. Gleichzeitig wird deine Selbstverachtung abnehmen. Beides zusammen kann gleichzeitig in dir nicht existieren." Sie wartet auf eine Reaktion von mir.

„Das klingt gut", sage ich vorsichtig, „und was genau ich tun soll, ist...?"

„...ist folgendes: Trau dich nach vorn. Es tut mir leid, daß ich nicht den großen psychologischen Trick präsentieren kann, aber darauf läuft es hinaus. Zeig dich. Werde sichtbar. Gib anderen die Chance, dich zu bemerken und sich ein Urteil über dich zu bilden, sowohl ein gutes als auch ein - wenn es denn so kommt - weniger gutes. Zeig dich und mach die Erfahrung, daß du Bedeutung hast. Wenn du unbedingt Wert darauf legst, kannst du dich von mir aus hin und wieder selbst verachten. Das ist nicht verboten."

Sie lächelt mich ernst an. Dann legt sie den Schreibblock wieder auf ihre Knie, vielleicht, um wieder etwas mehr Distanz herzustellen. Ich habe noch nie gesehen, daß sie etwas hineingeschrieben hat.

„Ich verstehe", sage ich.

„Da bin ich sicher", antwortet sie gutgelaunt. „Mit Charlie in

der Küche bist du jedenfalls sehr sichtbar gewesen."
„Woher weißt du das?"
„Ich hab Charlie eine Stunde später gesehen. Er war immer noch sauer. Hattest du da eigentlich keine Angst?"
„Doch."
„Sehr gut. Und? Wie ging es dir danach?"
„Erst mal schlecht. Und dann eigentlich ganz gut."
„Erinnerst du dich, wann du dich das letzte Mal nicht im Stich gelassen hast?"
„Wie bitte? Äh, noch nie, glaube ich."
Sie hebt die Hände und dreht die Handflächen nach außen.
„Tadaa!"
Ich verziehe das Gesicht.
„Soll ich mich jetzt mit jedem hier anlegen?" frage ich amüsiert.
„Warum nicht?" antwortet sie. „Nutz aus, was immer dir gefällt. Ich glaube aber, es gibt noch andere Möglichkeiten. Es geht darum, daß dein Frust, deine Angst, deine Wünsche, deine Bedürfnisse und deine Fähigkeiten nicht nur eine Berechtigung haben, sondern von dir und auch anderen erkannt werden. Das ist sichtbar werden."
„Aber", sage ich zögernd, "was ist, wenn mich keiner ernst nimmt? Dann krieg′ ich einen auf den Deckel. Die anderen warten ja nicht grade drauf, daß ich hier Ansprüche geltend mache."
„Hast du mir nicht zugehört? Dann kriegst du halt einen auf den Deckel! Na und? Was dann? Fällst du dann tot um? Bleibt die Welt stehen? Natürlich kann es passieren, daß du Gegenwind bekommst. Wie im richtigen Leben. Und jemand anders kriegt von dir einen auf den Deckel. Auch wie im richtigen Leben. Außerdem weißt du nicht, ob du Unterstützung bekommst, wenn du es nicht ausprobierst. Ein besseres Übungsfeld als hier im Schloß kannst du gar nicht finden."
„Es ist anstrengend."
„Klar ist es das. Wer hat dir gesagt, daß Abstinenz leicht ist?"
Sie beugt sich verschwörerisch vor. „Wenn es dich tröstet: für

151

mich ist die Arbeit mit euch auch manchmal nicht so ohne."
Ich grinse.
„Dafür kriegst du auch ein Gehalt."
„Genau. Und was für eins."
Ich zögere. Schließlich sage ich: „Eigentlich habe ich von Therapiegesprächen nicht so viel gehalten. Nicht, weil ich sie schlecht finde", beeile ich mich hinzuzufügen, „sondern, weil ich Zweifel hatte, wie sie mir...auf praktische Weise helfen sollen."
Ich suche nach Ärger oder Kränkung in ihrem Gesicht. Stattdessen nickt sie aufmunternd
„Es wäre vielleicht einfacher, wenn die ganze Therapie nur aus Einzelgesprächen bestünde", sage ich versöhnlich.
„Und würde dir wenig bringen", antwortet sie prompt. „Überleg selbst: wie oft kommen solche Gespräche wohl im üblichen Alltag vor? Da hast du mit Menschen zu tun, die mit ihrem eigenen Kram beschäftigt und nicht grade scharf darauf sind, sich deinen auch noch anzuhören. Die nehmen sich nicht ausdrücklich eine Stunde Zeit für dich und achten darauf, daß es nur um dich geht. Das können sie gar nicht, weil sie drauf achten müssen, sich selbst nicht aus den Augen zu verlieren. Was bringen dir also die Einzelgespräche wirklich? Ein paar Sachen werden dir hier klarer, und wir können hier über Dinge reden, die in eine Gruppe nicht reingehören. Aber ein Alltagsgespräch ist das hier nicht. Du lernst hier kein Verhalten. Wenn ich auf deinen Wunsch eingine, würde ich vielleicht sogar deinen Wunsch nach Vermeidung unterstützen."
Natürlich hat sie recht. Als ich gehe, bin ich trotzdem nachdenklich und besorgt. Sie hat mir eine Art Aufgabe gestellt, das ist mir klar. Sie wird mich beim nächsten Mal fragen, ob und was ich unternommen habe. Ich ertappe mich dabei, wie ich automatisch bereits nach Erklärungen suche, warum ich noch *nichts* unternommen habe und schiebe die Gedanken schnell weg. Ich muß nachdenken.

***

Ein zentrales Instrument, das angemessenes, sprich abstinentes Verhalten und den Umgang mit Regelverstößen steuert, ist die Vergabe von "Konsequenzen". Konsequenzen bedeuten eine Art zeitlich begrenzter "Straf"-aufgabe, die der Betreffende ausführen muß. Eine Konsequenz sollte in einem direkten Zusammenhang mit der Art des Regelverstoßes und muß in einem angemessenen Verhältnis dazu stehen. Sie wird in der gesamten Gruppe besprochen und kann von jedem vorgeschlagen werden, worauf die Gruppensprecher eine Entscheidung treffen. Konsequenzen werden, obwohl sie keinen direkten Bestrafungscharakter haben sollen, von allen gefürchtet, da sie eine mehr weniger große Unbequemlichkeit bedeuten. Kleinere Verstöße ziehen beispielsweise ein eintägiges Rauchverbot nach sich (wenn außerhalb der Pausen geraucht wurde), einen einwöchigen, zusätzlichen Putzdienst (im Fall, daß ein Patient sichtbar nachlässig in seinem regulären Putzdienst ist), die Anordnung, eine Woche mit zwei Mitpatienten zu duschen (wie im Fall des Patienten, der seine Körperhygiene vernachlässigte. Schwerere Übertretungen können zu einer Woche Ausgangssperre oder Telefonverbot führen. In diesen Fällen – und wenn sich Konsequenzen bei einem Patienten häufen – muß damit gerechnet werden, daß von Therapeutenseite zusätzlich Reaktionen erfolgen. Es gibt keinen Katalog, der anzuwendende Konsequenzen aufführt, es bestehen also ohne weiteres Möglichkeiten, seiner Phantasie freien Lauf zu lassen. Chris zum Beispiel, einer meiner Bettnachbarn, brachte es in der ersten Woche fertig, an zwei Tagen regelmäßig zu spät zu sämtlichen Veranstaltungen zu kommen und bekam folgerichtig die Aufgabe, eine Woche lang regelmäßig fünf Minuten vor Beginn zu erscheinen, nachdem er vorher sich bei den Gruppensprechern gemeldet hatte. Ein anderer hatte die Angewohnheit, sich konsequent zurückzuziehen und die Gemeinsamkeit demonstrativ zu vermeiden. Die beschlossene Konsequenz bestand für ihn darin, eine Woche lang seine Tage in ununterbrochener Begleitung von zwei Mitpatienten zu verbringen, die ihn zu sämtlichen Gruppenaktivitäten mitschleppten. Eine der wirkungsvollsten Konsequenzen ist das eintägige Rauchverbot.

Die Ausgangsregelung, die es erlaubt, schon früh das Haus ohne begleitende Autorität zu verlassen und die Stadt aufzusuchen, erhöht natürlich die Möglichkeit, an Drogen und Alkohol zu kommen, und es wäre eigentlich zu erwarten, daß Rückfälle gehäuft vorkommen. Aber sie tun es nicht. Sie kommen zwar vor, aber selten, und wenn, werden sie sehr schnell entdeckt. Das System der Selbstverwaltung, in der Therapeuten keinerlei Kontrollfunktion ausüben, scheint sehr gut zu funktionieren. Ich bin mir nicht einmal so sicher, ob in erster Linie das Gruppensystem die für Ordnung sorgende Kraft ist. Meiner Meinung nach hat es grundsätzlich mit dem Umgang mit Autoritäten zu tun. Wenn uns jemand Regeln vorgibt, fühlen wir uns eingeschränkt. Wir haben Fremdbestimmung nun mal nicht gern. Also ist die fast automatische Reaktion, der Fremdbestimmung ausweichen zu wollen, eigene Entscheidungen zu treffen und das zu tun, was unserem eigenen Willen entspricht. Das verrückte dabei ist, daß unser Wille uns nicht unbedingt anleitet, das Richtige zu tun, sondern das, was wir, nun ja, für das Richtige halten, und das kann manchmal reiner Unsinn sein. Nehmen wir zum Beispiel Süchtige. Regeln sollen sie zur Abstinenz führen, was durchaus vernünftig ist; der Impuls, eigene Entscheidungen zu treffen, um sich von Regeln nicht einschränken zu lassen, führt sie aber davon weg – was unvernünftig ist. Der Sinn, der hinter den Regeln steckt, nämlich zu schützen, geht damit verloren. Das würde sogar bedeuten, daß der Versuch, noch mehr Kontrolle durch noch mehr Regeln zu gewinnen, erst recht ins Gegenteil umschlägt. Deswegen finde ich das Reglement im Schloß sehr geschickt. Es bedeutet nichts weiter als: ihr stellt eigene Regeln auf, indem ihr selbst entscheidet, welche, aber es wird erwartet, daß ihr eure eigenen Entscheidungen ernst nehmt. Ihr entscheidet auch, ob ihr die Therapieregeln anerkennt oder nicht, und wenn ihr sie anerkennt, entscheidet ihr euch damit auch für die Anerkennung der Konsequenzen. Ein cleveres System, finde ich. Das Zusammenleben während der Therapie ist die Therapie. Und so wird es von den Patienten bereitwillig akzeptiert. Das bringt natürlich die Anstrengung mit sich, daß wirklich so ziemlich alles, was das Zusammenleben angeht, von den Patienten zu einem therapeutischen Thema gemacht werden kann. Zu jeder Tageszeit. Jeder Konflikt ist ein Konflikt der Gruppe, oder anders ausgedrückt, niemand regelt einen Konflikt für sich allein. Das ist die wichtigste Regel des Schlosses, und sie ist so selbstverständlich, daß sie gar nicht mehr als Regel gesehen wird. Konflikte können alles sein: ein Streit zwischen zwei Patienten, der Verdacht auf einen Rückfall, auffällige Schweigsamkeit, eine Beleidigung, der Verdacht auf ein intimes oder besonders enges Verhältnis zwischen zwei Patienten (Beziehungen sind verboten und ziehen den Rauswurf nach sich), Vernachlässigung der zugewiesenen Aufgaben undsoweiter. Jeder Patient hat das Recht, sollte er irgendein Vorkommnis für wichtig genug sehen, eine Sondergruppe zu beginnen. Zu diesem Zweck begibt er sich zur Schiffsglocke im Erdgeschoß, läutet sie (das Läuten ist in jedem Winkel des Geländes zu hören, und man lernt sehr schnell, auf das Geräusch zu regieren), worauf jeder Patient, egal womit er beschäftigt ist, sofort in den Gruppenraum zu kommen hat. Eine Ausnahme gilt für die Küchenmannschaft. Die darf vorher die Töpfe und den Herd versorgen, bevor sie dazukommt. Sind alle da, trägt der, der alle zusammengerufen hat, sein Anliegen vor, und es geht los. Sondergruppen sind nicht leise. Sie sind heftig, direkt und weit von einer akademischen Diskussion entfernt. Mich haben sie zunächst mehr als befremdet, da die lautstarke Auseinandersetzung, die Beschimpfungen nicht ausspart, mit meiner ursprünglichen Vorstellung, wie Menschen gemeinsam nach einer Lösung suchen, nicht im Geringsten vereinbar war. Ich fürchtete manchmal ernsthaft ein physisches Vorgehen der Teilnehmer,

155

bis ich feststellte, daß deutlich geäußerter Ärger und Zorn der Sinn dieser Gruppe ist. Mancher Patient wird von seinen Mitpatienten sogar angeblafft, weil er sich zu zurückhaltend verhält. Infolgedessen müssen sich auch die schüchternen Teilnehmer hin und wieder nach vorn wagen, um selbst nicht dranzukommen. Ich kann lange Zeit nicht sagen, daß ich den Wert des ganzen voll und ganz gutheiße, aber ich merke irgendwann, daß selbst ich in Sondergruppen laut werde, meine Meinung sage und keinen Wert auf gesittete Argumentation lege. Zweifellos ist der Gruppendruck dafür verantwortlich, nur merke ich auch, daß es sich nicht falsch anfühlt, sondern auf ungewohnte Weise angemessen. Argumente sind sachlich, abstrakt, nicht fühlbar, und meistens liegt es am eigenen rhetorischen Geschick, wenn man ein Streitgespräch für sich entscheiden kann. Die, die dieses Geschick nicht haben, wären daher benachteiligt. Ärger dagegen, der vehement geäußert wird ist etwas, das spürbar ist, und um das Spüren geht es. Ärger und Wut sind spürbare Energie. Argumente sind es nicht. Kein Mensch würde süchtig, wenn er nichts fühlen könnte. Deswegen finde ich es nur sinnvoll, Gefühle zu nutzen und damit vertraut zu werden. Vielleicht muß man sogar lernen, Abstinenz zu spüren. Ich habe kein schlechtes Gewissen, mit anderen gemeinsam auf jemanden loszugehen. Das hat niemand. Sondergruppen sind zwar gefürchtet, aber kein Tribunal. Trotz der Schreierei haben die Sondergruppen, für die es übrigens keine zeitliche Begrenzung gibt, immer ein Ergebnis, mit dem alle einverstanden sein müssen, auch der, um den es geht. Und nach Beendigung der Gruppe ist das Thema wirklich beendet. Ich erlebe Sondergruppen zu jeder Tageszeit, auch nachts, wobei nächtliche Sondergruppen in der Regel gravierendere Gründe haben als tagsüber, wie Rauchen auf der Toilette, oder, während stichprobenartig durchgeführter Zimmerdurchsuchungen durch die Gruppensprecher das Finden hereingeschmuggelter, verbotener Dinge aus dem Einkauf. Nächtliche Sondergruppen ziehen immer ernstere Konsequenzen nach sich.

156

***

„Kannst du dir vorstellen, nie wieder Alkohol zu trinken?" fragt mich Fred. Es ist Samstagmorgen. Wir sitzen auf der großen Eingangstreppe, um unsere Sportschuhe zu putzen. Er schlägt einen Schuh mehrmals heftig auf die Stufen, um den gröbsten Dreck loszubekommen.

„Ich meine: wirklich nie wieder? Mir macht das Angst", sagt er und fügt schnell hinzu: "Aber mir ist schon klar, daß es nicht anders geht."

Ich ärgere mich. Die Gruppe reagiert sehr heftig auf alle Meinungen, die eine konsequente und lebenslange Abstinenz in Frage stellen. Mich ärgert vor allem, daß Fred offenbar denkt, ich würde genauso reagieren. Aber er hat ja recht. Was die Meinung über konsequente Abstinenz angeht, herrscht in der Gruppe eine unterschwellige Paranoia. Ich weiß gar nicht genau, warum. Vielleicht liegt es daran, daß alle Angst vor Abstinenz und Cleansein haben. Man war zehn Jahre drauf und ist grade mal ein paar Wochen clean. Das eine kennt man sehr gut, das andere dagegen überhaupt nicht.

Freds Frage ist nicht ohne. Sie kann zweierlei bedeuten, nämlich einmal eine Sorge über die Endgültigkeit, also buchstäblich niemals wieder zu trinken. Sie kann aber auch darauf abzielen, ob und besonders wie man sich ein Leben ohne Alkohol vorzustellen habe. Die eine Frage kann ich mit Ja, die andere nur mit Nein beantworten. Ich will ihn nicht überfordern und antworte mit der Standartantwort: „Auf jeden Fall hab ich´s vor." Fred ist zufrieden.

Ich angele mir eine Bürste aus der Schuhputzkiste, die zwischen uns steht. „Freust du dich auf die Abstinenz?" frage ich ihn. Die Frage klingt seltsam, wie ich sie stelle. Fred sieht mich erstaunt an.

„Na klar!" sagt er. Er hält mit dem Putzen inne, bereit, mir zu erklären, warum er sich freut. Ich bereue fast, die Frage gestellt zu haben, weil ich weiß, was jetzt kommt. Um ihn nicht zu kränken, nicke ich ihm aufmunternd zu.

157

„Man hat wieder Lebensqualität", erklärt er prompt. „Man fühlt sich besser. Man kommt sich wieder wie ein Mensch vor. Man ist raus aus dem Sumpf."

Ich nicke und denke mir: Standardantworten. Frag irgendeinen aus der Gruppe, und er wird genau das antworten.

„Und was ist für dich Lebensqualität?" insistiere ich. Fred sieht mich unsicher an.

„Das ist, zum Beispiel...also ich weiß nicht so recht." Er lacht verlegen. „Wahrscheinlich ist das für jeden was anderes. Was ist es denn für dich?"

Nicht ungeschickt, denke ich.

„Ich weiß nicht genau", antworte ich. „Lebensqualität hatte ich lange nicht mehr, deshalb kann ich´s gar nicht genau sagen. Genau wie du", füge ich versöhnlich hinzu.

Fred bürstet nachdenklich über eine Schuhspitze.

„Ich hab zwischendurch immer wieder auf der Straße gelebt", sagt er langsam. „Und ich fand das gar nicht so schlecht. Es gab zwar immer wieder Zeiten, die richtig hart waren, aber im Großen und Ganzen..."

Das Bürsten hat jetzt etwas Trotziges.

„Was ich meine", fährt er schließlich fort, „ist, daß man selbst auf der Straße so was wie Lebensqualität hat. Wenn man was zu essen hat, zum Beispiel. Einen guten Platz zum Schlafen. Was zu trinken. Hin und wieder mal ´nen Schuß. Solche Sachen." Er sieht mich an. „Komisch, wenn man so darüber nachdenkt. Lebensqualität hat man auch, wenn man im Arsch ist. Vielleicht nur ein bißchen...kleiner. Aber wenn man sich vorstellen soll, was „normale" Lebensqualität ist – das weiß man gar nicht genau."

„Und was ist mit einem geregelten Job, Gehalt, schöne Wohnung oder Familie?" frage ich.

Fred nickt nachdrücklich.

„Genau. So leben wie jeder andere."

Wir putzen schweigend weiter. Schließlich legt er die Bürste weg und sagt: „Ich hab Angst vor der Langeweile. Urlaub im Süden. Tage, die immer gleich sind. Eine Frau, die ich jeden

Tag sehe. Bis an mein Lebensende."

„Klingt furchtbar."

Er überhört meine Ironie und sieht mich ernst an. „Ja, nicht wahr? Das alles klingt gut, aber wo ist der Kick?" Er bürstet wieder und hält dann erneut inne. „Vielleicht mal keine Freunde, die einen abzocken", sagt er nachdenklich. „Saubere Klamotten. Menschen, die höflich zu einem sind. Regelmäßig zum Zahnarzt." Er lacht und zieht mit dem Zeigefinger einen Mundwinkel nach hinten, um mir seinen ruinierten Oberkiefer zu zeigen. Mich schaudert es. Seit Beginn meiner Therapie bin ich beeindruckt vom schlechten Zustand der Gebisse. Ich war seit Jahren nicht mehr beim Zahnarzt, und einer oder zwei meiner Zähne müsste dringend mal überarbeitet werden, aber im Vergleich zum Rest der Patienten ist mein Gebiss das eines Schauspielers.

„Dafür würde es sich lohnen, clean zu sein", schließt er. Mir fällt der Konjunktiv auf. Ich kann seine Unsicherheit verstehen. Allen anderen wird es genauso gehen, egal, wie überzeugt sie ihren Abstinenzwillen äußern. Abstinenz ist unentdecktes Land. Viel mehr als Verzicht auf Alkohol und Drogen. Es ist ein Abschied, und der Beginn einer unsicheren Reise. So stelle ich es mir vor. Lebensqualität ist ein leeres Wort. Man kann es definieren, natürlich, mit Worten, wie sie auf einem Formular stehen könnten: Beruf, Einkommen, stabile Beziehungen, soziale Angepaßtheit und was sonst noch alles im therapeutischen Vokabular zu finden ist. Nur, wenn das alles noch in der Zukunft liegt oder sogar noch nie existierte, ist es etwas Abstraktes, genau so abstrakt wie der Ausdruck „ein besserer Mensch sein". Jeder stellt sich vor, daß dies alles automatisch Glück, Sorglosigkeit und Zufriedenheit bedeutet, das wäre nämlich für mich Lebensqualität. Und wie haben wir Glück, Zufriedenheit und Sorglosigkeit bisher erlebt? Genau. Lebensqualität im Rausch. Der fällt jetzt weg. Und was kommt danach? Logischerweise ein Leben ohne die vertraute Lebensqualität, oder mit einer, die man erst mal suchen muß. Ich meine, man muß erst einmal suchen und dann ausprobieren,

159

wie man mit der neuen Lebensqualität zurechtkommt. Ich zum Beispiel habe keine Ahnung, wie ich glücklich werden kann, ganz einfach, weil ich nicht weiß, was mich glücklich macht. Eine Frau? Ein Job? Ein, wie es so schön heißt, positives Selbstbild? Alles möglich, aber dazu muß ich wissen, wie ich das alles erreiche, was wiederum bedeutet, ich muß es rausfinden, kurz: ich muß ausprobieren, was funktioniert und was nicht. Eine Versuch-und-Irrtum Strategie, die zwangsläufig auch Mißerfolge mit sich bringt. Mißerfolge frustrieren. Das ist das Problem der Abstinenz. Und das Problem von uns Süchtigen ist, daß wir Frustration bisher immer nur auf eine Weise bewältigen konnten, nämlich, indem wir sie sofort, oft schon im Vorfeld, entschärfen oder sie verwandeln. Eigentlich eine tolle Leistung. Aber das funktioniert eben nur mit einer Substanz. Ohne Substanz brauchen wir andere Strategien. Die erste davon ist Aushalten können. Es ist verblüffend, wie wenig wir zum Beispiel Kränkungen und Enttäuschungen aushalten können, wenn wir nüchtern sind. In der Therapie erlebe ich häufig, wie manche meiner Mitpatienten schnell an ihre Grenzen kommen, wenn sie die Erfahrung machen, daß sich ihre manchmal banalen Wünsche nicht sofort erfüllen. Wahrscheinlich liegt der Sinn der strengen Regeln darin, genau diese Frustration kennenzulernen und zu trainieren, diese auszuhalten. Mir fällt noch etwas ein.

„Ist Alkohol für dich Lebensqualität?" frage ich Fred.

„Und ob", antwortet er prompt.

„Dann bedeutet Abstinenz auch Verlust von Lebensqualität."

„Allerdings", sagt er verdrossen. Ich lasse nicht locker.

„Und wieso ist Alkohol Lebensqualität?" frage ich.

„Weil...weil jeder trinkt. Alkohol ist ein Genußmittel. Du kannst ja keine zehn Schritte gehen, ohne daß dir das durch irgendeine Reklame eingebimst wird. Alkohol gehört dazu. Wer keinen Alkohol trinkt, gehört nicht dazu." Er denkt nach.

„Nein, eigentlich bedeutet es: wer keinen Alkohol mehr trinkt, ist irgendwie schräg und gehört deshalb nicht dazu."

„Stimmt", sage ich, „und wer nicht mehr genießt, verliert Lebensqualität."

„Eigentlich komisch", meint Fred, „wie sehr einem die Reklame vorschreibt, was Lebensqualität ist."

Allerdings, denke ich.

„Für euch Drogis ist es bestimmt noch schwerer als für mich", sage ich.

Fred nickt. „Am Anfang schon." Er beginnt, die Schnürsenkel wieder einzufädeln. „Ich kenne kaum einen Junkie, der nicht auf Alkohol umgeschwenkt ist, nachdem er clean wurde, frei nach dem Motto: ich spritz das Zeug nicht, also ist es harmlos. Ging mir ja genauso. Das Vertrackte ist bloß, daß man schließlich mit dem Alk dasselbe Level erreichen will wie mit Drogen, und das haut einen genauso zuverlässig von der Stange. Wer mit Drogen aufhört und stattdessen mit dem Alk anfängt, hat nur getauscht, mehr nicht."

Fred ist fertig mit dem Schuheputzen und stellt sie neben sich auf die Stufen. Er läßt die Bürste in die Putzkiste fallen und streckt sich auf den Stufen aus. Heute Vormittag haben wir Zeit. Die Ausgangsgruppen springen an uns vorbei die Stufen hinunter und winken, um sich abzumelden, zum Bereitschaftsdienst hinauf, der oben am Fensterbrett lehnt.

„Du als Alki", fragt er, „hast du mal dran gedacht, später, nach der Therapie kontrolliert zu trinken?" Das berüchtigte "Kontrollierte Trinken" ist ein Reizthema in der Gruppe. Wenn es aufkommt, wird es immer lebhaft und laut.

„Nein."

„Warum nicht?"

„Weil ich nicht will."

„Glaubst du, daß es funktionieren kann?" Fred dreht sich zur Seite, um mich anzusehen. Ich zucke die Schultern.

„Nein, glaube ich nicht. Lebensqualität und Genußmittel hin oder her; wer abhängig war, kennt Alkohol als Droge und hat ihn nur getrunken, weil er eine Wirkung wollte. Kontrolliertes Trinken ist irgendwie Selbstbetrug. Überleg doch mal. Etwas, das mich fast das Leben gekostet hat, halte ich doch

161

vernünftigerweise auf Abstand. Besonders, wenn ich erlebt habe, daß ich es nicht steuern kann. Und plötzlich komme ich auf die Idee: Ach weißte, diesmal passe ich einfach auf, und deswegen kann ich es in den Griff kriegen? Also wirklich. Wir sind erstklassig darin, uns selbst zu bescheißen."

„Aber es scheint Leute zu geben, bei denen es hinhaut."

„Mag sein. Dann waren sie nicht abhängig, sondern haben nur viel gesoffen. Oder sie glauben, daß es hingehauen hat, weil es längere Zeit gut ging. Sieh mal" - ich ereifere mich - „das Problem ist, daß sie mit ihrer Vernunft etwas kontrollieren wollen, daß sich früher von Vernunft nicht im Geringsten hat stören lassen. Und die, die so denken, das sind zum Teil richtig kluge Leute!"

„So wie du." Fred grinst. Ich lasse mich nicht beirren.

„Genau. Ich glaube, der Wunsch nach kontrolliertem Trinken kommt nicht aus der Vernunft, sondern ist nichts weiter als der Wunsch der Abhängigkeit, nicht ganz kaltgestellt zu werden, und das ist faul."

Fred nickt nachdenklich.

„Klingt verständlich. Ich hab´s auch mal probiert. Drei Monate ging es gut. Jeden Abend ein Bier, am Wochenende drei."

„Und dann?"

„Irgendwann war es mehr, ganz einfach." Er schüttelt den Kopf. „Irgendwann war die Regel „nur ein Bier" aus dem Kopf. Es ist noch nicht einmal etwas passiert, wie ein schlechter Tag oder so. Ich dachte mir einfach, wenn ein Bier nichts ausmacht, dann machen zwei Bier auch nichts. Und wenn zwei Bier nichts machen...na, weißt du ja. Das Bescheuerte an dem ganzen Versuch war, daß ich von dem einen Bier ja gar nichts hatte. Ich meine, was sollte das? Jahrelang hab ich mich zugeknallt, und dann komme ich auf die grandiose Idee, Alkohol zu trinken, um mich *nicht* zuzuknallen. Das ist wie", er wedelt mit den Händen, während er nach Worten sucht, „wie im Kloster leben und trotzdem in den Puff gehen zu wollen. Nur, daß man diesmal dabei die Hose anbehält."

„Ist das unter Drogis eigentlich genauso? Ich meine, die Idee,

162

sich kontrolliert hin und wieder einen Schuß zu setzen oder zu koksen?" frage ich neugierig.

Fred überlegt und dreht sich eine neue Zigarette.

„Klar", sagt er und läßt sein Zippo aufschnappen, „da kenne ich ein paar, die es versucht haben. Geht noch schneller schief."

„Wirklich? Warum?"

„Weil Drogen anders wirken", sagt er, legt den Kopf zurück und bläst Zigarettenrauch durch die Nase. „Es gibt zwar ein kleines Bier, aber ein kleiner Schuß oder eine kleine „Nase", das ist nicht so einfach. Entweder, der Kick ist da, oder eben nicht. Bei Drogen gibt es nur an oder aus. Ein Schuß, der dich nur ein bißchen draufbringt, ist ziemlicher Quatsch. Die meisten, die es kontrolliert versuchen, versuchen eher die Abstände dazwischen zu vergrößern. Einmal im Monat, einmal alles zwei Wochen, so etwas eben. Aber in diesen Abständen hast du „das nächste Mal" als Dauerthema im Kopf, und nichts anderes mehr. Das kann eine ziemliche Quälerei werden. Damit sind wir dann schnell wieder beim Alkohol. Zur Überbrückung. Außerdem bist du als kontrollierter Drogi immer noch mehr oder weniger in der Szene drin. Du mußt das Zeug ja irgendwoher kriegen. In der Szene zu sein und dabei nur ein bißchen drauf, das geht auf die Dauer nicht."

„So gesehen müßte es für Junkies leichter sein, clean zu werden. Sie wissen doch mehr als Alkis, daß es keine Kompromisse gibt."

„So gesehen schon." Freds Augen sind halb geschlossen. Die Hand mit der Zigarette liegt neben seinem Körper auf den Stufen. „Aber wenn du einmal Heroin erlebt hast, hast du den Himmel gesehen. Egal, was dich in deinem Leben später noch erwartet – das bleibt einzigartig, und das weißt du auch. Du läufst durch die Welt und weißt genau, die Tür zum Paradies ist direkt neben dir. Das macht es schwer."

Mir fällt nichts ein, was ich sagen könnte. Ich bin bedrückt, weil ich etwas Resignatives in Freds Worten spüre, ein Eingeständnis seiner Machtlosigkeit, die nichts mit Selbstmitleid zu tun hat, sondern mit Mutlosigkeit. Für einen

163

Moment tut er mir leid. Er spürt ebenfalls den Wechsel der Stimmung und reißt sich zusammen. „Wenn mich jetzt jemand anders gehört hätte, gäbe es richtig Zoff", sagt er verlegen lachend. „Und für mich auch", sage ich heiter, „weil ich nicht sofort die Glocke geläutet habe." Ich will das Gespräch in entspannte Bahnen führen. „Es ist wie mit Erdnüssen", sage ich nachdenklich. „Was?" „Oder eben nicht wie mit Erdnüssen. Und Erdbeeren." „Was???" „Ich meine Allergien", erkläre ich. „Das Ganze ist doch wie mit einer schweren Allergie, wie zum Beispiel gegen, na, eben Erdbeeren oder Erdnüsse. Man isst sie zwar gern, weiß aber, daß sie einen schweren Schock auslösen. Also läßt man es vernünftigerweise. Wenn der Arzt sagt: Finger weg oder es wird gefährlich, hält man sich dran. Es gibt nur einen großen Unterschied zu Alkohol. Wenn ich nämlich Erdnüsse esse, merke ich auf der Stelle, daß es mir schlecht geht. Ich merke, eine Erdnuß essen heißt allergische Reaktion und Notaufnahme. Das bedeutet, sobald ich Erdnüsse in der Hand halte, erinnert mich das sofort an das, was gleich, im nächsten Moment passieren wird. Halte ich im Vergleich dazu aber ein Glas Bier in der Hand, werde ich *nicht* sofort daran erinnert, was unmittelbar passieren wird, weil nach einem Glas nichts Übles passiert. Im Gegenteil. Es passiert etwas Angenehmes. Das Dumme ist doch, daß nach dem ersten Glas noch keine Katastrophe eintrifft. Die Katastrophe kommt immer erst später. Ich mache also immer erst die Erfahrung, daß es gut geht. Die Erfahrung, daß es schlecht geht, mache ich erst nach dem zehnten Bier. Oder am Morgen danach. Aber dann ist es zu spät. Was ich sagen will, ist, daß ich immer, wenn ich versuche, kontrolliert zu trinken, die Erfahrung mache, daß es offensichtlich klappt. Also am Anfang. Und das macht mich sicher. Und wenn ich sicher bin und nichts Schlimmes passiert- na, dann mach ich doch weiter. Ich hab doch nicht vergessen,

daß es auch toll war zu trinken. Da waren schöne Erlebnisse dabei. Und die will ich nicht ganz aufgeben. Nur die schlimmen. Also versuche ich, einen Kompromiß zu finden. Und bleibe wenigstens ein bißchen in der Sucht."
„So ein kleines bißchen restabhängig", sagt Fred grinsend.
„Äh, ja. Aber verstehst du, was ich meine? Wenn wir sofort einen Kater hätten oder Entzugserscheinungen, und der Rausch käme zehn Stunden später, würden wir vielleicht die Finger vom Stoff lassen. Oder gar nicht erst abhängig werden."
Fred nickt, jetzt wieder ernst.
„Deswegen ist es mit dem Alkohol wohl so schwierig", fahre ich fort. „Anders als bei Erdnüssen. Verzicht auf Erdnüsse bedeutet Verzicht auf einen allergischen Schock, und das nehm ich gern in Kauf, und erst dann bedauere ich den Verzicht auf Angenehmes. Verzicht auf Alkohol geht andersrum: Ich bedauere zuerst den Verzicht auf Angenehmes, und das macht mir zu schaffen. Schock und Katastrophe warten irgendwo ganz hinten und sind deswegen im Moment unwichtig."
„Guter Gedanke", sagt Fred. „Die Frage ist nur, ob das jeder begreift. Oder Begreifen will. Ich hab da so meine Zweifel. Jeder denkt schließlich von sich, er sei derjenige, bei dem alles anders ist. Dazu kommt die Vorstellung von lebenslanger Abstinenz, was einen sowieso in Angst und Schrecken versetzt, und zack: die Leute fangen an, mit sich rum zu tricksen."
„Vielleicht sollte man in Therapien nicht von lebenslanger Abstinenz reden."
„Sondern?" Fred sieht mich gespannt an.
„Ich meine, jeder sagt, Abstinenz bedeutet, für den Rest des Lebens nichts mehr trinken. Also nie wieder. Mit so einer Zeitspanne vor Augen denkt sich jeder: o Gott, die nächsten vierzig, fünfzig Jahre kein Tropfen mehr! Das kann sich doch kein Mensch so richtig vorstellen. Höchstens der, der das schon mal mitgemacht hat. Hat von uns aber noch keiner. Das ist so ähnlich, als würde man jemandem sagen, er soll mal 50 Kilometer laufen. Kann ja sein, daß er das sogar schaffen würde, aber das weiß er ja nicht. Wahrscheinlich sagt er, das

wird mir zuviel und läßt es von vornherein. Oder er fängt an und merkt nach den ersten Kilometern, daß es hart wird und gibt auf, weil er noch fünfundvierzig Kilometer vor sich hat und den Mut verliert. Was ich meine, ist: einen Neuling schicke ich doch nicht sofort auf eine Marathonstrecke. Den lasse ich es behutsam angehen. Immer nur eine kurze Strecke vor Augen." Fred kramt einen frischen Tabakbeutel aus seiner Hosentasche. „Da ist was dran", sagt er. „Vierzig Jahre kein Bier mehr, keinen Joint, kein Nichts, da kommt man schon ins Grübeln. Das ist echt ein Marathon."

Er bläst eine Rauchwolke aus. Dann sieht er mich an.

„Was würdest du denn anders machen?" fragt er. „Vielleicht so was wie: immer nur einen Tag vornehmen?"

„Vielleicht", sage ich. „Warum nicht. Aber ich glaube, für mich wäre das nichts. Immer nur ein Tag. Ich meine, immer nur ein Tag! Da hätte ich immer das Gefühl, grade mal 24 Stunden überstanden zu haben, und jetzt kommen die nächsten 24. Da geht's dann immer ums Überstehen."

„Vielen hilft's", räumt Fred ein. „Die Anonymen machen das die ganze Zeit so, soviel ich weiß."

„Klar. Ich sag ja auch nichts dagegen. Für viele ist das bestimmt die beste Art, damit umzugehen. Ich weiß bloß nicht, ob ich das so will. Ich meine, ich will nicht in zehn Jahren immer noch jeden Morgen sagen: wieder ein Tag geschafft!"

„Wieso denn nicht?"

„Weil der Alk irgendwann keine Rolle mehr in meinem Leben spielen soll. Wenn ich mir aber den Rest meines Lebens jeden Tag sage: ich bin wieder stärker als er gewesen, na, dann spielt er den Rest meines Lebens eine Rolle. Eine ziemlich große sogar. Irgendwie bestimmt er dann immer noch mein Leben. Jeden Tag."

„Einmal abhängig, immer abhängig." Fred streckt die Beine aus. „Wir bleiben's nun mal für den Rest unseres Lebens."

„Ich weiß nicht. Das kann es doch nicht sein. Eine Therapie ist dazu da, sich von der Abhängigkeit zu lösen, und dann heißt es: einmal abhängig, immer abhängig? Es müßte doch heißen:

166

einmal abhängig, dann unabhängig. Und das hätte ich gerne. Ein unabhängiges Leben."

Fred sieht mich nachdenklich an, die unangezündete Zigarette im Mundwinkel.

„Weißt du, was ich für eine gute Idee halte?" frage ich.

„Hm?"

„Sich zwei oder drei Jahre Abstinenz vornehmen. Erstmal. Nicht mehr. Und sich dabei ausdrücklich die Möglichkeit offenhalten, danach neu zu entscheiden, ob man trocken bleibt oder wieder trinkt. Ich nehme mir nicht ein ganzes Leben vor, sondern nur einen Teil davon. Das ist nicht so beängstigend. Man denkt sich leichter: das könnte ich schaffen. Wenn ich zwischendurch das Gefühl habe, es wird zu hart, kann ich mich mit dem Gedanken beruhigen, daß ich ja bald wieder darf, und mit dieser Vorstellung kann ich weiter durchhalten. Und wenn die drei Jahre vorbei sind, habe ich eine Menge Erfahrungen gemacht, und zwar nüchtern, hab erfahren, was ich alles schaffen kann, was alles gut ist an Abstinenz, eigentlich, was Abstinenz überhaupt bedeutet, und dann ist die Wahrscheinlichkeit, daß ich mich anschließend fürs Trinken entscheide, vielleicht geringer. Ich kann mir nur schwer vorstellen, daß jemand, der drei Jahre trocken gelebt hat, das freiwillig wieder aufgibt."

Ich sehe ihn an.

Fred legt seinen Kopf wieder zurück und schließt die Augen. Ich beobachte ihn eine Zeit lang. Fast glaube ich, er ist eingeschlafen.

„Und wenn doch", sagt er nach einer Weile ohne die Augen zu öffnen, „dann ist das Cleansein wirklich nichts für ihn."

So leicht, wie ich dachte, kann man ihn wohl doch nicht überfordern.

167

***

Rückfälle während der Therapie passieren zum größten Teil während der Heimfahrten, weit entfernt von schützenden Reglement. Es gibt Rückfälle mit Drogen und Rückfälle mit Alkohol, und obwohl bei beiden kein Unterschied in ihrer „Qualität" gemacht wird, haben sie doch eigene Merkmale. Patienten, die während ihrer Heimfahrt Drogen nehmen, kommen häufig gar nicht erst zurück. Vielleicht liegt es daran, daß der Schock eines Drogenrückfalls eine größere Verunsicherung nach sich zieht, die die sonstige Zuversicht unbarmherziger zusammenfallen läßt, vielleicht ist die Scham größer. Vielleicht liegt es aber auch an einer simplen Kalkulation: nach der Rückkehr werden manchmal, quasi auf Verdacht, Urinkontrollen durchgeführt, um Drogenrückstände erkennen zu können, und die werden aufgespürt, wenn der letzte Konsum am Wochenende stattfand. Rückfällige Patienten ersparen sich häufig die Mühe, eine längere Fahrt ins Schloß zu unternehmen, nur um dann wieder wegfahren zu müssen. Von der Bloßstellung des Ertapptwerdens ganz zu schweigen. Bei Alkohol sieht die Sache anders aus. Alkohol lässt sich durch die Urintests im Schloß nicht nachweisen. Es könnten Atemtests durchgeführt werden, was aber überflüssig wäre, da eine wahrgenommene Fahne als Beweis schon ausreicht. Bluttests werden nicht gemacht. Alkoholkonsum ist leichter zu kalkulieren. Ein Rausch am ersten Abend der Heimfahrt ist, wenn man sich die Faustregel vor Augen führt, daß 0,1 Promille pro Stunde abgebaut werden, am Tag der Rückkehr nicht mehr nachweisbar. Es kommt sehr selten vor, daß jemand mit Restalkohol zurückkommt. Falls dies doch passiert, greift die Regelung, den Betreffenden bis zum nächsten Tag von der Gruppe zu isolieren, das heißt ihm zwei Schatten zur Seite zu stellen und in einem gesonderten Zimmer unterzubringen, bis am nächsten Morgen das weitere Vorgehen entschieden wird. Die Entscheidung Rauswurf oder nicht hängt davon ab, ob ein Rückfall für den Patienten therapeutisch nutzbar ist oder nicht. Nicht nutzbar ist er, wenn er zum Beispiel verleugnet oder vehement bagatellisiert wird. In dem Fall ist er nämlich für Interventionen nicht zugänglich, wie es heißt. Im Schloß erkennen wir in der Regel, wenn „etwas" auf einer Heimfahrt passierte. Wir haben ein gutes Gespür für subtile Veränderungen. Die Rückkehrer sind dann anders. Sie zeigen zwar Unbefangenheit und Selbstsicherheit, aber gleichzeitig auch die typischen Signale, wie einen etwas zu aufmerksamen Blick, der möglichst viel um sie herum registriert, eine minimal erhöhte Körperspannung, und sie versuchen permanent, ihren Wahrnehmungsradius zu vergrößern, kurz, sie haben Angst und beobachten. Die Signale sind, wie gesagt, minimal und unterschwellig, und ich glaube, nur Süchtige können sie erkennen. Das tun wir allerdings zuverlässig. Rückfälle machen jedem von uns Angst, wenn sie passieren. Sie sind ein Phänomen, das die eigene Überzeugung und Sicherheit angreift und Zweifel verursacht. Wir mögen so etwas nicht. Wir sind in der Lage, uns in Gruppen auf theoretischem und deswegen sicherem Gebiet mit Rückfallmodellen zu beschäftigen und tun das auch bereitwillig und interessiert, aber einen Mitpatienten in der Mitte zu haben, der von seinem Rückfall berichtet, beschämt, trotzig, schuldbewusst, ängstlich, das ist eine andere Geschichte. Die Betroffenheit der Patienten ähnelt der Reaktion auf die Mitteilung, man habe Krebs. Und trotzdem ist sie auch anders. Das Auftauchen eines Symptoms irgendeiner anderen Krankheit bietet die Möglichkeit von Mitgefühl und Anteilnahme. Das Auftauchen eines Suchtsymptoms – und was anderes als ein Symptom soll ein Rückfall sein – veranlasst uns, uns zu schützen vor dem Erkennen der eigenen Verletzlichkeit, vor der Möglichkeit, unsere Sicherheit könne ein Irrtum sein. Ich stelle oft fest, daß ein Rückfall durch dieses Schutzbedürfnis bei anderen Patienten eine Distanzierung verursacht, die den Ausdruck von Mitgefühl erschwert. Sucht ist eine eigenartige Krankheit. Das schwierigste an ihr ist, daß ihre wichtigsten Symptome wie bei anderen Krankheiten nicht vorrangig aus Schmerzen und Unglück bestehen, sondern der Möglichkeit, Schmerzen und Unglück vorübergehend zu verhindern - nämlich durch eine Substanz. Welcher normale Mensch kann darin eine schon eine Krankheit erkennen, wenn selbst Betroffene damit Schwierigkeiten haben?

Herrmann der Psychiater fegt in den Gruppenraum, wie immer barfuß. Seine grauen, nach hinten gekämmten Locken glänzen wie eingeölt. Einmal in der Woche wird die gesamte Gruppe in zwei kleinere aufgeteilt. Seit kurzem gehöre ich zu seiner Gruppe, der Gruppe für die Fortgeschrittenen. (Jedenfalls wird sie so von den Patienten genannt. Die Aufteilung hat eher organisatorische Gründe. Man kommt bereits automatisch nach acht Wochen in Herrmanns Gruppe, damit die anderen Therapeuten entlastet werden.) Die andere Gruppe wird abwechselnd von Matthias und Elke geleitet.

Herrmann ist als Therapeut beliebt. Er hat keine Allüren.

„Also, Herrschaften", beginnt er ohne Umschweife, „ich komme grade aus dem Büro von Matthias. Scheint, wir müssen mal wieder über Rückfälle reden. Gibt es jemanden, der sich besonders angesprochen fühlt?" Er fixiert die Runde streng mit zusammengekniffenen Augen. Wir sehen ihn erwartungsvoll an.

„Was ist mit dir?" bellt er und reckt sein Kinn Richtung Andi.

„Wer? Ich?" fragt Andi verdattert. „Ich hatte keinen Rückfall. Also, schon, aber das ist schon eine Woche her. Und ich hab davon schon in der Gruppe erzählt."

„So. Und was hast du erzählt?"

Andi setzt sich unsicher zurecht.

„Naja, ich hatte meine Heimfahrt, hab etwas getrunken, und eigentlich war es das auch schon. Ich denke nicht, daß das noch mal vorkommt."

Herrmann winkt ab. „Ich weiß. Das interessiert mich gar nicht. Was mich interessiert, ist, was genau passierte. Also, fangen wir von vorn an. Wo hast du getrunken?"

„In meiner Stammkneipe."

170

„Wieviel?"

„Zwei Bier."

„Nur zwei? Warum nicht mehr?"

„Weil…was meinst du damit? Ich hab gemerkt, was ich da tue und aufgehört."

Herrmann unterbricht sein Herumtigern. „Woran hast du gemerkt, was du da tust?"

Andi überlegt. „Ich weiß es nicht genau. Mir fiel ein, daß ich am nächsten Tag zurück ins Schloß fahre, und das hat mich wohl gerettet." Herrmann nickt missmutig. „Offensichtlich. Wann fing dein Rückfall an?"

Andi sieht ihn groß an. „Wie meinst du das?"

„Als du das Bier in der Hand hattest? Als du morgens aufgestanden bist?"

„Als ich in die Kneipe ging, wahrscheinlich."

Herrmann schüttelt den Kopf. „Quatsch", sagt er unwirsch. Er geht zur großen Schiefertafel an der Wand und zeichnet eine lange Linie. Etwa auf dem letzten Drittel davon zeichnet er ein X ein.

„Das X da ist der Zeitpunkt, an dem du zwei Bier getrunken hast." Er zeichnet ein weiteres X ein, unmittelbar vor dem ersten. „Und das hier ist der Zeitpunkt, als du in die Kneipe gingst. Der Beginn deines Rückfalls, deiner Einschätzung nach."

Andi nickt.

Herrmann sieht eine halbe Minute auf die Linie mit den X-en, als stünde dort eine komplizierte Formel. Er schüttelt wieder den Kopf. „Nein. Das kann nicht der Beginn sein. Es ist vorher schon einiges passiert, was dazu führte, daß du dich überhaupt auf den Weg gemacht hast. Ich frag mal folgendermaßen: was hat dich dazu gebracht, eine Kneipe aufzusuchen?"

„Na, ich war verabredet."

„Komm schon. Ich bin kein Polizist, der ein Verhör durchführt. Wann hast du dich mit wem verabredet?"

„Ich hab mich mit zwei Freunden verabredet, die ich seit

171

Monaten nicht mehr gesehen habe. Und zwar, mal überlegen, vor vier Wochen ungefähr. Wir haben telefoniert und ausgemacht, daß sie mich zu Hause abholen."

„Ah. Warum abholen? Wohin abholen? Warum wolltet ihr euch nicht bei euch treffen?"

„Das geht schlecht. Bei mir kann man nichts unternehmen. Da können wir in meinem Zimmer rumsitzen und uns langweilen."

„Wer hat entschieden, was ihr an dem Abend tut? Du oder deine Freunde?"

„Meine Freunde. Ich wollte nicht so gern bestimmen, was wir unternehmen, weil ich, also, weil ich das nie in unserer Truppe mache. Wenn das Wetter schön gewesen wäre, wären wir vielleicht in den Park gegangen."

Kurt fragt verwundert: "Hast du in deiner Heimfahrtplanung nicht geschrieben, daß du mit Freunden ins Kino wolltest?"

Andi wird rot. „Das wollte ich auch. Aber dann hatten meine Freunde halt eine andere Idee."

„Und du hast dich zurückgehalten und ihnen die Initiative überlassen." Herrmann sieht ihn mit Diagnoseblick an.

Andi nickt ergeben.

„Weil du ein Weichei bist oder weil du wirklich lieber in eine Kneipe wolltest?" Herrmann zeigt ein blitzschnelles Lächeln.

„Weil ich ein Weichei bin, wahrscheinlich." Andi grinst verlegen.

„Also seid ihr in die Kneipe gegangen, wo man dich gezwungen hat zu trinken."

„Nein! Natürlich nicht. Irgendjemand hat eine Runde ausgegeben, und plötzlich konnte ich nicht mehr so ohne weiteres raus aus der Nummer."

„Wieso denn nicht? Du hättest sagen können: Danke, für mich nicht!" Herrmann schaut ihn verwundert an.

„Das hätte ich wohl", sagt Andi verlegen. „Aber dafür war es dann zu spät. Ich meine, wie hätte das denn ausgesehen? Die anderen hätten sich lustig gemacht, wären sauer worden, die Stimmung hätte in den Keller gehen können... die hätten sich nie mehr mit mir verabredet!"

„Das hätte immerhin den Vorteil, daß du nicht mehr in die Kneipe gehst", wirft Kurt trocken ein.

Herrmann beobachtet Andi einen Moment. Dann sagt er: „Zurück zu meiner Frage: wann fing dein Rückfall an?"

Andi überlegt und zuckt die Schultern.

„Was meint ihr?" fragt Herrmann in die Runde.

„Ich denke, in dem Moment, in dem nicht mehr von Kino die Rede war", meint Miri.

„Und warum?"

„Weil er ab da das Ruder komplett aus der Hand gegeben hat."

„Scheint ja auch so zu sein", mein Herrmann. Er geht zur Tafel, malt ein drittes X an, ziemlich weit vorn auf der Linie und dreht sich wieder zu uns. „Ihr mit euren Rückfallvorstellungen. Ein Rückfall ist nicht der Moment, in dem ihr euch etwas reinpfeift. Ein Rückfall ist manchmal ein ziemlich langer Prozeß." Er zeigt auf das letzte X auf der Linie. „Das hier ist das Ergebnis dieses Prozesses. Wenn es so weit gekommen ist, ist vorher schon eine ganze Menge passiert. Anders ausgedrückt: wenn ihr an diesem Punkt angekommen seid, habt ihr schon viel zu lange gepennt."

„Woran merke ich denn, daß ich anfange zu penne?" frage ich. „Und wann merke ich das?"

„Kann ich dir nicht sagen", antwortet Herrmann erstaunt.

„Ja, aber ich muß mich doch wappnen können? Wie mach ich das am besten?"

„Halt die Augen offen. Als verschlafener Süchtiger hast du keine Chance."

Gelächter.

Mark hebt eine Hand wie in der Schule. „Sag mal", beginnt er, „wie schlimm ist ein Rückfall wirklich? Ich kenne Leute, die jahrelang clean sind, dann haben sie einen Rückfall und alles ist im Arsch. Das kann's doch nicht sein, oder?"

„Nein? Wie sieht's denn der Rest von euch?"

„Also, ich denke, daß ein Rückfall ganz einfach übel ist", meint Kurt.

Herrmann senkt den Kopf und tigert wieder über den

173

Teppichboden. Ich habe noch nie gesehen, daß er sich während einer Gruppe gesetzt hat. Dann bleibt er stehen, als sei ihm plötzlich etwas eingefallen. „Und was, wenn ein Rückfall ein Signal ist, daß euch noch etwas für die Abstinenz fehlt? Dann wäre er doch eine tolle Hilfestellung, oder nicht?"

Wir müssen nachdenken.

„Das mag ja sein", sage ich schließlich, „aber wieso reißt ein Rückfall dann die meisten oft richtig rein und hilft ihnen nicht?"

„Weil die meisten auf eine haarsträubend dumme Weise damit umgehen. Stell dir vor, du hättest einen Herzinfarkt gehabt, wärst in einer Reha gewesen und irgendwann danach spürst du wieder Schmerzen in der Brust. Was tust du?"

„Ich geh ins Krankenhaus oder ruf einen Notarzt."

„Logisch. Jetzt leidest du unter einer Sucht, bist in einer Reha und irgendwann hast du einen Rückfall. Was tust du dann?"

„Dasselbe?"

„Na hoffentlich. Jede größere Stadt hat eine Fachstelle für Leute wie euch. Die meisten tun es nicht. Aus dem einfachen Grund, weil sich nämlich nicht die gleiche Angst wie bei einem Herzinfarkt einstellt. Bedauerlicherweise. Wenn ihr bei einem Rückfall Todesangst hättet, würdet ihr sehr schnell aktiv und hättet langfristig weniger Probleme."

„Ist das nicht ein bisschen zynisch?" fragt Miri.

„Natürlich."

„Könnte man sich diese Angst nicht antrainieren?" fragt Mark.

Wieder ein schnelles Lächeln von Herrmann. „Sei mal nicht so versessen drauf, ein Leben in Angst zu führen. Es reicht, wenn ihr euch einen professionellen Umgang mit eurer Sucht angewöhnt."

„Aber trotzdem", beharrt Mark, „es kommt immer wieder vor, daß Menschen lange clean sind, rückfällig werden und komplett abstürzen. Und das sind nicht alles Dummköpfe, sondern Leute, die eigentlich sonst vernünftig mit ihrer Sucht umgehen. Nur bei einem Rückfall hakt es bei ihnen aus. Glaubst du wirklich, das hat nur was mit fehlender Angst zu tun?"

174

„Nein", sagt Herrmann prompt. „Die haben sich nur die falsche Metapher angeeignet." Er geht erneut zur Tafel und malt eine neue Linie auf, diesmal von links unten nach rechts oben verlaufend. „Ihr habt, wie ich mir denken kann, folgendes Bild einer Abstinenzentwicklung im Kopf: einen langen, dornenreichen Weg, der dem Aufstieg auf einen Berg entspricht. Das ist das übliche Bild, das wir benutzen, wenn wir einen Fortschritt darstellen wollen. Oben auf dem Berg" – er markiert eine Stelle am oberen Ende der Linie – „ist die fortgeschrittene Abstinenz. Nehmen wir mal an, der Rückfall geschieht an dieser Stelle. Laut Metapher stürzt der Bergsteiger ab und fällt wieder ziemlich weit runter ins Tal, in diesem Fall an den Beginn der Abstinenz, dorthin, wo er begonnen hat." Er blickt uns forschend an. Wir nicken.

„Was für ein Quatsch", sagt er ärgerlich. „Vergeßt diese Metapher und nehmt diese hier" – er zeichnet eine horizontale Linie – „einen schlichten Weg geradeaus, der allerdings in unwegsames, weil unbekanntes Gefilde führt. Was in diesem Fall nichts Anderes bedeutet, als daß ihr aufmerksam eure Schritte lenkt und nach Stolperfallen Ausschau haltet. Mit anderen Worten, benehmt euch wie Pfadfinder, die aufpassen, nicht aus Unachtsamkeit zu stürzen und sich die Knochen zu brechen. Wenn ihr diese Metapher im Kopf habt und einen Rückfall fabriziert, fallt ihr zwar hin, aber nicht in die Tiefe. Und was tut jemand, der hingefallen ist?"

„Er steht auf und geht weiter."

„Richtig. Und zwar etwas vorsichtiger."

„Er kann aber auch den Mut verlieren, sich umdrehen und wieder zurückgehen", gibt Mark zu bedenken.

„Aber nur, wenn er allein ist", sagt Andi. „Wenn er jemanden bittet, ihm beim Aufstehen zu helfen und die nächsten paar Meter unter die Arme zu greifen, kriegt er wahrscheinlich wieder genug Mut, um weiterzumarschieren."

***

Mark und Andi sitzen im V-Büro und rauchen. Ich habe geholfen, die monatlichen Kücheneinkäufe im Keller zu deponieren und jetzt eine Viertelstunde Pause. Also schlendere ich rein und setze mich dazu. Im V-Büro hat sonst niemand etwas verloren, und normalerweise wird jeder, der sich unangemeldet hineinwagt wieder rausgeschmissen. Die V-Leute legen Wert auf ihr Hoheitsgebiet, aber wie alle Hoheiten gewähren sie ausgesuchten Leuten gewisse Privilegien, vorausgesetzt, die ausgesuchten Leute werden als ernstzunehmend eingestuft, reden keinen peinlichen Unsinn, und vor allem, sie wissen diese Großzügigkeit auch anzuerkennen. Ich gehöre dazu, und obwohl mich das Majestätengehabe manchmal ärgert, bin ich stolz darauf, mich im Büro relativ frei bewegen zu dürfen. Ich setze mich auf den Schreibtisch.

„Ich dachte, heute kommt ein Neuzugang?" frage ich.

Mark nickt. „Jup. Ist seit ´ner Stunde überfällig. Wahrscheinlich gibt's wieder Stau." Er beugt sich vor und schlägt eine Seite seiner Kladde um.

„Direkt aus dem Knast", sagt er beim Betrachten der Einträge.

„Kennst du ihn?" frage ich. Mark hat mehrmals dort gesessen. Diese Therapie hat er auch direkt von dort angetreten. Er schüttelt den Kopf. „Nee. Muß nach mir gekommen sein. Verlegt von woanders vielleicht. Oder er war nicht lange drin."

Er dreht den Kopf zum Fenster. „Da kommt ein Auto."

Er und Andi stehen auf und gehen nach draußen. Neuzugänge werden von Patienten in Empfang genommen. Die offizielle Aufnahme wird im Verwaltungsbüro erledigt. Ich gehe hinterher. Zwei Beamte in Uniform steigen aus einem dunkelgrünen Transporter, öffnen die Seitentür und lassen einen jungen Mann aussteigen.

„Tag die Herren", sagt einer der Beamten. Andi und Mark nicken gelassen. Sie kennen das schon.

„Hier ist euer Neuer. Chef ist drin?"

Andi nickt erneut und zeigt auf das untere Turmfenster.
„Na prima. Übernehmt ihr?"
„Machen wir."
Die Beamten wenden sich ihrem Fahrgast zu. Dieser steht kerzengrade neben dem Auto und wartet.
„Also, bleib anständig, hörste?" Dann gehen sie ins Haus. Andi nimmt den Koffer und mustert den Neuen freundlich.
„Na denn", sagte er, „willkommen an Bord. Wir gehen mal rein und zeigen dir das eine oder andere. Ich bin Andi, das ist Mark, und das da ist Jürgen."
Der Neue sieht uns der Reihe nach an, jeweils mit einer kleinen, höflichen Verbeugung.
„Wenn ich mich meinerseits vorstellen darf: Mein Name ist Karl Friedrich Aristoteles von Katenberg. Ich bedanke mich für den freundlichen Empfang, der, wie ich anmerken möchte, für mich eine angenehme Überraschung darstellt, da ich leider schon die Erfahrung von rüpelhaften Begrüßungen machen durfte. Ich bitte zunächst um eine kleine Information bezüglich der hiesigen Umgangsformen: wird in diesem Etablissement das konventionelle Sie oder das vertraute Du bevorzugt?"
Andi und Mark sind verdutzt. Nichts in Tonfall, Gestik oder Mimik deutet darauf hin, daß der Neue sich lustig macht. Oder aber er macht es sehr gut. Ich komme neugierig etwas näher.
„Äh, du", sagt Andi. „Wir duzen uns. Auch die Therapeuten."
„Oh, wie angenehm. Das schafft sofort eine Atmosphäre, die einem das Zurechtkommen in einer neuen Umgebung erleichtert, wie ich finde."
Ich sehe ihn mir genauer an. Er hält sich sehr grade, seine Hände stecken nicht in den Hosentaschen, er schafft es tatsächlich, seine Hände an den Seiten hängen zu lassen, ohne linkisch herumzustehen. Er trägt einen Backenbart, wie es Seeleute auf alten Bildern, die ich mal gesehen habe, tun. Seine Augen sind groß, hellblau und nicht einfach nur wach, sondern zeigen eine stille, ununterbrochene Begeisterung über was auch immer.
„Und um die Kommunikation unter uns zu erleichtern", fährt er

fort, "schlage ich vor, daß ihr mich Kati nennt."
Wir gehen ins Haus. Mir fällt auf, daß Kati keinen Blick auf die
Umgebung oder das Haus wirft.

***

Ich bin nie verprügelt worden, kennen keinen Missbrauch,
meine Eltern lebten in einem angemessenen sozial erwünschten
Rahmen. In der Therapie bin ich deswegen fast ein Exot. Meine
bisherige Lebensführung war mir lange Zeit unangenehm, da
sie mir im Vergleich zu der meiner Mitpatienten durch ihre
Ereignislosigkeit ein umso größerer Beweis für mein
grundsätzliches Unvermögen zu Initiative und Energie zu sein
schien. Meine Mitpatienten können auf Erfahrungen
zurückblicken, die ich anfangs mit Bewunderung und Ehrfurcht
zur Kenntnis nehme, weil ich paradoxerweise den Umstand, im
Gefängnis gewesen zu sein, als Beweis für die Konsequenz
einer freien, unbeschränkten und vor allem aktiven
Lebensführung sehe. Drogensucht hat in meinen Augen immer
noch das Flair einer Ungebundenheit, die sich nun mal nur
außerhalb von allen Konventionen leben läßt. Den Geschichten
abends auf dem Zimmer oder in den Gruppen höre ich nach wie
vor mit Staunen zu, gebannt durch geschilderte Erlebnissen, die
durch Lässigkeit und vorgespielter Kaltschnäuzigkeit umso
beeindruckender sind. Es dauert Wochen, bis meine Ehrfurcht
nachläßt und ich beginne, die Lebensgeschichten aus einiger
Distanz zu betrachten. Aus dieser Distanz merke ich mehr und
mehr, dass die geschilderten Erfahrungen meiner Mitpatienten,
die mit einem Habitus von Abgebrühtheit und Stolz berichtet
werden, letztlich alle Eingeständnisse von Mißerfolgen sind,
eines großen Scheiterns, das so selbstverständlich geworden ist
wie ein Lebenscredo. Die Geschichten sind allesamt
spannender als meine, aber sonst gleichen sie meiner eigenen.
Das Leben wurde geführt bis zu einem Punkt, an dem man
feststellte, so kann es nicht weitergehen, etwas muß sich
ändern. Dieses etwas, das sich ändern muß... Ich habe eine

Ahnung, daß der Wunsch oder die an sich selbst gestellte Aufforderung, sich zu ändern (ich habe in den ersten zwei Wochen, in denen ich hier bin, mindestens einmal am Tag das mantraartige „Du musst dein Leben ändern" oder „Ich muß mich ändern" oder ähnliches gehört), ein zwar sehr ernsthaft gemeinter Wunsch ist, aber niemand so recht weiß, was das eigentlich genau bedeutet. Wie ändere ich mich? Oder mein Leben? Die größte Schwierigkeit ist doch die, daß wir nicht losgelöst von allem anderen leben. Jede meiner Veränderung zieht eine Veränderung derjenigen Menschen nach sich, die zu meinem Leben gehören. Vielleicht ist die Veränderung nicht grundsätzlicher Art, aber trotzdem stehen Menschen, die mir nahe sind, plötzlich vor der Aufgabe, sich den neuen Gegebenheiten anzupassen. Und das kann sie verstören. Nehmen wir ein einfaches Beispiel: Ich beschließe, mich gesund zu ernähren, viel Gemüse, Ballaststoffe, wenig Fett. Dann werden sich möglicherweise zu Hause die Mahlzeiten ändern, weil meine Familie von meinem Vorhaben weiß und es unterstützt. Vielleicht ändert sie ebenfalls ihren Speiseplan und passt sich mir an, sei es, weil meine Familie sich prinzipiell und ohne nachzudenken mit mir solidarisch erklären will, sei es, weil sie mein Vorhaben vernünftig findet und deswegen für sich selbst übernimmt. Vielleicht tut sie es, weil sie mit mir nicht in einen Konflikt geraten und einfach nur ihre Ruhe haben will. Vielleicht bekomme ich eine Extramahlzeit, vielleicht wird mein Wunsch schlicht ignoriert, und ich muß sogar woanders essen. Vielleicht scheue ich aber den Konflikt und verzichte auf meinen Plan der Veränderung.

Mir wird das zum ersten Mal klar, als Miri Thema im Plenum ist. Im Plenum erzählen Patienten ihre Suchtgeschichte. Die meisten melden sich dafür freiwillig. Viele von den Geschichten ähneln sich. Das Publikum hat den Ehrgeiz, nicht nur zuzuhören, sondern ernsthaft Theorien darüber aufzustellen, wie es zur Sucht kommen musste und welche Maßnahmen zukünftig notwendig sind. Sie sind sehr bereit, sich als Experten ansprechen zu lassen, die sie in gewisser

Weise zweifellos sind. Einige der Geschichten beeindrucken mich mehr als andere, manchmal grade deshalb, weil sie so gar nicht dramatisch klingen. So wie Miris. Miri ist ein junges Ding aus dem Ruhrgebiet, grade mal 18 Jahre alt und die jüngste Patientin. Seit fünf Jahren schluckt sie Pillen und seit zwei Jahren nimmt sie Heroin, bis sie mal beim Dealen erwischt wurde. Ihren Vater kennt sie nicht, Geschwister hat sie keine. Sie sieht nicht aus wie ein Junkie, aber das liegt wahrscheinlich noch an ihrer Jugend. Ihre Zähne sind noch schön, ihre Haut auch, die Arme sind kaum vernarbt. Ihre Mutter gab ihr deutlich zu verstehen, sie habe eine Therapie beginnen müssen, weil sie wegen Miri Depressionen bekommen habe. Miri erwähnt das beiläufig in ihrer Geschichte, und ich hätte es fast überhört. Die Reaktionen der Gruppe sind eindeutig mit Miri solidarisch. Die allgemeine Haltung ist klar. Seiner Tochter deutlich zu sagen, sie sei nicht nur eine Belastung, sondern Verursacher einer Krankheit, ist ein starkes Stück. Für die Patienten sagt das mehr über die Mutter als über Miri aus.

„Dreckstück", sagt Mick und meint Miris Mutter.

Ich sehe zu Matthias, der diesmal die Gruppe leitet. Matthias beobachtet schweigend und aufmerksam.

„Genau", sagt Freddie, „eigentlich gehört sie in Therapie, und nicht du."

„Sagen wir, sie beide", lenkt Andi ein.

„Was soll ich denn machen?" fragt Miri, „ich hab ja schon mal mit den Drogen aufgehört. Das Ende vom Lied war, ich konnte mir die ganze Zeit anhören, dass das jetzt auch nichts mehr ändern würde. Der Schaden wäre schon zu groß. Ihr habt keine Ahnung, wie oft ich schon mit ihr geredet habe." Sie fängt an zu weinen. Miri ist zum herzerweichendsten Weinen fähig, das ich kenne.

„Was hast du vor, wenn die Therapie vorbei ist?" fragt Matthias. Auf die Tränen geht er nicht ein. „Zurück nach Hause?"

„Was soll ich sonst machen?"

„Du könntest ausziehen", sagt Mark.

Miri schnieft. „Das werde ich auch", sagt sie.
„Wirklich?" fragt Matthias. „Und dann?"
„Wie und dann?" fragt Miri verwundert.
„Was sagt deine Mutter dazu?"
„Ich weiß nicht...sie wird es nicht wollen, denke ich. Ist mir egal." Sie fängt wieder an zu weinen.
„So ganz egal scheint es dir ja nicht zu sein", sagt Freddie.
„Doch", sagt Miri trotzig, „aber sie ist allein. Sie hat ja nur mich."
Matthias nickt. „Geht es ihr mit dir besser, als wenn sie allein ist?" fragte er.
„Ja", schnieft sie.
„Aber sie sagt, du machst sie krank?"
Miri ist verwirrt und vergißt das Weinen. „Vielleicht sollte ich doch nicht ausziehen", meint sie unsicher.
„Vielleicht", wiederholt Matthias. „Und wie wird es dir damit gehen?"
„Na schlecht natürlich." Wieder weint sie.
„Laß das Weinen jetzt mal sein", sagt Matthias ruhig. „Du hast nur eine Möglichkeit, wenn du clean bleiben willst. Das ist dir auch klar, denke ich. Ihr werdet beide mit deiner Sucht nicht fertig, du und deine Mutter. Aber ihr habt euch beide arrangiert. Ein gut eingespieltes Team. Ihr zwei seid ein Bündnis eingegangen. Die Sucht hat dabei den Part übernommen, euch zusammen zu bringen. Das habt ihr beiden im Grunde ganz klar erkannt. Solange du süchtig bist, ist deine Mutter auf dich konzentriert, und du sorgst durch die Sucht dafür, daß es so bleibt. Auf eine unglückliche Weise steht ihr euch dadurch sehr nahe. Ihr braucht euch beide."
Schweigen. Pit räuspert sich.
„Wenn dir jemand sagt, du bist die Ursache dafür, daß er krank wird, ist das ja fast ein Kompliment", sagt er halblaut. „So viel Bedeutung muß man erst mal für jemanden haben."
„Na, danke", sagt Miri trocken und putzt sich die Nase.
Matthias lacht. „Aber da ist was dran." Er wird wieder ernst.
„Mark hat recht: geh zurück, und du bleibst ein Junkie. Mit den

181

Drogen aufhören kannst du zu Hause nicht, weil du dich dadurch von deiner Mutter entfernst, und das hältst du nicht aus. Das haltet ihr beide nicht aus, solange ihr zusammenlebt. Du kannst nur ausziehen."

Er macht wieder eine Pause und sieht sie an. „Du mußt eine Entscheidung treffen. Nicht jetzt. Aber irgendwann."

Erneutes Schweigen. Miri sitzt grade auf ihrem Stuhl, den Blick auf den Boden gerichtet. „Vielleicht ändert sich meine Mutter..." sagt sie.

„Na sicher", höre ich Helen murmeln.

„Deine Chancen auf Veränderung sind größer als ihre", sagt Matthias.

Miri nickt mehrmals langsam. „Ich muß drüber nachdenken", sagt sie.

Matthias nickt langsam. „Das mußt du. Nur: um eine Entscheidung kommst du nicht herum".

Die Gruppe ist zu Ende, die Patienten gehen wieder an ihre Aufgaben.

Beim Rausgehen höre ich den anderen zu.

„Er ist ja manchmal direkt", sagt Rolf. Er meint Matthias.

„Ich kenne ihn noch viel direkter", meint Chris. „Aber er hat doch recht, oder?"

„Klar hat er recht. Aber die Entscheidung ist ja nicht ohne. Bleib bei deiner Mutter und nimm Drogen oder zieh aus und werde vielleicht clean, aber einsam. Ich weiß nicht. Miri ist doch fast noch ein Kind."

„Er hat nicht gesagt, daß sie einsam wird."

„Glaubst du nicht, daß das passiert?"

„Möglich. Wenigstens am Anfang. Keiner hat gesagt, daß Cleansein glücklich macht."

„Jedenfalls am Anfang nicht."

„Und später?"

***

Ich bin eingeteilt, die Werkstatt aufzuräumen. Wir bekommen eine neue Drehbank, dafür muß ziemlich viel Krempel umgeräumt werden. Während ich Holzlatten und Bretter stapele, denke ich über Miri und ihre Mutter nach. Was Matthias sagte, war doch nichts Anderes als ein entweder – oder. Sie muß eine Entscheidung treffen. So wie wir alle. Und das habe ich hier mitgekriegt: Entscheidungen und Sucht vertragen sich nicht so gut. Vielleicht liegt es daran, daß wir verlernt haben, Entscheidungen zu fällen. Vielleicht ist genau das das Gute an der Sucht, daß Entscheidungen nicht mehr getroffen werden müssen, solange man berauscht ist. Oder nicht mehr möglich sind. Das erspart einem viele Irrtümer. Ich habe, als ich trank, kaum etwas entschieden. Gut, Kleinigkeiten vielleicht, notwendige Alltagsdinge, wie welche Hose ziehe ich an oder muß ich mich rasieren, obwohl das in den letzten Jahren auch nicht mehr so furchtbar wichtig war. Aber Entscheidungen, die wirklich Bedeutung hatten... Ich erinnere mich nicht. Wirklich bedeutsame Entscheidungen hätten immer Konsequenzen auf mein Trinken gehabt, und da das unangreifbar bleiben mußte, gab es keine. Vielleicht konnte Miri deshalb bis heute keine Entscheidung fällen. Das heißt, sie hatte ja eine gefällt. Sie blieb bei ihrer Mutter und nahm Drogen, und das ist dummerweise leider die leichtere Entscheidung.

Was würde mit mir geschehen, wenn ich zurückgehe? Was müßte ich ändern? Welche Rolle habe ich in der Familie? Und wie würde sich die Familie ändern, wenn ich mich ändere? Will ich überhaupt, daß sich meine Familie ändert? Ich will dort nicht mehr leben, aber allein die Entscheidung, daß das nicht mehr in Frage kommt, bedeutet schon Veränderung für sie. Bin ich dann der verlorene Sohn? Der Kranke? Werden sie froh sein, wenn ich wegbleibe, weil sie sich nicht mit mir

beschäftigen müssen? Bin ich das schwarze Schaf? Ich setze mich auf die Werkbank, um eine Pause zu machen. Draußen vor der Werkstatt fegt jemand den Weg. Ich hoffe, er kommt nicht rein. Ich will mich jetzt nicht unterhalten. Die meisten hier haben vor, nach der Therapie in eine andere Stadt zu ziehen. Sagen sie jedenfalls. Ich habe den Verdacht, einige sagen es, weil sie wissen, es ist das vernünftigste, was sie tun können, aber ihre Vorstellungen basieren vermutlich eher auf Hoffnungen als auf durchdachten Abwägungen. Natürlich könnte man umziehen, in eine fremde Stadt, und dort neu anfangen mit neuen Freunden und Kollegen und Nachbarn. Ich glaube allerdings, dass das auch nicht der Stein der Weisen ist. Man kennt zwar nichts und niemanden und würde, was das angeht, wirklich bei Null anfangen, als unbeschriebenes Blatt, sozusagen ohne Altlasten. Aber ich glaube, man würde, um zurechtzukommen, genau das Gleiche tun, was man bisher getan hat, sich nämlich dieselbe Sorte Menschen wie früher aussuchen, ähnliche Orte aufsuchen wie die, an denen man sich wohlgefühlt hat, die gleiche Langeweile bei den gleichen Gelegenheiten wie früher verspüren undsoweiter. Man könnte sich fest vornehmen, diesmal alles ganz anders zu machen, das heißt, man sucht sich genau die Menschen nicht aus, die man bisher vorgezogen hat, sondern die, mit denen man vorher nichts zu tun hatte, geht an die Orte, an denen man früher nie war, und das ist alles schön und gut, aber was genau macht man dann dort? Es gibt einen Grund, warum man all das früher schon nicht getan hat, nämlich, weil es nicht zu einem gepaßt hat, weil es völlig fremd war, weil es einem nicht gefiel, weil es einfach nicht die eigene Welt war. Zugegeben, die eigene Welt war eine süchtige Welt, aber sie war vertraut. Und plötzlich, in einer nicht - süchtigen Welt, soll alles gut werden, nur, weil man umzieht? Ich glaube, man wird stattdessen erleben, wie unvertraut alles ist, beängstigend, unsicher, und das macht Angst. Und einsam. Eine üble Kombination für Süchtige.
Wie soll ich zum Beispiel neue Menschen kennenlernen, wenn

ich schüchtern bin? In Kneipen ist das kein Problem. „Hast du Feuer?" „Trinken wir einen zusammen!" Mehr ist gar nicht nötig, und Gespräch und Bekanntschaft sind eröffnet. Kneipen sind eine tolle Erfindung. Man geht nicht hin, um zu trinken, sondern um zu trinken und nicht allein zu sein. Was mache ich, wenn ich nicht mehr in Kneipen gehen will? Ins Museum gehen? Oder jeden Abend ins Kino? Allein? Da merke ich dann so richtig, dass ich einsam bin. Das muß man erst mal aushalten. Und sich darauf vorbereiten, daß man das aushalten muß. Außerdem kostet das alles auch Geld, Geld, das ich ausgebe mit dem Ergebnis, hinterher frustriert zu sein. Mit viel Geld ist es vielleicht einfacher, sein Leben zu ändern. Mit viel Geld kann man sich aussuchen, mit wem man es zu tun haben will. Dann sind viele Leute froh, wenn man sich um deren Freundschaft bemüht. Die Auswahl ist größer. Ohne Geld hat man nur sich selbst, und wenn man von diesem Selbst ohnehin nicht viel hält, dann schraubt man seine Vorstellungen, was neue Bekanntschaften angeht, ordentlich runter, das heißt, man trifft sich mit Leuten, die auch nicht viel von sich halten. Unter Lahmen ist ein anderer Lahmer kein Krüppel. Oder man sucht sich im Gegenteil Menschen aus, die über einem stehen und jemanden brauchen, der unter ihnen steht. Es gibt ja Leute, die ihre Stärke nur beweisen können, wenn ein Schwacher in ihrer Nähe ist. Und der Schwache braucht den Starken, damit er sagen kann, dagegen kann ich eh nicht ankommen, also kann ich schwach bleiben, dafür bekomme ich die Sicherheit, nicht versagen zu müssen. Ich habe gar nichts gegen Schwäche, aber ich glaube, daß das Wort andauernd fürchterlich falsch verstanden und mißbraucht wird. Schwäche ist schlecht, und Stärke ist gut, so denkt man doch. Ich hab das früher oft erlebt in den Rudelhierarchien im Werk. Stärke bedeutete sich durchsetzen, niemanden um Unterstützung bitten, keine Kompromisse nötig zu haben, von anderen dafür respektiert und gefürchtet zu werden. Stärke bedeutet, sich nicht anzweifeln zu lassen und auch keine Selbstzweifel zu haben. So wollte ich auch mal sein. Jetzt bin ich mir nicht mehr so sicher.

185

Ich schraube meine Wasserflasche auf und trinke einen Schluck. Es ist verboten, aus der Flasche zu trinken, weil das eine typische Alkoholikergeste ist. Ich habe vergessen, mir ein Glas mitzunehmen. Dafür könnte ich richtig Ärger kriegen. Konsequenterweise sollte man dann auch verbieten, im Stehen zu trinken. Als ich noch in Kneipen war, habe ich mich beim Trinken so gut wie nie hingesetzt. Komisch, denke ich. Noch vor kurzem habe ich Stärke genauso gesehen. Aber jetzt glaube ich eher, alles ist eine Sache des Mutes. Seine Ansprüche und Wünsche durchzusetzen ist, wenn man die nötigen Voraussetzungen mitbringt, keine Kunst. Es ist sogar leicht. Aber es braucht viel mehr dazu, sich zu entschließen, seine Angst und Bequemlichkeit nicht länger als die einzigen Autoritäten anzuerkennen und sich nicht von ihnen beschränken zu lassen. Vielleicht ist das wahre Stärke. Vor dem Fenster taucht Chris' Kopf kurz im Profil auf und verschwindet wieder. Er ist es also, der fegt. Chris fegt jetzt schon eine halbe Stunde. Der Weg vor der Werkstatt ist fünf Meter lang und einen Meter breit. Eine Arbeit von fünf Minuten. Wenn es keinem auffällt, kann Chris bis heute Abend weiterfegen. Chris hatte in seiner Drogenzeit immer Geld, überlege ich. Manche der Drogenleute hatten mit großen Summen zu tun und zumindest in finanzieller Hinsicht ein nicht unangenehmes Leben. Die werden später noch ein ganz anderes Problem haben, überlege ich. Cleansein bedeutet für sie enorme finanzielle Einschränkungen. Plötzlich nur den finanziellen Standard zur Verfügung zu haben muß enorm frustrierend sein, wenn man früher einen Porsche fuhr, und wenn man dazu noch weiß, wie leicht man zu Geld kommt, steigt die Wahrscheinlichkeit für einen Rückfall noch mal an. So gesehen bin ich ganz gut dran, denke ich und rutsche wieder von der Werkbank herunter, um weiterzuarbeiten. Ich kenne Einsamkeit und hatte nie Geld. Ideale Startbedingungen.

***

„Weshalb bist du eigentlich hier?" fragt mich Kati beim Frühstück. Es ist Mittwochmorgen. Seit ich im Schloß bin, habe ich Hunger. Bis ich ins Krankenhaus eingeliefert wurde, habe ich keinen großen Wert auf Essen gelegt, schon gar nicht auf regelmäßige Mahlzeiten. Jetzt freue ich mich darauf. Ich hatte bisher nie Lust darauf, also nie das sinnliche Bedürfnis, Hunger mit Genuß zu stillen.

„Was meinst du damit?" frage ich zurück. „Ich hab getrunken. Weißt du doch."

„Jaja." Er winkt vage ab. „Das ist nicht mein Anliegen. Was ich meine, ist: hat dich die Justiz genötigt, an diesem Unterfangen teilzunehmen? Oder eine amtliche Behörde, wie das Amt für Familienangelegenheiten? Gibt es eine Ehegattin, die den Fortbestand der Beziehung vom glücklichen Ausgang dieser Maßnahme abhängig macht?"

Ich amüsiere mich schon längst mich mehr über Katis Sprache. Niemand tut das. Sie ist eine Eigenheit, die so offensichtlich von ihm bis in die letzte Zelle seines Körpers verinnerlicht worden ist, daß der Gedanke an eine Fassade gar nicht mehr auftritt. Die anfängliche Verwunderung, die manche Neulinge zeigen, läßt immer schnell nach, vor allem, da Kati die Sympathie fast der ganzen Gruppe genießt und gleichzeitig bei jedem den Impuls auslöst, ihn zu schützen, was mir umso mehr auffällt, da er sich niemals hilflos zeigt. Er sitzt schräg neben mir, hoch aufgerichtet in seinem Stuhl, ohne sich anzulehnen und bestreicht mit gelassener Konzentration sein Brötchen.

„Nein", sage ich, „ich bin freiwillig hier."

An meinem Tisch sitzen Mark, Kati, Robbie, der letzte Woche dazukam, Pit, Harry und ich.

Robbie sieht mich prüfend an. Und skeptisch. „Im Ernst?" fragt er.

„Im Ernst." Mein Stolz meldet sich. „Ich bin fast gestorben", sage ich. „Ich war drei Monate im Krankenhaus. Man muß schon schwer gestört sein, wenn man dann nicht aufhört."

Robbie nickt nachdenklich und scheint das zu akzeptieren. Junkies gehen meistens in eine Therapie, um Gefängnis zu vermeiden oder Haftstrafen zu verkürzen. Die Gründe der Alkis sind Eheprobleme, Probleme mit dem Arbeitgeber, Gesundheit, mit anderen Worten: langweilige Bagatellen. Die Art der Gründe, die zu einer Therapie führten, haben eine nicht unerheblichen Einfluß auf die hierarchische Position in der Gruppe. Alkis sind häufig im unteren Drittel.

"Wir hatten schon mal einen hier, der freiwillig gekommen ist", sagt Pit und kaut nachdenklich seinen Toast. Er steht steht kurz vor dem Übergang ins Entlassungshaus und ist daher einer der Ältesten.

„Bill hieß er. Das war aber auch lange Zeit der einzige."

"Stimmt", sagt Harald, „der hat's aber auch nicht gepackt, wie ich gehört habe."

„Ach. Wieso?"

„Hat mit den Drogen aufgehört, weil er von der Szene wegwollte, und stattdessen mit dem Saufen angefangen. Das aber richtig. Hat ihm den Rest gegeben."

„Ist er tot?"

„Vor ein paar Wochen gestorben. Matthias sagte, Bills Bruder habe hier im Büro angerufen. Bill hat sein Auto vor einen Brückenpfeiler gesetzt. Sturzbetrunken. Wahrscheinlich war's Absicht."

„Schade um ihn. Der war ganz in Ordnung."

Die Viertelstunde Pflichtzeit für das Frühstück ist um. Wir gehen nach draußen, bis die Zeit für den morgendlichen Hausputz beginnt.

Auf der Treppe werden die ersten Zigaretten angesteckt. Nach und nach kommen die anderen. Es bilden sich die üblichen Grüppchen. Ich sitze zusammen mit Mark, Pit, Harald und Kati.

„Es heißt immer, man muß von sich aus eine Therapie wollen", sagt Harald, „sonst bringt sie nichts. Meint ihr das auch?"

„Klar", sagt Pit. „man muß dahinterstehen. Wenn ich was

188

mache, weil ich es machen muß, tu ich nur so als ob. Dann mach ich mir was vor".

„Aber hier muß doch jeder?"

„Naja", sagt Mark, „klar, alle sind hier, weil sie müssen. Das würde strenggenommen heißen, für alle bringt die Therapie nichts. Aber so ist es ja nicht. Schaut euch mal um. Jeder, der herkommt, kriegt früher oder später den Dreh und ändert sich. Oder meinst du, jeder spielt hier was vor?"

„Ich glaub, man kommt erst unfreiwillig her und macht dann freiwillig weiter, weil man merkt, daß es was bringt", sagt Pit. „bringt ja auch wirklich mehr als Knast. Ich glaub, früher oder später ist hier jeder motiviert. Und die, die es nicht sind, fliegen raus. Oder brechen ab."

Mark sieht mich an. Er ist immer interessiert an meinen Überlegungen und macht daraus keinen Hehl, und ich vermute, es gefällt ihm, daß ich zwar mehr Schulbildung als die meisten hier habe, aber offenbar keinen Wert darauf lege. Er achtet sehr genau darauf, wie sich jemand präsentiert, und macht sich offen über jeden lustig, der mehr darstellen möchte, als er eigentlich ist.

Ich überlege und nicke langsam mit dem Kopf, um zu signalisieren, daß ich einen Moment Zeit brauche. Die anderen warten höflich.

„Ich denke, es ist völlig egal, ob jemand freiwillig eine Therapie macht oder nicht", sage ich. „Vielleicht ist es sogar besser, wenn jemand unfreiwillig kommt." Ich schaue kurz die anderen an, um zu sehen, wie sie reagieren. Ich habe, wie stets, die vage Sorge, mich unbeholfen auszudrücken und unbeabsichtigt persönliche Grenzen zu übertreten. Sie bleiben ernst und hören zu. Ich werde mutiger und komme in Fahrt.

„Ich denke mir das so: wenn jemand mit dem ernsthaften Vorhaben herkommt, mit dem Saufen oder Junken oder was auch immer aufzuhören, ist ihm ja schon klar, was er will. Vielleicht ist er sich noch nicht so sicher, wie das laufen soll, aber er muss sich nicht mit Zweifeln rumschlagen, wie will ich wirklich, will ich nicht, lohnt es sich überhaupt undsoweiter..

189

Die anderen, die Unfreiwilligen, die haben auch keine Zweifel, aber eben anders, weil sie, jedenfalls am Anfang, vorhaben, nach der Therapie, wenn der Knast nicht mehr droht, in aller Ruhe weiterzumachen, aber: die werden hier dauernd gefordert, etwas zu tun, was gegen ihre innere Junkieeinstellung steht, und auf diese Weise müssen sie sich, auch noch quasi öffentlich, immer in Frage stellen. Und darauf kommt's an, glaube ich. Wenn man sich dauernd in Frage stellen muß, dann lernt man sich auch kennen. Ist doch logisch. Wer sich sicher ist, hört auf zu suchen. Der findet aber auch nichts Neues mehr."

„Da ist was dran", meint Harald.

„Das würde, deinen Ausführungen nach, die Schlußfolgerung zulassen, daß manche Sicherheit zu früh entstand", sagt Kati. „Was wiederum die Frage aufwirft, wann man sich denn überhaupt sicher sein dürfe." Er sieht mich an.

„Weiß ich auch nicht so genau", sage ich. „Vielleicht nie. Ich glaube, es ist eine Frage der Entscheidungen. Paß auf: Wenn du dir unsicher bist, willst du etwas finden, das dir Sicherheit gibt. Stell dir vor, du willst dir ein Auto kaufen. Du gehst zu einem Autohändler und fragst ihn, was er dir empfiehlt. Der Händler sagt dir: nimm das da, das ist gut. Was machst du? Kaufst du das Auto? Natürlich nicht. Du fragst ihn erst einmal: was kostet der Wagen, was verbraucht er, was gibt's serienmäßig dazu. Dann sagst du Schönen Dank und läßt dir noch einen zeigen oder gehst zu einem anderen Händler, um zu vergleichen. Und erst dann entscheidest du dich."

Kati nickt nachdenklich.

„Mit der Abstinenz und dem Draufsein ist das nicht viel anders. Du suchst erst einmal so viele Informationen zusammen, wie es geht. Damit meine ich Informationen über das, was für dich an Abstinenz in Frage kommt, was du so brauchst, was man dir in der Therapie so erzählt, was du investieren mußt, wie hoch Kosten und Gewinn sind meinetwegen. Das Ganze vergleichst du mit der Sucht, also mit dem Alternativmodell. Je mehr Informationen du hast, desto besser. Und dann fällst du eine Entscheidung. Entscheidungen trifft man, indem man Pro und

Kontra abwägt. Was ich sagen will, ist: diejenigen, die von einem Richter hergeschickt wurden, fällen vielleicht eine klarere Entscheidung, weil sie gezwungen werden, abzuwägen."
Die andern denken darüber nach.
„Und noch was", fahre ich fort, „freiwillige und unfreiwillige Therapie, das ist, glaube ich, so ähnlich wie mit dem Autofahren. Wenn wir den Führerschein machen, kommt es nicht darauf an, ob wir freiwillig Fahrstunden nehmen oder gezwungen werden. Nach zehn, fünfzehn Stunden können wir fahren. Für die Prüfung macht das keinen Unterschied. Selbst, wenn ich nur so tue, als ob, eigne ich mir die Fertigkeiten an."
„Fragt sich nur, ob man Fahrschule und Therapie vergleichen kann", gibt Harald zu bedenken
„Na klar!", sagt Mark. „das ist genau das gleiche!" Er gerät in Eifer. „Überlegt doch mal. Hier im Schloß sollen wir unser Verhalten ändern. Na gut, wir wollen es ändern. Das heißt ja nicht nur, daß wir aufhören, irgendwelche Chemie in uns reinzupumpen oder" – mit einem Blick zu mir - „ andere lustige Sachen, sondern auch, daß wir anders reden als Junkies, uns anders anziehen, wenn wir rausgehen, woanders hingehen als früher und uns sogar anders bewegen. Denkt mal an die Gruppe letzte Woche, in der Bernie vormachen sollte, welche Körperhaltung ein Junkie hat und welche, wenn man clean ist. Ich hab's danach auch probiert, und es gibt wirklich Unterschiede. Junkies checken ab, beobachten, machen sich klein, sind immer auf Alarm. Wenn sie nicht grade bedröhnt sind."
„Stimmt", fällt Pit ein", „außerdem ist die Wortwahl anders, und weil man sich unter seinesgleichen bewegt, fallen die guten Manieren weg."
„Ich weiß nicht", meint Pit skeptisch, „ob die Unterschiede wirklich so groß sind... Das klingt, als wären Süchtige komplett anders."
„Sind sie auch", sagt Mark mit Überzeugung, „sie achten nicht auf Pünktlichkeit, weil das nur in einem geregelten Leben

wichtig ist, sparen nicht für einen Kühlschrank, planen nicht, kümmern sich nicht drum, ob sie beliebt sind, erwarten keinen Respekt..."

„Sie verlernen einiges", stimme ich zu. „oder kommen nicht dazu, zu lernen."

„Ganz genau", bestätigt Pit.

„Und was hat das Ganze mit Autofahren zu tun?" fragt Harry verständnislos.

„Na, ganz einfach. Wenn man clean werden will, muß man wahrscheinlich auch lernen, den Körper anders zu bewegen. Eine andere Haltung, ein anderer Gang, ein anderer Blick. Anderes denken. Nicht mehr nur bis zum nächsten Kick, sondern ...längerfristig. Sich nicht mehr verkriechen, sondern..." Mark schnipst ungeduldig mit den Fingern.

„Sichtbar werden", sage ich.

Mark nickt. „Und vorausschauend. Wie beim Autofahren", schließt er zufrieden.

„Einschließlich der Verkehrsregeln", meint Pit.

***

Die Pause ist vorbei. Mark muß mit seinen V-Kollegen zur morgendlichen Besprechung der Therapeuten, Pit hat einen Arzttermin in der Stadt und Harry Küchendienst. Kati und ich bleiben noch sitzen. Bis zum Hausputz haben wir noch eine Viertelstunde Zeit.

„Hast du eigentlich früher auch so gewählt geredet?" frage ich ihn.

Kati neigt vornehm den Kopf.

„Mein Vater legte großen Wert auf die Wahl der Worte. Ich habe dies beibehalten."

„Klingt nach Anstrengung."

„Nicht für mich", sagt er würdevoll. „Meine Umwelt zeigt hin und wieder eine gewisse Irritation, ich jedoch fühle mich wohl in diesem Idiom. Tatsächlich wüßte ich nicht, wie ich diese ändern könnte, ohne ein anderer Mensch zu sein."

192

„Mir gefällt's", sage ich. „Du klingst damit wie ein Schauspieler."

Kati sieht mich nachdenklich an. Dann lacht er. „Ich bedanke mich für den freundlichen Respekt." Er steht auf und zieht sein T-Shirt grade. „Mein Amt verlangt es für heute Morgen, unter anderem die Staubsaugerbeutel zu wechseln. Leider muß ich mich dazu deiner Gesellschaft berauben." Er verbeugt sich lächelnd und geht hinein. Ich sehe ihm nach. Er ist mir ein Rätsel. Ich weiß noch nicht, ob ich ihn trotzdem oder genau deswegen mag.

24 Stunden am Tag leben die Patienten miteinander. Selbst nachts sind die meisten in ihren Zwei- oder Dreibettzimmern nicht allein. Für mich bedeutet das, es gibt keinen eigenen, für andere unerreichbaren Raum. Trotzdem stelle ich immer mehr fest, dass ich mich weder beengt noch eingeschränkt fühle. Im Gegenteil, ich fühle mich aufgehoben und sicher. Ich mache die Erfahrung, daß die Anwesenheit vieler Menschen nicht zwangsläufig die Gefahr eines sich Preisgebens bedeutet, sondern mir genug Möglichkeiten läßt, mir meine eigene persönliche Distanz zu schaffen. Es klingt banal, aber die deutliche und trotzdem freundliche Ankündigung, „ich möchte mich jetzt nicht unterhalten" wird als klares Signal erkannt und ohne weiteren Kommentar akzeptiert. Anders wäre es, ich würde dasselbe in unfreundlichem oder aggressiven Ton sagen. In dem Fall gäbe es Konflikte und Konfrontationen mit anderen, die sich den Tonfall zu Recht nicht gefallen ließen. Ich erlebe, daß es manchen außerordentlich schwerfällt, simple Wünsche dieser Art in ebenso simpler Form zu äußern und deswegen andauernd Krach bekommen. Elke erklärte mir dies damit, daß das Äußern einfacher Bedürfnisse einer Sicherheit der angemessenen Wortwahl und der Intonation bedarf, die oft genug geübt werden muß. Viele sind unsicher im Ausdruck ihrer Bedürfnisse -Kunststück, wo sollen sie sie auch herhaben - und Unsicherheit zeigt sich nicht nur in Unterwürfigkeit, sondern auch Aggressivität. Angstbeißen nannte sie das mal.

193

Wenn jemand einen Wunsch aggressiv äußert, passiert es leicht, daß genau dieser aggressive Tonfall auf einmal Ursache einer Auseinandersetzung und das eigentliche Anliegen nicht mehr wahrgenommen wird. So etwas passiert hier häufig. Was das Zusammmenleben angeht, gelten es die offiziell festgelegten Regeln, die sogenannten Kardinalsregeln: Keine Drogen, keine Gewalt in welcher Form auch immer, keine Beziehungen untereinander. Mit Beziehungen sind nicht nur intime, körperliche Kontakte gemeint. Sogar engere Freundschaften, die als Zweisamkeit erkannt werden können, erwecken Aufmerksamkeit und manchmal Argwohn. Der Sinn dahinter ist mir klar. Intime Beziehungen haben eine Vertrautheit zur Folge, die geschützt werden will, und was man schützen will, schützt man vor etwas, das von außen kommt, und dann entsteht fast automatisch die Trennung „wir" und „ihr". Es gibt dann ein Innen, das Wir, und ein Außen, das Ihr, und das Innen ist dem Außen nicht mehr ohne weiteres zugänglich. Dem vertrauten Menschen bin ich näher als den anderen. Außerdem verschieben sich die Interessen, weil die Bedürfnisse eines Paares nicht die gleichen sind als die eines Einzelnen. Und noch wichtiger, so hat man es mir jedenfalls erklärt, ist das ungleich größere Risiko, jemanden, mit dem man ins Bett geht, wegen eines Regelverstoßes nicht zur Rechenschaft zu ziehen oder ziehen zu lassen. Trotzdem kommen solche intimen Übertretungen immer wieder vor. Sie erfordern nur einiges Geschick. Übliche Orte dafür sind Waschküche und Küche im Kellertrakt, da beide abgeschlossen werden können (was eigentlich nicht viel hilft, weil ein abgeschlossener Raum mit zwei Menschen darin sofort die richtigen Schlüsse nach sich zieht), und der kleine Schuppen draußen auf dem Gelände, der allerdings eine vom Hauptgebäude gut einsehbare Tür hat.

Keine der Frauen, die zu uns kommen, hatte in den letzten Jahren eine erfüllte, das heißt harmonische oder halbwegs partnerschaftliche Beziehung gehabt. Kein Wunder. Wenn man andauernd dafür sorgen muß, Drogen zu bekommen

beziehungsweise das Geld dafür, bleibt nicht viel Energie übrig für gemeinsame Zukunftsplanung oder gegenseitiges Umsorgen oder ähnliches. Dazu kommt, dass die Sucht die Auswahl von Partnern sowieso einschränkt. Ich kenne das ja aus eigener Erfahrung. Die Nichtsüchtigen sind entweder bedrohlich, weil sie einen bekehren wollen, oder sie werden danach bewertet, inwieweit sie für die Sucht hilfreich sein können. Die weiblichen Junkies, die hier bei uns auftauchen, sind fast alle Anschaffen gegangen, freiwillig oder nicht. Ich habe Christiane F. gelesen und den Film dazu gesehen, damals, in einer Projektwoche in der Schule, und ein paar Gelegenheitsnutten im Werk kennengelernt, zumindest aus der Distanz, und damit war mein Bild mehr oder weniger komplett. Hier im Schloß muß ich meine Vorstellung etwas überarbeiten. Wenn die Frauen von ihren Erlebnissen erzählen, gibt es häufig zwei Varianten. Da ist die Version innerhalb der Therapiegruppe in Anwesenheit der Therapeuten, und die außerhalb davon, wenn der Kreis der Zuhörer kleiner und vertrauter ist. Draußen auf der Treppe, wenn der Tag vorbei ist, wenn man die letzten Zigaretten raucht und es dunkel wird, redet man anders. Auf der Treppe ist jeder mehr er selbst. Auf der Treppe erfahre ich, daß Anschaffen keine bequeme Art war, Geld zu verdienen, sondern eine düstere Möglichkeit für jemanden, der am Ende ist, so düster, daß oft nur mit gleichgültiger Stimme davon erzählt werden kann.
Die wenigsten waren auf der Straße anschaffen. Bei Mary war es ein Onkel, der regelmäßig mit ihr schlief und sie entweder bezahlte oder ihr Stoff gab. Sie sagt, es war ein bequemes Arrangement: „Er war zwar ein Dreckskerl, aber ich kannte ihn. Und bei ihm war ich sicher. Er mußte außerdem vorsichtig mit mir sein, dafür ging es für ihn um zuviel." Bei Johanna war es ihr Freund: „Der hat mich total geliebt. Ich ihn auch. Der hätte alles für mich gemacht. Er hatte nur kein Geld. Also hat er mir immer wieder Männer besorgt. Die waren okay. Darauf hat er geachtet." Manche ließen sich von ihrem Freund bezahlen. Für regelmäßiges Geld gab es auch regelmäßigen Sex. Die älteren

Frauen sind härter. Oder sind härter geworden. Da ist öfter von Prügel die Rede und von Vergewaltigungen, sie reden schonungsloser und unverklärter, vielleicht, weil sie nichts mehr durch eine rosarote Brille sehen und kälter werden mußten, anstatt sich das Ganze noch irgendwie erträglich reden zu müssen. Traurig sind die Geschichten immer. Und wenn ich jetzt genauer darüber nachdenke, finde ich das Beziehungsverbot im Schloß mehr als sinnvoll. Die ganzen Frauen kennen Beziehungen, genauer gesagt, Sex, eigentlich nur als Mittel, um einigermaßen zurechtzukommen oder sich zu schützen und nicht als Vergnügen oder gar Ausdruck von Liebe, und Männer übernahmen die Rolle, dabei behilflich zu sein. Mit diesen Erfahrungen kriegt man zukünftig nur schwer gescheite Beziehungen hin. Mit solchen Erfahrungen kennt man nur solche Beziehungen: ich stell mich zur Verfügung, aber dafür krieg ich auch was. Oder, aus anderer Sicht: du kriegst nur was, wenn du dich zur Verfügung stellst. Bei den Männern funktioniert das auf einer anderen, vielleicht weniger verachtenden Ebene ja genauso. Diejenigen von uns, die eine Frau haben, haben oft keine, die eine ernsthafte Gefahr für unsere Abhängigkeit bedeutet. Es kann ja sein, daß sich Süchtige genau die Art von Frau suchen, von der sie intuitiv wissen, die macht das mit, die ist der Typ Frau, der das mitträgt. Von einer anderen würde man sich schon bald verabschieden, oder sie würde gehen, weil sie sich entschieden hat, ihr eigenes Leben nicht kaputtzumachen. Die, die geblieben sind, und einige von ihnen sehe ich ja an den Besuchstagen, haben sich entweder abgefunden oder sind froh, dass sie nicht allein sind und bleiben deswegen bei ihrem Mann. Vielleicht sehe ich es zu zynisch. Vielleicht hat mein Zynismus etwas mit meiner tiefsitzenden Überzeugung zu tun, als ernstzunehmender Partner für Frauen nicht in Frage zu kommen, aber auch wenn es nicht so ist, viele der Frauen, die ich an den Besuchstagen sehe, mag ich nicht. Ich mag nicht die leidenden Gesichter, die sagen, mein Leben ist ein einziges Unglück, und du bist schuld, und ich will, dass du das auch siehst. Ich mag nicht die, die sagen, es ist alles in Ordnung, alles nicht so schlimm, sobald du hier raus bist, ist alles vorbei. Als ginge es darum, sich das Rauchen abzugewöhnen. Am meisten mag ich die, die nicht demonstrativ viel reden, sich mit ihren Männern irgendwohin setzen und nachdenken, ernsthaft, besorgt, so, wie man es tut, wenn man überlegt, was jetzt, zum Beispiel wie nach einem Herzinfarkt, getan werden muß. Das sind aber die wenigsten. Ich glaub, mit so einer Frau hat man die meisten Chancen. So eine Frau behandelt einen auf die richtige Art. Die weiblichen Patienten im Schloß bekommen so gut wie nie Männerbesuch. Keine Freunde, keine Partner. Vielleicht ergreifen Männer schneller die Flucht vor süchtigen Frauen als umgekehrt. Die Männer hier im Schloß kennen es auch nicht viel anders, ich meine, sie kennen ebenfalls keine harmonischen Beziehungen. Es gibt zum einen die Sorte, die draußen auf die „harte" Weise mit Frauen umgegangen ist, die Typen, die so verkorkst sind, daß sie mit Frauen nur dann einigermaßen zurechtkommen, wenn sie sie missbrauchen, und davon lerne ich einige kennen. Manche sind selber missbraucht worden, auf die eine oder andere Art, und geben das, was sie erlebt haben, fast eins zu eins übersetzt weiter. Manche haben eine harte Fassade, aber wenn man dran kratzt, ist dahinter nichts, keine Selbstachtung und keine Sympathie für sich selbst, genau das, was auch bei den Frauen irgendwann kaputtging. Dann gibt es die, die früher Zuhälter waren, zwar nicht grade im großen Stil –Kiezgrößen kommen selten ins Schloß – aber immerhin haben sie durch ihre Frauen ordentlich Geld verdient. Diese Typen haben ihre Frauen nicht immer durch physische Gewalt gefügig gemacht. Es war eher so, daß sie eine reibungslose Zusammenarbeit vorzogen, und das geht am besten mit Frauen, die von der Zusammenarbeit ebenfalls profitieren. Dass das jetzt gesündere Beziehungen untereinander waren, kann man auch nicht grade behaupten. Gewalt funktioniert nicht nur physisch. Ich hab mich mit ein paar Frauen in der Therapie unterhalten, und die, die einen Zuhälter hatten, sagten mit einem Schulterzucken, daß sei eigentlich okay, wenn sie wußten, daß da einer auf sie aufpasst. Wobei Aufpassen eher so etwas wie die Sicherheit einer konstanten Größe in einem instabilen Leben bedeutete. Und man sich erst mal an den Ekel vor den Männern gewöhnt hat. Außerdem seien sie sowieso meistens drauf gewesen. Zum Schluß sind da noch Männer wie ich, die Beziehungen so gut wie gar nicht kennen. Zwar mit Sehnsüchten, aber ohne Erfahrung und ohne Selbstbewusstsein. Würde sich mir eine Frau nähern und Interesse zeigen, wäre ich wehrlos. Man erkennt uns daran, daß wir uns selten an Männergesprächen über Frauen beteiligen. Und vielleicht erkennt man uns auch an unseren Phantasien, was ich natürlich nicht mit Bestimmtheit sagen kann, weil ich nicht immer weiß, welche Phantasien die anderen haben, und über meine rede ich auch nicht. Ich vermute allerdings, daß es da Unterschiede gibt. Da sind zum Beispiel die Phantasien eindeutig sexueller Natur, wie sie bereitwillig abends auf den Zimmern oder manchmal, während der Arbeitstherapie in den Rauchpausen zum Besten gegeben werden. Die Direktheit der Schilderung sexueller Vorstellungen scheint dabei eine Art Statussymbol darzustellen. Wer in der Gruppenhierarchie oben steht, kann sich Unverblümtheit leisten. Andere würden dafür belächelt. Fairerweise muß ich zugeben, daß sich die Häufigkeit sexueller Gespräche in Grenzen hält, und zwar, weil diese Gespräche durch Wortwahl und Direktheit immer die Gefahr unterschwelliger Bedrohung und Beleidigung der weiblichen und auch mancher männlichen Patienten birgt (in Anwesenheit von Frauen werden solche Gespräche kaum geführt) und deswegen Konsequenzen haben können. Die Phantasien der Frauen sind allerdings, jedenfalls, soweit ich dies aufgrund der wenigen Gelegenheiten, die sich mir bisher boten, feststellen kann, in keiner Weise sanfter.

Auf der anderen Seite gibt es Phantasien anderer Art, die zwar auch das Zusammensein von Mann und Frau betreffen, aber keinen sexuellen Schwerpunkt haben. Diese Phantasien habe ich. Ich gehe davon aus, daß sie auch bei anderen vorkommen müssen, einfach, weil ich mir das Gegenteil nicht vorstellen kann. Eine meiner Phantasien ist zum Beispiel, mit meiner Bewegungstherapeutin ein gemeinsames Leben zu planen, inklusive Trennung von ihrem Mann und einer passenden Wohnung, die Platz genug für ihr kleines Kind bietet, gemeinsame Unternehmungen, regelmäßige, gegenseitige Besuche bei unseren Eltern undsoweiter. Ich habe mit Manuela, wie sie heißt, bisher kein einziges privates Wort gesprochen und werde es wohl auch nicht tun, geschweige denn, daß ich irgendwelche tiefen, liebevollen Gefühle für sie hege. Es ist einfach nur angenehm, sich diese Dinge vorzustellen, weil sie eine Sehnsucht in mir ansprechen. Ich leiste mir diese Phantasien mit der gleichen intimen Verschwiegenheit, mit der ich auch ein Tagebuch führen würde, aber immer mit der leisen Sorge, was passieren würde, würde ich mich wirklich in sie verlieben. Dann hätte ich nämlich ein Problem, und damit ausgerechnet hier fertig werden zu müssen, wäre mir äußerst unangenehm.

Und da ich diese Art von Phantasien habe, dann würde ich gern wissen, welche Phantasien bei anderen Männern entstehen können, in denen eine Frau eine Rolle spielt. Und welche Sehnsüchte, die über die körperlichen hinausgehen.

So gesehen ist es eine gute Idee, Beziehungen in der Therapie grundsätzlich zu untersagen. Ich wäre, würde man das Verbot aufheben, rettungslos überfordert.

Das Verbot von Beziehungen ist, wenn man es ganz genau nimmt, irreführend. Verboten sind nämlich sexuelle Kontakte, und das sind noch keine Beziehungen. Es scheint jedoch niemand einen Unterschied zu sehen. Ich glaube jedoch nicht nur, daß das keine Rolle spielt, sondern daß sich das Verbot tatsächlich in erster Linie auf Sex bezieht. Eigentlich logisch: Sex ist viel leichter als Instrument zu gebrauchen, im Sinne von Dominanz, Unterwerfung, Manipulation, so etwas in der Art. Beziehungen dagegen - na gut, sie fangen oft mit Sex an und entwickeln sich dann weiter, und so gesehen paßt es dann wieder.

199

In der Realität hat das Verbot Grenzen. Die meisten Patienten, ob männlich oder weiblich, waren kurz vorher noch im Gefängnis, und zwar für mindestens ein paar Monate. Gefängnis bedeutet weggesperrt vom anderen Geschlecht (außer, man fühlt sich zum eigenen Geschlecht hingezogen), und da fast alle noch jung sind, entstehen Bedürfnisse, die, sobald sich Gelegenheit bietet, befriedigt werden wollen. Eine unserer Therapeutinnen, Helga, die aus gutem Grund wenig Therapien durchführt und mehr mit der Verwaltung beschäftigt ist, sagte einmal allen Ernstes, ein Süchtiger müsse nicht nur das Verlangen nach Drogen im Griff haben, sondern auch das Verlangen nach Sex. Ich halte das für völligen Blödsinn, genauso wie der Rest der Gruppe, die geschlossen den Mund hielt, was sie oft tut, wenn Helga etwas sagt. Das Verlangen nach Drogen und Alkohol richtet Schaden an, wenn man ihm nachgibt, das sehe ich ein. Es ist sozusagen kein natürliches Bedürfnis. Also ist es vernünftig, nicht nachzugeben. Das Verlangen nach Sex dagegen ist natürlich, so natürlich wie das Verlangen nach Essen und Trinken, und richtet keinen Schaden an, wenn man ihm nachgibt, vorausgesetzt, alle Beteiligten sind einverstanden und es werden keine Grenzen verletzt. Das mit einem Verlangen der Sucht zu vergleichen, geht ja nun wirklich zu weit. Andererseits, was, wenn alle Beteiligten durch ihre Biographie gelernt haben, es sei selbstverständlich, in einer intimen Beziehung zu verletzen oder verletzt zu werden und gar nicht erkennen können, wie unnatürlich das ist?

Im Schloß halten sich die Patienten an das Verbot, daß in erster Linie ein Verbot der sexuellen Aktivität ist. Meistens jedenfalls. Orte zum Rückzug zu zweit gibt es bis auf die Küche und die Waschküche nicht. Beides sind Räume, die selten von anderen Patienten aufgesucht werden und liegen abseits vom üblichen Geschehen. Wenn man es geschickt anstellt und schnell ist, lassen sie sich also ohne weiteres dazu nutzen. Mark, der so ziemlich alles mitkriegt, erzählte mit erst neulich mit einem Grinsen im Gesicht, wie er Johanna und Rolf („Ausgerechnet Rolf. Kannst du dir das vorstellen?")

verstohlen nacheinander die Treppe von der Küche heraufkommen sah, ohne ihn zu bemerken. Er unternahm nichts, weil die beiden, wie er sagte, sonst keine Dummheiten anstellen und wahrscheinlich so viel Angst vor Entdeckung hatten, daß sie das nicht wiederholen werden.

„Notgeil. Sie mögen sich nicht mal besonders", meinte er achselzuckend.

Theoretisch könnten wir während der Ausgänge Bekanntschaften schließen, aber das ist durch die Dreierregelung schwierig. Irgendein Witzbold fragte Matthias einmal, ob Bordellbesuche möglich seien. Matthias antwortete ernsthaft, das sei kein Problem, solange die Dreiergruppe sich jederzeit gegenseitig im Auge hat.

Mir wird irgendwann klar, daß die Aufmerksamkeit, die man der eigenen Aufmachung beim Ausgang widmet, sehr viel mit dem Wunsch zu tun hat, attraktiv auf Frauen zu wirken. Das gilt natürlich auch für die Aufmachung der Begleiter. Seit mir das klar ist, achte ich ebenfalls kritisch auf Kleidung und gepflegtes Äußeres derjenigen, mit denen ich in die Stadt gehe.

Ich gehe samstagvormittags gern mit Mark und Bernie zusammen. Bernie ist ein fast zwei Meter großer, gutmütiger Riese, der wie viele große Menschen ständig den Kopf einzieht, um kleiner zu wirken. Er zeichnet sich durch ständige gute Laune aus und scheint stets nach Anlässen für sein stilles Amüsement Ausschau zu halten. Mir war lange Zeit ein Rätsel, wie ein sonniges Gemüt wie er abhängig werden konnte, bis er mir erzählte, daß er lange Zeit an Depressionen litt und immer noch Medikamente dagegen einnimmt. Der Zusammenhang war mir nicht ganz klar. Ich vermute, er nutzte Drogen als eine Art der Selbstmedikation. Ich traute mich nicht, näher nachzufragen, weil er mal etwas von zwei Selbstmordversuchen sagte.

Wir haben uns angewöhnt, nach dem üblichen Einkauf in die Stadtbibliothek zu gehen, weil man dort neben Büchern auch CD´s und Comics ausleihen kann. Außerdem sitzen manchmal Mädchen, ältere Schülerinnen oder Studentinnen aus der

201

Nachbarstadt, an den Tischen und erledigen Hausarbeiten. „Dein stiller Schwarm ist wieder da", raunt Mark und stößt mich sacht in die Seite. Ich sehe mich unauffällig um. Uns ist aufgefallen, daß regelmäßig, wenn wir erscheinen, an einem Fensterplatz ein hübsches Mädchen sitzt, vor sich einen Stapel Bücher, das bei unserem Eintreffen ihre Arbeit Arbeit sein läßt und uns unverwandt mit ernstem, interessierten Blick ansieht. Sie lächelt nicht, bewegt sich nicht, sie sieht uns nur an. Am Anfang störte es mich. Mich ärgert die Auffälligkeit, die wir in unseren Dreiergruppen trotz unseres einigermaßen gepflegten Äußeren erregen. Mit unseren Frisuren, den Tätowierungen, die wegen der kurzen Ärmel gut zu sehen sind und des Benehmens, das manche von uns aus lauter Übermut manchmal an den Tag legen, und nicht zuletzt aufgrund der Unbeholfenheit mancher Mitpatienten in banalen Dingen wie der Frage nach dem richtigen Weg passen wir häufig genug nicht in das bürgerliche Kleinstadtbild. Bernie sagte mal, er habe während der Ausgänge oft das Gefühl, er trage ein Blaulicht auf dem Kopf. Irgendwann gewöhnte ich mir an, in der Bibliothek Ausschau nach ihr zu halten. Neuerdings stelle ich dabei sogar leichtes Herzklopfen fest, besonders, als ich bemerke, daß sie tatsächlich mich fixiert.

Bernie schiebt sich an mich heran, eine CD in der Hand. „Was ist? Willst du sie nicht langsam mal ansprechen?" fragt er gutmütig. Ich bin froh, daß ich mit den beiden unterwegs bin. Mit anderen würde das jetzt zotig werden.

„Na, und dann?" frage ich leise zurück. Und das ist das Problem – mal abgesehen davon, daß ich keine Ahnung hätte, was ich sagen sollte und sie deswegen auf keinen Fall ansprechen würde. Wie sollte eine Verabredung möglich sein? Die Dreierregelung ist eisernes Gesetz. Eine Verabredung zu zweit ist schlicht nicht möglich, und die Frau, die zwei Mann als zusätzliche ständige Begleitung in Kauf nimmt, noch dazu Patienten aus einer Suchtklinik, möchte ich mal sehen. Bei unseren Jungs sähe es anders aus. Ich kenne einige aus dem Schloß, die keine Bedenken hätten und womöglich sogar eine

202

Möglichkeit fänden, aber das würde eher auf schnellen Sex hinauslaufen. Ich will keinen schnellen Sex (obwohl, wenn ich mich schon mit unvertrauten Gedanken beschäftige, ich auch diesen ins Auge fassen sollte), sondern Verliebtsein und vorsichtiges, behutsames Kennenlernen. Ich will dafür Zeit zur Verfügung haben, und mir ist durchaus klar, daß das gute Gründe sind, die ich vorschieben kann, um nichts unternehmen zu müssen. Aber das macht nichts. Im Moment reicht mir ein Mädchen, das mich bemerkt und aus der Distanz beobachtet, vielleicht sogar noch mein Bild im Kopf hat, wenn ich wieder gegangen bin. Eine eigenartige Vorstellung. Eine Frau hat mich ganz offensichtlich als Mann registriert. Und selbst Bernie und Mark haben es bemerkt. Das ist ein ganz und gar neues Gefühl. Und noch etwas ist neu für mich: Bernie und Mark beiden scheinen es nicht merkwürdig zu finden, daß ich für Frauen attraktiv bin.

***

Die Gruppe der Patienten besteht aus mehreren, lose zusammenhängenden kleineren Verbünden, die durch sich entwickelnde Sympathien, gemeinsame Interessen, manchmal durch die gemeinsame Herkunft aus einem Landesteil zustande kommen. Es gibt Einzelgänger, die sich nur mit Anstrengung der Präsenz anderer aussetzen können, Menschen, die jahrelang auf eine noch extremere Art als ich isoliert waren, zum Beispiel durch ein Leben auf der Straße, das sie scheu und mißtrauisch gegenüber jeder Loyalität machte und ihnen durch die Notwendigkeit, bestenfalls den Zeitraum eines Tages als irgendwie planbar sehen zu können, jedes Gefühl vom Sinn einer Beständigkeit nahm. Diese Unbeständigkeit, vielleicht sogar das Unverständnis für dauerhafte Beziehungen zu anderen Menschen, macht es ihnen enorm schwer, das Konzept von Sicherheit und Stabilität, das sich andere Patienten für die Zukunft wünschen, zu verstehen. Ich rede hier nicht von alten Menschen, sondern Personen, die jünger sind als ich, jedenfalls,

203

was die Anzahl der gelebten Jahre betrifft. Ihren Erfahrungen nach sind manche uralt. Ich staune immer wieder darüber, wie viele von uns in ihrer Suchtkarriere auf der Straße gelebt und überlebt haben. Manche nur kurze Zeit, manche allerdings jahrelang. Darunter sind mehr Frauen, als ich mir hätte vorstellen können. Ihre Erfahrungen nachzuvollziehen ist für mich unmöglich, und das liegt unter anderem auch an der Art und Weise, in der sie üblicherweise erzählen, nämlich beiläufig und unaufgeregt, so als habe ihr Leben lediglich an einem anderen Ort und nicht einem anderen Milieu stattgefunden und unterscheide sich sonst nicht von meinem. Sie haben ihre eigene Methode, ihr Einzelgängertum im Schloß weiterzuleben. Sie weichen anderen Patienten nicht aus, im Gegenteil, sie schließen sich oft ohne weiteres dem Zusammensein an, beteiligen sich an Gesprächen und erledigen häufig zuverlässig ihre Aufgaben. In den Therapiegruppen erzählen sie von sich, sie nehmen Zuspruch und Lob verunsichert an und versteinern manchmal bei Angriffen und Tadel. Eigentlich scheinen sie nicht viel anders als der Rest von uns zu sein. Ich habe nur oft den Eindruck, daß sie jemanden, mit dem sie kurz zuvor ausgiebig gesprochen haben, unmittelbar, nachdem dieser sich entfernt hat, aus ihrer Wahrnehmung wieder löschen, wie ein Ereignis, das nicht lohnt, bewahrt zu werden. Ich habe Pit auf meinen Gedanken angesprochen, einer der wenigen neben Mark und Bernie, mit denen ich über solche Dinge sprechen kann, ohne belächelt zu werden.

"Klar", sagt Pit, "ist ja kein Wunder. Auf der Straße hast du gelernt, daß es erst einmal um dich geht und dann um die anderen. Und dann auch noch als Junkie? Da geht´s erst mal um dich und dann noch mal um dich, weil du sonst überhaupt keine Chance hast. Freundliche, obdachlose Junkies, die sich kümmern, werden abgezockt. Außerdem weiß keiner, wer am nächsten Tag noch lebt. Wozu dann Freundschaften? Die machen auf der Straße angreifbar und schwach."

Ich weiß nicht, ob er das nicht zu einfach sieht, aber vielleicht hat er Recht. Irgendjemand sagte mal, Obdachlose seien die wahren Unsichtbaren. Vielleicht hat der Wunsch nach Unsichtbarkeit etwas mit dem Grund für ein Leben auf der Straße zu tun. Ich meine das überhaupt nicht romantisch verklärt. Wunsch bedeutet nicht immer eine freiwillige, autonome Willensäußerung. Wenn ich mich in einem brennenden Haus befinde, ist mein Wunsch, aus dem vierten Stock zu springen, um den Flammen zu entkommen, auch nicht grade Ausdruck einer freien Entscheidung. Auf der Straße beachtet einen niemand, und an die Verachtung und die Herablassung gewöhnt man sich vielleicht. Oder nimmt sie nicht wahr. Ich weiß es nicht. Auf jeden Fall mag ich die obdachlosen Jungs und Mädchen mehr als die meisten Ex-Knackis. Vielleicht wegen ihrer Unsichtbarkeit.

Freundschaften im Schloß kommen übrigens sehr selten vor, und das ist merkwürdig, weil wir alle sehr eng zusammenleben und uns notgedrungen schneller kennenlernen als sonstwo. Ich hatte in meiner Anfangszeit erwartet, daß sich – Verbot enger Beziehungen hin oder her – häufig persönliche Beziehungen bilden, aber das tun sie kaum, und ich glaube nicht, daß es nur an den Verboten liegt. Ich traue den meisten im Schloß zu, Freundschaften einzugehen, jedenfalls gleichgeschlechtliche, ohne therapeutischen Mißmut zu erregen. Sechs Monate sind zudem eine lange Zeit. Gut, man muß bedenken, daß nur die wenigsten die gesamten sechs Monate zusammen verbringen. Immer wieder kommen Neuzugänge, und Patienten werden regulär entlassen (oder disziplinarisch). Der Durchlauf ist also rege. Trotzdem dürfte der Zeitraum allein keine große Rolle spielen. Der hauptsächliche Grund ist, wie ich glaube, schlicht ein grundsätzliches Mißtrauen, eine engere Bindung zu einem anderen Süchtigen einzugehen, den man zwar als clean und abstinent kennengelernt hat, von dem man aber nicht weiß, ob er es in Zukunft bleiben wird. So gesehen, ist eine gewisse Distanz als Selbstschutz wohl vernünftig. Mag aber auch sein, daß ich bloß von meiner eigenen Vorsicht ausgehe. Die Therapie ist für keinen eine Garantie für Abstinenz. Keiner im

Schloß, die Therapeuten eingeschlossen, wird über einen anderen Patienten mit Überzeugung sagen: "Der wird anschließend nie wieder konsumieren." Man wird bestenfalls sagen: "Der hat gute Chancen", und das kommt einer realistischen Einschätzung am nächsten. Mehr Realismus ist nicht möglich. Man bindet sich nicht an einen Menschen, von dem man nicht weiß, ob er nicht die eigene Abstinenz gefährdet. Wenn es zu einer Entlassung wegen eines Rückfalls kommt oder aus anderen disziplinarischen Gründen, herrscht kurzzeitig Betroffenheit, manchmal Wut und Enttäuschung, falls derjenige besonders beliebt war, und dann wird nicht mehr über ihn gesprochen. Die eigene Person ist wichtiger. Trauer ist nicht angebracht.

***

Ich sitze auf der Mauer über dem Wassergraben und versuche, einen Zwirn in einem selbstgedrechselten Holzjojo anzubringen. Das Jojo hat mich sechs Stunden Arbeit in der Werkstatt während der Kreativitätstherapie gekostet, eine Therapie, mit der ich herzlich wenig anfangen kann. Patienten können darin malen, mit Ton formen, mit Holz arbeiten, und da die meisten dem Begriff Kreativität skeptisch gegenüberstehen, verbringen wir diese Stunden immer hart an der Grenze zur Langeweile. Ernst genommen werden die Stunden nicht. Mein Jojo ist aus einem armdicken Vierkantholz gefertigt, Buchenholz, ziemlich hart. Ich mag Dinge, von denen ich weiß, daß sie lange halten. Außerdem konnte ich mich dazu an die Drechselbank stellen, und drechseln erfordert nicht viel Geschick.

Ich merke erst, daß jemand neben mir auf dem Geländer sitzt, als ich das Ratschen eines Feuerzeugs höre. Ich blicke auf und erschrecke leicht, als ich Helen sehe.

Helen ist einige Wochen länger im Schloß als ich, und sie hat einen unangefochtenen Platz an der Spitze der Hierarchie. Sie wird von männlichen wie weiblichen Patienten gleichermaßen gefürchtet. Helen ist bereit, jederzeit in ein Streitgespräch einzusteigen, das sie dann mit hemmungsloser Lautstärke und ohne die geringste Bereitschaft zurückweichen bis zum Ende durchpeitscht und stets als Siegerin davongeht. Ich weiß, daß sie Schwäche noch mehr verachtet als Verlogenheit und Feigheit, und selbst hartgesottene Platzhirsche meiden Konflikte mit ihr, weil sie jede Art von männlichem Gehabe unbarmherzig und für alle sicht- und hörbar demontiert. Am meisten ängstigt mich ihre scheinbare völlige Unfähigkeit, Angst vor Niederlagen zu haben. Von den Therapeuten wird sie wertschätzend und aufmerksam und manchmal behutsam behandelt, was mich immer gewundert hat. Ich war froh, bisher nichts mit ihr zu tun gehabt zu haben. Jetzt sitzt sie neben mir. Da ich allein bin, kann sie sich nur mit Absicht zu mir gesellt haben.

Na toll, denke ich. Egal, was ich jetzt sage, es besteht die Gefahr, daß sie mich entweder auslacht oder als Gegner einstuft. So oder so, ich kann hier nicht so ohne weiteres weg. Mist.

Helen atmet hörbar Rauch durch ihre Nase aus. Ich spüre, daß sie mich beobachtet. Jeden Moment kommt jetzt ein Kommentar, der mich herausfordern soll. Ich wünschte, ich würde mich grade nicht mit einem Kinderspielzeug beschäftigen.

"Kannst du mir helfen?" fragt sie.

Ich sehe sie überrascht an. Ihr Tonfall ist ruhig, wenn auch nicht grade freundlich. Sie starrt mich mit ihrem herausfordernden Blick an, wie immer ohne zu blinzeln. Helen ist etwa so groß wie ich, kräftig, mit dunkelblonden, schulterlangen Haaren. Sie legt keinen Wert auf die Betonung weiblicher Attribute. Ich habe sie noch nie geschminkt gesehen. Nagellack oder ähnliches benutzt sie nicht. Ihre Kleidung besteht aus Jeans und Sweatshirt, ihre Boots sind derb und bequem. Sie trägt das Gleiche wie die Männer, fällt mir jetzt auf. Ihr Gesicht ist herb, aber nicht unattraktiv. Ich beeile mich, diesen Gedanken ganz schnell wieder loszuwerden.

"Du hast doch mal studiert", fährt sie fort. "Ich schreib grade Bewerbungen, und für eine muß ich einen Aufsatz anfertigen. Kannst du mal drüberlesen, wenn er fertig ist?"
Ich bin so verdutzt, daß ich nur nicke. Ich kann mich nicht erinnern, daß Helen jemals mit einem ähnlichen Anliegen an jemanden herangetreten ist.
"Schön", sagt sie, steht auf und geht wieder davon.
Ich bleibe noch eine Weile nachdenklich sitzen, bevor ich leicht besorgt ins Haus zurückkehre.

***

"Okay, Leute. Was war los?"
Matthias sitzt grade auf seinem Stuhl, die Hände vor der Brust verschränkt, und er ist ganz offensichtlich zornig. Er blickt unverwandt auf Charlie, Markus und Henry, die versuchen, sich ihre Besorgnis nicht ansehen zu lassen. Es hat sich herausgestellt, daß die drei am Samstag während des Ausgangs mit der Bahn in die Nachbarstadt gefahren sind, was streng verboten ist. Am Hauptbahnhof stolpert man automatisch in die Szene hinein, wenn man aus dem Zug steigt, außerdem kennen die meisten Patienten dort Orte und Personen aus ihrer Konsumzeit. Wenn ich das richtig verstanden habe, liefen sie nach dem Verlassen des Zuges direkt in Manni hinein, der sich in der Entlassungsphase befindet und für den deshalb das Stadtverbot nicht mehr gilt. Manni war verdutzt, sie dort zu sehen und stellte sie zur Rede, wobei er ankündigte, bei seiner Rückkehr am nächsten Tag die Therapeuten darauf anzusprechen. Die drei Übeltäter beratschlagten das ganze Wochenende und entschlossen sich, heute früh die Sondergruppe stattfinden zu lassen, um Manni zuvorzukommen und vielleicht das schlimmste abzuwenden.
Charlie, Markus und Henry sind vor etwa acht Wochen zu uns gekommen. Alle drei sind erfahren, was Gefängnis und Drogen angeht, und sie haben bereits mindestens eine Therapie hinter sich. Ich mag sie alle drei nicht. Charlie hat in etwa meine

208

Größe, ist aber ungleich kräftiger. Er verbringt viel Zeit im Kraftraum und stellt peinlich stolz seine Muskeln zur Schau. Er hatte keinerlei Schwierigkeiten, sich in die neuen Gegebenheiten des Schlosses hineineinzufinden und bekam sofort heraus, wer ihm als Platzhirsch Loyalität entgegenbringen kann und wen er ignorieren kann. Charlie hat Charme, Witz und ist wegen seiner sorglosen Jungenhaftigkeit schnell bei vielen beliebt. Seine Jungenhaftigkeit täuscht jedoch leicht über seine Aggressivität hinweg, die er mindestens im selben Ausmaß besitzt. Ich habe beobachtet, wie er geschickt seine Interessen durch verhaltene, hinter Humor versteckten Drohungen durchsetzt. Die Platzhirsche akzeptieren ihn bereitwillig als einen der ihren, nicht zuletzt, weil er attraktiv ist und im Ausgang das Interesse von Frauen weckt. Er war es, der es schaffte, mit einer der weiblichen Nachtwachen eine Affäre zu beginnen, was zu ihrer Entlassung führte. Für ihn hatte es keine Konsequenzen, aber es untermauerte seinen Ruf. Ich erinnere mich an die Küchenszene.

Markus dagegen ist ein Langweiler. Er gibt gern damit an, in Zuhälterkreisen verkehrt zu haben und versucht, einen entsprechenden Habitus zu verkörpern. Mark sagte mal über ihn: "Er durfte für die Luden Zigaretten holen. Deswegen haben sie ihn einfach nur geduldet. Andere schaffen sich einen Hund an." Er ist ein bißchen dumm, freundlich, und darauf angewiesen, daß ihn jemand führt. Sein Brustkorb und die Arme sind massig durch Krafttraining, im Gegensatz zu seinen Beinen, die völlig untrainiert und dünn sind. Man macht gutmütige Witze darüber, die er sich gefallen läßt. Er trägt einen Walroßbart, der zu seiner Gutmütigkeit paßt. Markus kam regelmäßig ins Gefängnis, weil er Drogenkurierdienste übernahm und auf eine so haarsträubend unüberlegte Weise durchführte, daß man ihn in der Szene "Clouseau" nannte. Davon weiß er aber nichts. Ich mag ihn noch am meisten von den dreien.

Henry ist ein dicklicher, junger Mann, der gern ein harter Kerl wäre. Er spricht oft von Schlägereien, in die er früher verwickelt gewesen sei und die allesamt äußerst blutig gewesen sein müssen. Seine Schilderungen über Frauenbekanntschaften waren in ihrer Direktheit für mich zuerst spannend, dann amüsant, zuletzt nur noch widerlich und langweilig. Er ist ein Mitläufer, der gern so tut, als sei er ein Anführer. Mir tut er leid, weil er ganz offensichtlich kaum so etwas wie einen inneren Kern besitzt und seine Bestätigung stellvertretend aus dem Respekt zieht, der anderen in seinem Umfeld zu zuteil wird. Diese drei sitzen jetzt Matthias gegenüber und warten besorgt auf die Entwicklung der Dinge. Alle drei müßten bei einem Rauswurf zurück ins Gefängnis, wo sie noch zwischen einem halben Jahr und länger abzusitzen hätten.

Matthias schweigt und wartet. Die Gruppe rührt sich nicht. Alle sind aufmerksam und auch ängstlich. Die übliche Stimmung: niemand weiß bei Sondergruppen genau, inwieweit er selbst nicht unbeabsichtigt einen Anteil an der Regelübertretung hat, und sei es auch nur, indem er gedankenlos irgendein Vorzeichen ignoriert hat. Auch ich überlege natürlich, ob mir eine Nachlässigkeit vorzuwerfen ist.

"Ich will was hören!" fährt er die drei an. Sie setzen sich unbehaglich zurecht.

"Es war 'ne idiotische Idee", sagt Charlie schließlich. "Ich weiß selbst nicht, was uns dazu gebracht hat." Markus und Henry nicken mit niedergeschlagenen Augen. Matthias blickt weiter unverwandt auf die drei, die Arme verschränkt. "Und? Ist das alles? Ihr brecht eine der wichtigsten Regeln, und alles, was euch einfällt, ist: Idiotische Idee? Dann könnt ihr sofort gehen! Alle drei!" Er ist wütend.

"Wie hatten nicht vor, auf die Szene zu gehen", sagt Henry schnell, "wir wollten keinen Stoff kaufen."

"Sondern?"

"Ich kann's wirklich nicht erklären", sagt Henry kleinlaut.

Ich sehe zu Charlie rüber. Er denkt angestrengt nach.

"Es war eine einmalige Sache", sagt er schließlich. "Kommt nicht wieder vor."

Ein paar Köpfe wenden sich ihm zu, einige sehen sich erstaunt an. Das war armselig. Glaubt er wirklich, er kommt mit so einer Beteuerung durch? Mark wirft mir einen Blick zu und schüttelt leicht den Kopf. "Es kommt nicht wieder vor? Und warum soll das nicht wieder vorkommen?" legt Matthias los. "Stellt euch vor, man hätte euch nicht gesehen! Ihr wärt zurückgekommen, hättet gedacht: Klasse, hat funktioniert, das machen wir bald wieder! Beim nächsten Mal seid ihr mutiger und traut euch mehr. Wie geht's wohl weiter?" Einige in der Gruppe nicken. Charlie, Henry und Markus sind geschlagen, das wissen sie. Es gibt keine Argumente, die sie retten. Es kommt jetzt darauf an, wie sie zu ihrem Regelbruch stehen, genauer, wie sie jetzt Glaubhaftigkeit zeigen und Gründe liefern, warum sie nicht rausgeschmissen werden sollten. Das wird allerdings schwer. Keiner gibt den dreien eine Chance. Charlie sagt plötzlich: "Es war meine Schuld." Steht auf und verläßt den Raum. Damit hat er seine Therapie beendet. Matthias macht keine Anstalten, ihn zurückzuhalten. Er gibt lediglich Andi durch ein Kopfnicken zu verstehen, ihm nachzugehen, damit Charlie sich nicht allein im Haus bewegt, sondern seine Sachen packt und geht. Das übliche Vorgehen in so einem Fall. Charlies Reaktion war dumm, denke ich. Was für eine dumme Geste. Das ist kein Übernehmen von Verantwortung. Das ist der Versuch, sich hinter einem albernen, heldenhaften Abgang zu verstecken. Das ist Flucht. Mir wird klar, wie überfordert Charlie sein mußte. Er hätte sagen können, das Ganze ist so ungeheuerlich und unverständlich für mich, daß ich beim besten Willen nicht weiß, was ich jetzt machen soll, und deswegen wird mir klar, wie sehr ich noch in meinen alten Mustern drinstecke. Genau das. Er wäre deswegen nicht rausgeworfen worden, da bin ich sicher. Aber ich hab leicht reden. Vielleicht wäre mir das eingefallen, aber ich bin schließlich rhetorisch einigermaßen geschickt. Er hätte sogar

211

sagen können: Ich bin in diesem Moment überfordert, ich weiß nicht weiter. Das allerdings wäre ein Gesichtsverlust für ihn gewesen. Für ihn eine unvorstellbare Möglichkeit, das weiß ich. Henry und Markus sind übrig. Sie wissen nicht, ob es für sie nun besser oder schlechter aussieht.

"Was ist mit euch beiden?" fragt Matthias und starrt sie an. Henry und Markus sind auf sich gestellt und ohne Charlie noch hilfloser.

"Wir haben es zusammen verbockt", sagt Henry, "es ist nicht fair, daß Charlie allein geradestehen muß."

"Sondern?" fragt Matthias. "Soll ich euch auch rausschmeißen?"

Henry schluckt. Markus sieht ihn erschrocken an. Er hat die längste Gefängnisstrafe von allen vor sich.

"Es ist doch nichts passiert", sagt Henry trotzig. "Außerdem haben wir ja daraus gelernt."

"Und was?"

"Wir haben gelernt..." Er überlegt verzweifelt.

"...daß ihr beim nächsten Mal geschickter sein müßt?" ergänzt Matthias ironisch. Henry deutet das Signal falsch und wagt ein kleines Lächeln.

"Raus", sagt Matthias.

Henry steht auf und verläßt den Raum. Man hört, wie er draußen gegen die holzvertäfelte Wand schlägt.

"Geh ihm mal einer nach", sagt Matthias, "nicht, daß die sich draußen noch die Köpfe einschlagen."

Markus sitzt ergeben auf seinem Stuhl. Von ihm ist jetzt kaum noch etwas zu erwarten.

"Willst du auch gehen?" fragt Matthias.

Markus schüttelt den Kopf.

"Und warum soll ich dich nicht auch rausschmeißen?"

Markus atmet tief aus, schaut auf den Boden, fährt sich mit den Händen durch das Gesicht und sagt schließlich tonlos: "Weil ich dann am Ende bin."

Matthias betrachtet ihn prüfend. Dann sieht er der Reihe nach in die Runde. Jeder, den er ansieht, nickt.

"Gut", sagt Matthias. Er wirft einen Blick auf die Gruppensprecher.

"Sechs Wochen Ausgangssperre?" sagt Mark mit einem fragenden Blick auf seine Sprecherkollegen. Die nicken. Matthias signalisiert sein Einverständnis.

"In Ordnung", sagt Mark und steht auf. "Stellt die Stühle zurück. Ihr könnt eine zehnminütige Rauchpause machen, bevor die Arbeitstherapie losgeht. Die V-leute zu mir. Henry auch. Und dann müssen wir die Zimmer neu aufteilen."

***

Seit einer Woche sind Harry und Micha II bei uns, ebenfalls zwei Alkis. Die Namen werden manchmal ein Problem. Ich habe gehört, daß einmal wochenlang fünf Michaels im Schloß waren, die zur besseren Unterscheidung Michael, Mike, Mick, Micha II und Micha III gerufen wurden. Sollte noch ein Michael kommen, drohte Matthias, wird er umgetauft. Zurzeit sind zwei Michaels da. Der Neue wurde also automatisch Micha II. Im Schloß ist die Bezeichnung Alki und Drogi übliches Vokabular. Die Unterscheidung ist nur insofern korrekt, als mit Alkis diejenigen gemeint sind, die ausschließlich alkoholabhängig sind, während die Drogis fast alle zwar von Drogen, aber gleichzeitig von Alkohol abhängig sind, wobei der Alkohol eher als legitime Ausweichsubstanz gesehen wurde, und, wie ich manchmal ahne, immer noch wird. Eigentlich logisch: die heftigsten Erfahrungen wurden mit Drogen gemacht und nicht mit Alkohol, deswegen hat er wohl für viele nicht diesen Schrecken.

Aber der Körper wählt unter gleichzeitig konsumierten Rauschmitteln ja nicht aus, von welchen er abhängig wird und von welchen nicht. In den sechs Monaten, in denen ich hier bin, lerne ich nur wenig reine Alkis kennen, und selbst unter denen waren einige, die zusätzlich oder ersatzweise Pillen geschluckt oder gekifft haben. Ich habe nie ganz begriffen, wieso Alkis überhaupt hierherkommen. Es gibt Kliniken, die ausschließlich

213

Alkoholiker behandeln. Die Therapien sind dort kürzer, was für viele bestimmt ein guter Grund ist, sich dort behandeln zu lassen. Die meisten wollen oder können nicht so lange ihrem Alltag fernbleiben. Ein anderer Grund wird mit der Altersfrage zu tun haben. Viele Alkis sind, wie ich mittlerweile weiß, keine jungen Erwachsenen mehr, sondern haben bereits ihren Platz im Leben mit langjährigem Job, einer Familie, netten Nachbarn und sonstigen Regelmäßigkeiten. Die wären hier im Schloß durch das Klientel eher verstört. Die Lebensgeschichten, die hier zu hören sind, sind ja auch zum Teil erschreckend. Ich konnte hierbleiben, weil man es einfach versucht hat, und außerdem hat jede Klinik ein Interesse an Belegungszahlen. Wenn es mit mir nicht funktioniert hätte, hätte man eine andere Lösung gefunden. Eine reine Alkiklinik eben. Ich bin froh, daß das nicht notwendig war. Ich scheine hierhin zu passen, weil ich in meinem Leben vorher nichts aufgebaut hatte, was mich in meiner Lebensplanung und meinen Lebenszielen festlegte, sprich, ich habe keine Vergangenheit, die mich bereits in eine Richtung lenkte. Ich komme sozusagen aus dem Nichts. Das sind gute Voraussetzungen, um neu anzufangen. Mit den kompromißlosen Regeln im Schloß komme ich zurecht, weil ich sie nicht als Beschränkung empfinde, sondern sie mir im Gegenteil durch ihre Überschaubarkeit Sicherheit und Vertrautheit bieten, und da sie für alle gelten und Willkür nicht möglich ist, ist der Aufbau eines eigenen Schutzes durch so etwas wie innere Abschottung nicht notwendig.

Der größte Unterschied zwischen Alkis und Drogis liegt möglicherweise in der Art des Rausches. Gemessen an dem, was Drogis erzählen, wenn sie sich sicher fühlen (Gespräche über Rauscherlebnisse, besonders, wenn sie positiv verklärt sind, sind zuverlässige Anlässe für Sondergruppen), ist ein reiner Alkoholrausch eine langweilige Angelegenheit. Ein Drogenrausch muß phantastisch sein, und immer, wenn ich Gelegenheit dazu habe, höre ich den Erzählungen fasziniert zu. Ich glaube dennoch nicht, daß Drogen die richtige Wahl für mich gewesen wären. Ein Drogenrausch scheint nicht die

214

Möglichkeit zu bieten, meine innere Welt in eine erwünschte Richtung zu drehen und sie zu formen, sondern bedeutet offenbar, eine komplett andere Welt aufzusuchen. Ob ich damit glücklicher geworden wäre, glaube ich eher nicht. Ich wollte immer die Illusion einer Realität und keine Reise in ferne Universen. Von den anderen werde ich nicht mehr als Exot gesehen. Auch äußerlich passe ich mich an. Meinen alten Parka hab ich der Waschküche zur Verfügung gestellt. Es gibt die Möglichkeit, dort Kleidung für Patienten zur Verfügung zu stellen, die gar nichts haben. So etwas kommt manchmal vor. Der Anlaß war ein Kommentar von Ralf, mit dem ich einmal zusammen im Samstagausgang war und der nach einem Seitenblick auf mich und den Parka murmelte: „Einmal Alki, immer Alki." Ich war beleidigt und ging nach dem Ausgang direkt zur Waschküche. Jetzt, im Juni, ist es ohnehin warm. Im Schloß herrscht so etwas wie ein Anspruch auf gepflegtes Äußeres. Während des üblichen Alltags ist die Kleiderordnung lässig. Eine Vorschrift gibt es nicht. Man trägt, da man nie weiß, wann man in den Therapieraum muß, Schuhe, die sich leicht aus- und anziehen lassen, Sporthosen oder Jeans. T-Shirts dürfen lediglich keine Aufdrucke haben, die irgendeinen Bezug zu Alkohol oder Drogen haben, wie z.B Werbung (politische Aufdrucke werden manchmal erlaubt, rechtsradikale Hinweise sind strikt verboten), im Haus müssen Männer, solange weibliche Patienten da sind, ihren Oberkörper bedecken. Manche Tätowierungen, die besonders obszön sind, müssen allerdings immer abgedeckt werden. Interessant sind die Haarschnitte. Einige der Patienten lassen sich die Haare bis auf die Kopfhaut rasieren, manchmal lassen sie einen Zopf übrig, manchmal einen Irokesenschnitt. Ungepflegtes Äußeres ist nicht direkt verboten. Das ist auch nicht nötig, weil es schlicht nicht toleriert wird. Drei meiner Mitpatienten haben Haarschneidemaschinen mitgebracht. Aufgrund der Nachfrage vergeben sie Termine für das Schneiden. Ich habe meine Haare ebenfalls auf drei Millimeter Länge abrasieren lassen.

Neulinge werden, bevor sie zum ersten Mal in den Ausgang mitgenommen werden, von ihren Begleitern begutachtet und manchmal zurück zum Umziehen geschickt. Es kommt vor, daß sich Patienten strikt weigern, jemanden aufgrund seines Aufzuges mitzunehmen, was jedesmal zu heftigen Diskussionen führt und einen großen Teil der Ausgangszeit kostet. Das wird eher in Kauf genommen als eine peinliche Begleitung. Es ist bemerkenswert, wie sehr dieselben Menschen, die ihren Körper nachlässig bis zur völligen Gleichgültigkeit behandelten, plötzlich Wert auf Attraktivität legen. Mir wurde bei einem Ausgang von Andi ein schwarzes T-Shirt überlassen, da meine Garderobe bei der Begutachtung durchfiel, außerdem bekam ich einen Gürtel für meine Jeans. Anschließend schrieb ich nach Hause und bat um ein paar neue Hemden.

Harry und Micha II kommen am selben Tag zu uns. Beide sind Alkis, deswegen halten es die Gruppensprecher für angebracht, daß ich sie in die Abläufe einführe. Ich merke schnell, wie die Atmosphäre des Schlosses und die Mitpatienten sie ängstigen und sie deshalb meine Nähe suchen, in der Überzeugung, in mir einen Gleichgesinnten zu finden. Ich mag sie nicht, und das liegt nur zum Teil daran, daß sie mich an mich erinnern. Mich stört nicht einmal, daß sie sich mir unterordnen wollen, mich stört vielmehr, mit welcher Beflissenheit sie das tun. Es ist mir peinlich. Für eine Woche bin ich ihr Pate, das heißt, ihr Ansprechpartner für alle Belange. Ich erkläre ihnen die Regeln, die Abläufe der Therapie, die Verantwortungsbereiche, das Zusammenleben, kurz alles, was notwendig ist, und trotz aller Geduld scheinen sie nicht viel zu begreifen. Es stört mich, daß sie keine Anstalten machen, in irgendeiner Weise die Initiative zu Selbständigkeit ergreifen, sondern sich ausschließlich auf mich verlassen. Mit der gleichen Beflissenheit, mit der sie sich mir unterordnen, ordnen sie sich dem Rest der Gruppe unter. Mit immer größer werdender Unruhe wird mir klar, wie wenig sie von den anderen ernst genommen werden. Aus irgendeinem Grund ängstigt mich das am meisten.

216

Nach dem Mittagessen gehe ich nach draußen und sehe Elke auf der Bank im Park sitzen. Ich schlendere zu ihr und klage ihr mein Leid. Sie legt ihr Buch beiseite.

„Was würdest du am liebsten tun?" fragt sie.

„Die beiden loswerden. Sie sind peinlich. Sie entsprechen genau dem Klischee des dumpfen Alkis. Keiner nimmt sie ernst. Und sie kleben an mir!"

Elke lacht.

„Das mit dem loswerden wird schwierig. Aber ich hab dich verstanden. Du schämst dich."

„Nun...ja!"

„Warum? Weil sie so sind wie du?"

„Sie sind nicht wie ich!"

Elke sieht mich lange schweigend an.

„Schau mal einer an", sagt sie schließlich langsam, „eine Erkenntnis. Wie schön. Was unterscheidet euch denn?"

„Naja, ich bin..." Ich muß überlegen, „ nicht so träge. Ich hab ein bißchen Stolz. Ich bin wacher. Ich erkenne, was um mich herum abläuft."

Sie nickt aufmunternd.

„Das einzige, was uns verbindet, ist der Alkohol", sage ich.

Elke hebt den Zeigefinger.

„Ah", sagt sie, „sag das noch mal."

„Was? Das mit dem Alkohol?"

Sie nickt langsam. „Das einzig Verbindende ist der Alkohol... Und wenn das das einzige ist, was euch verbindet, dann...?

Ich sehe sie fragend an. Elke seufzt.

„Dann unterscheidet ihr euch in allem anderen. Richtig?"

„Äh, ja."

„Dann bist du auch nicht wie sie" erklärt sie kategorisch.

„Genausowenig, wie du wie irgendjemand anders hier bist."

Sie wartet auf ein Zeichen, daß ich sie verstanden habe. Ich schüttele den Kopf.

„Korrigier mich, wenn ich falsch liege", sagt sie. „Harry und Micha II sind dir – und den anderen – peinlich, und deswegen hast du Angst, daß du ebenfalls peinlich wirst, als Mit-Alki

217

sozusagen. Verständlich. Das bedeutet Verlust von Respekt, von Sympathie undsoweiter. Das würde aber nur dann zutreffen, wenn ihr Alkis alle gleich wärt, beziehungsweise, du und Harry und Micha II. Seid ihr aber nicht, wie du selbst sagst." Sie lächelt. „Selbst Alkis unterscheiden sich voneinander."

Ich hebe einen Stein vom Boden auf, betrachte ihn kurz und werfe ihn weg.

„Und das heißt?" frage ich.

Elke zuckt die Schultern.

„Du schaffst es ja auch, unter lauter Junkies deine Rolle zu finden. Vielleicht mußt du das auch unter den Alkis tun."

Ich verstehe nicht ganz.

„Ab-gren-zen", sagt sie betont. „Sich einfügen ist eine Sache, sich gleichzeitig abgrenzen die andere." Sie sieht mich mit diesem belustigten Blick an.

„Wovon? Von Harry und Micha II?"

„Eher von dir."

„Also weißt du, manchmal glaube ich, du nimmst mich nicht ernst."

Sie lacht. „Mein Lieber, wenn ich es dir leicht machen würde, dann würde ich dich nicht ernst nehmen."

Ich seufze. „Kannst du mir nicht einfach sagen, was ich tun soll?"

„Definier dich", sagt sie kryptisch.

„Und wie mach ich das?""

„Das findest du schön selber raus", sagt sie und schlägt ihr Buch wieder auf.

Na toll, denke ich.

Man sollte meinen, ich käme mit Alkis besonders gut klar. Solidarität unter Leidensgenossen. Das Schlimme ist, ich fühle mich Harry und Micha II gegenüber nicht sehr solidarisch. Sie gehen mir einfach auf die Nerven. Sie sind unbeweglich und, nun ja, uninteressant. Wie komme ich denn auf diesen Gedanken? Bin ich etwa interessanter? Was für ein Unsinn. Ich gehe zurück und setze mich auf die Treppe zu den anderen, die

218

grade eine Rauchpause machen. Sie schwatzen. Ich höre mit einem Ohr zu. Ist es das, was so irritierend für mich ist: die Feststellung, daß es unter meinesgleichen Menschen gibt, die noch ärmer dran sind als ich? Weil ihnen weniger Intellekt zur Verfügung stand als mir? Weniger Stolz? Weil ihre Jämmerlichkeit für sie keine Rolle spielte, da sie sie gar nicht erkannten? Und mir das unangenehm ist? Oder, weil sogar ich sie nicht mag...? Und diese beiden hängen sich an mich wie zwei verirrte Hunde. Ich sehe rüber zum Tor, wo sie etwas abseits verlegen rumstehen und miteinander reden. Es ärgert mich, wie selbstverständlich sie sich mit dem Platz am Rand zufriedengeben. Harry bemerkt, daß ich rübersehe und grinst mir zu. Ich nicke resigniert. Ich habe keine Lust, Verantwortung für die beiden zu übernehmen, nur weil das Therapiekonzept das so vorsieht. Mir ist eher danach, mich den anderen anzuschließen und mich über die beiden lustig zu machen. Nichts festigt eine Position in der Gruppe mehr, als andere gemeinsam auszugrenzen. Ich muß mich schließlich auch um mich kümmern. Schließlich war es für mich auch nicht leicht, mich hier reinzufinden. Manche schaffen es eben nicht. Jetzt sieht auch Micha II zu mir und hebt grüßend die Hand bis auf Gürtelhöhe. Nicht höher, um nicht aufzufallen. Du meine Güte, denke ich. Ich seufze und stehe auf. Mark und Andi beobachten mich, wie ich an den anderen vorbei zu den beiden schlendere, mich auf das Brückengeländer setze und beginne, mit ihnen zu plaudern.

***

„Wieso soll ich zu Hause keinen Wein oder kein Bier im Schrank haben?" mault Mike III. „Ich trink ihn ja nicht. Stell dir vor, ich bekomme Besuch und hab´ nichts anzubieten. Das macht überhaupt keinen guten Eindruck."
Mike III ist sauer. Drei Tüten Süßigkeiten, die er vom Einkauf mitbrachte, wurden konfisziert, weil auf der Inhaltsangabe

kleingedruckt das Wort Alkohol stand. Da er schon länger im Haus ist und es besser wissen sollte, bekam er zwei Wochen Einkaufssperre. Eine empfindliche Konsequenz. Es werden übrigens nirgendwo mehr Süßigkeiten gegessen als in einer Drogenklinik, scheint mir.

Elke leitet die Gruppe. Mit ihr als Gruppenleiterin traut man sich ein bisschen mehr. Entsprechend sind die Gruppen etwas entspannter. Würde Matthias leiten, hätte Mike III wahrscheinlich den Mund gehalten.

Ein paar der Patienten grinsen. Mike III ist ein netter Kerl, der bereits zweimal in Haft war, nachdem er beim Dealen erwischt wurde. Er ist wie viele stolz auf seinen muskulären Körper und hat mittlerweile Kraftraumverbot, weil er sich angewöhnte, jede freie Minute dort zu verbringen und sich deshalb wiederholt zum Essen verspätete. Anders als die meisten Ex-Häftlinge ist er braungebrannt. Keiner weiß, wie er das bewerkstelligt. Er sagt, seine Hautfarbe habe mit seiner Abstammung von Zigeunern zu tun, aber das glaubt ihm keiner. Sein Gesicht hat, obwohl er über dreißig ist und einiges erlebt hat, sehr weiche, fast kindliche Züge, deren er sich auch bewusst ist, weshalb er versucht, dieses Manko durch einen grimmigen Ausdruck zu kompensieren. Er sieht dadurch aus wie ein trotziger Schuljunge. Wenn er schlechte Laune hat, greift er ein x-beliebiges Thema auf, um sich darüber zu beschweren. So wie diesmal. Die Fragestellung „Alkohol zu Hause oder besser nicht" ist als immer wieder auftretendes Thema mehr als bekannt.

Elke seufzt. „Erklär's ihm, Mark", sagt sie müde.

„Wenn du Alkohol zu Hause hast, steigt die Wahrscheinlichkeit, daß du ihn schließlich auch trinkst, an.", sagt Mark prompt.

Mike III verschränkt mißmutig die Arme, aber er schweigt. Elke wartet ab.

„Irgendwas unklar daran?" fragt sie. Sie wirft einen Blick auf die Neuen. „Wie ist es mit euch?" Die Reaktionen sind verhalten. Ich kenne das schon. Die Frage, wieweit muß die

Distanz zum Suchtmittel gehen, damit ausreichend Sicherheit gewährleistet ist, besonders, wenn es um Alkohol und dessen Verfügbarkeit in den eigenen vier Wänden geht, ist fast ein Reizthema. Keiner von uns würde es für eine gute Idee halten, Heroin oder Kokain im Haus zu haben, nur für den Fall, daß Gäste kommen, aber bei Alkohol sieht es schon ganz anders aus. So verwunderlich ist das, glaube ich, allerdings gar nicht. Harte Drogen sind mit der Vorstellung eines normalen Lebens kaum vereinbar, Alkohol schon. Das ganze Land trinkt ja schließlich. Oder hat zumindest nichts dagegen.

Einige der mutigeren Patienten leisten sich ein entschuldigendes Lächeln, welches bedeutet, begriffen haben wir es schon, aber so ganz sind wir nun mal nicht deiner Meinung.

„Also gut", sagt Elke und lässt ihren Block vor sich auf den Boden fallen, „reden wir halt noch mal darüber. Wer glaubt, es wäre ungefährlich, Alkohol für Gäste zu Hause zu haben?" Sie fragt in einem absichtlich leiernden Ton. „Oder meinetwegen zum Kochen? Das ist ja der zweite tolle Grund, den ich dauernd höre. Hände hoch."

Die Hände bleiben vorsichtig unten.

„Na gut. Anders gefragt: aus welchem Grund soll das kein Risiko darstellen?" fragt sie geduldig.

„Weil ich jetzt viel bewusster damit umgehe und deswegen weiß, was ich tue. Deshalb kann ich jetzt entscheiden, was ich zu mir nehme und was nicht", sagt Miri wie in der Schule. „Ich kann Alkohol zu Hause haben, und muß ihn nicht trinken. Weil ich ihn nicht brauche."

Helen, die mir in ihrer kleinen Fensternische an der Heizung gegenüber sitzt, wie immer mit dem Rücken an einem Wandvorsprung, die Beine gegen den anderen gestemmt, verdreht die Augen.

„Das denke ich auch", meint Chris, „Wir haben so was wie Disziplin gelernt. Früher haben wir Drogen gedankenlos eingeschmissen, das machen wir heute eben nicht mehr. Wir erkennen jetzt eher die Gefahren und können ihnen aus dem

Weg gehen."

„Indem ihr sie ins Haus holt", sagt Elke trocken. „Also gut, ihr Musterschüler. Schauen wir uns das mit der Disziplin mal an. Steht mal alle auf." Sie erhebt sich. „Kommt mit."

Wir folgen ihr neugierig. Vor der Tür wartet sie, bis alle den Raum verlassen haben.

„Alle da?" fragt sie. „Gut. Das war´s schon. Alle wieder rein." Wir sehen uns fragend an und gehen zurück. Als wir sitzen und wieder Ruhe eingekehrt ist, fragt Elke: „Wer von euch sitzt auf einem anderen Platz als vorher?" Niemand. „Wer von euch sitzt auf dem Platz, auf dem er immer sitzt?" Jeder sitzt auf seinem Stammplatz.

Elke wendet sich an Chris.

„Wie lange hast du grade nachgedacht, um dich zu entscheiden, dich auf deinen Platz zu setzen?"

„Äh...keine Ahnung. Ich kam rein und hab mich hingesetzt", antwortet Chris verdutzt.

„Nicht nachgedacht?"

„Nicht viel jedenfalls."

„Und beim allererstenmal?"

„Wahrscheinlich noch weniger", murmelt Andi halblaut.

Elke wendet sich an alle. „Wie lange habt ihr grade für die Entscheidung gebraucht, euch genau da hinzusetzen, wo ihr immer sitzt?"

Ratlose Blicke.

Die schnelleren unter uns bekommen eine Ahnung, worum es geht.

„Das dachte ich mir", sagt Elke. „Jemand eine Ahnung, warum keiner von uns daran einen Gedanken verschwendet hat?"

„Gewohnheit", meint Chris achselzuckend.

„Richtig", sagt Elke, „Gewohnheit. Was bedeutet Gewohnheit? Kommt schon, Leute. Ihr seid keine Anfänger mehr."

„Immer wieder das gleiche tun?"

„Die gleichen Bewegungen durchführen?"

„Sicherheit?"

„Bequemlichkeit?"

222

Elke nickt. „Sehr schön. Alles richtig. Das passendere Wort ist „Routine". Routinen haben einen unschätzbaren Vorteil: sie erleichtern unser Leben. Wir verbrauchen nicht unnötig Energie, indem wir immer wieder komplizierte Entscheidungsprozesse anlaufen lassen, wenn es um regelmäßig stattfindende Angelegenheiten geht. Deswegen hat jeder von uns „seinen" Platz im Essraum, „seinen" Platz im Gruppenraum, „sein" festes Morgenritual nach dem Aufstehen undsoweiter. Könnt ihr mir folgen?"

Wir nicken aufmerksam.

„Gut. Routinen sind etwas, das wir lernen, indem wir Dinge regelmäßig durchführen und wiederholen. Kleine Programme, die sich so lange wiederholen, bis sie irgendwann automatisch ablaufen." Sie macht eine Pause und lässt uns kurz nachdenken. „Es gibt kleine und große Routinen", fährt sie fort, „einfache und komplexe Routinen. Ein Beispiel für eine einfache Routine haben wir gerade gesehen. Komplexe Routinen brauchen länger, bis sie gelernt wurden, aber dann funktionieren sie genauso automatisch. Welche fallen euch ein?"

Diesmal dauert das Schweigen länger. Elke kann eine Gruppe minutenlang schweigend nachdenken lassen, während andere Therapeuten die Geduld verlieren oder das Schweigen nicht aushalten und die Patienten (und sich selbst) erlösen wollen.

„Radfahren?" fragt Andi schließlich.

„Exakt." Elke nickt bestätigend. „Was noch?"

„Autofahren", sagt Mark und grinst mir zu.

„Sehr schön. Gutes Beispiel. Ihr erinnert euch. In der ersten Fahrstunde ist der Fahrschüler schweißgebadet, weil er jede Bewegung mit voller Konzentration durchführen muß, aber irgendwann kann er von hier bis zur Nordsee fahren, sich dabei mit dem Beifahrer unterhalten, über seinen Urlaub nachdenken, und das Fahren erledigt sich ganz nebenbei. Naja, fast. Je häufiger gelerntes angewandt wurde, desto dauerhafter bleibt es im Gedächtnis. Deswegen heißt es wohl, daß man das Radfahren nicht wieder verlernt. Oder das Schreiben. Gut. Noch eine Idee?"

Abwartendes Schweigen.

Elke sieht sich im Kreis um und sagt: „Okay. Dann sag ich euch noch eine komplexe, dauerhaft angewandte Routine, die ihr alle kennt und perfekt gelernt habt: Euer Suchtverhalten."

Gespanntes Schweigen.

„Ist das was wirklich Neues für euch?" fragt sie ironisch. „Na, beleuchten wir doch mal die schillernde Welt der Suchtroutinen. Da wir uns grade mit dem Thema Alkohol im Haus beschäftigen, bleiben wir beim Trinken." Sie schlägt die Beine übereinander und wippt mit einem Fuß. „Welche immer wiederkehrenden Abläufe kennt ein Alki bis zur Genüge?"

„Er kann mit einem Feuerzeug Flaschen aufmachen", sagt Rolf.

„Richtig."

„Er trinkt aus der Flasche", meint Johanna.

„Auch richtig. Und wo steht die Flasche?"

„Im Kühlschrank."

„Ah", macht Elke. „Im Kühlschrank. Wo noch?"

„In der Hausbar."

„Das ist interessant", sagt Elke mit gespielter Verwunderung, „dann geht es also nicht nur darum, überhaupt Alkohol im Haus zu haben, sondern er hat sogar einen festen, ständigen Platz, wo man ihn schnell und unproblematisch findet? Schau an. Das Thema zieht Kreise. Weiter!"

„Er trinkt zu bestimmten Uhrzeiten, zum Beispiel nach dem Feierabend", sagt Mark.

„Okay. Da haken wir doch mal nach. Was passiert, wenn jemand nach der Arbeit nach Hause kommt?"

„Er ist kaputt", sagt Harry, „schmeißt seine Klamotten in die Ecke, macht ein Bier auf und wirft sich aufs Sofa."

„Weil er seine Ruhe haben will", ergänzt Mike.

„Und runterkommen will", sagt Harry.

Elke nickt seufzend „Wer kennt das nicht. Und damit kommt eine weitere Gewohnheit hinzu. Man kommt nach Hause, regelmäßig, ist fertig, regelmäßig, trinkt ein Bier, regelmäßig, um runterzukommen. Regelmäßig. Hundertmal. Tausendmal. Es wird eine perfekte Routine. Denkt man jedes Mal nach: soll ich jetzt ein Bier trinken? Nein. Man macht es, weil beim Nachhausekommen ein gut geöltes Programm abläuft. So, wie man sich auf seinen Stammplatz setzt."

„Ja, aber", wirft Chris ein, „wenn ich das weiß, dann kann ich es doch erkennen, ich meine, dann kann ich doch dafür sorgen, daß das alles eben nicht mehr gedankenlos abläuft. Und so kann ich die Routine unterbrechen und steuern."

„Theoretisch ja", gibt Elke zu. „da gibt es nur ein Problem. Einen gut eingespielten Automatismus kann ich so gut wie nie mehr verlernen. Die Suchterfahrung, daß Alkohol oder sonst irgendeine Substanz eine unangenehme Situation entschärfen kann, bleibt in eurem neuronalen Apparat, den ihr tatsächlich hin und wieder benutzt, ein für allemal bestehen. Das ist eine Erinnerung, die ihr nie mehr loswerdet. Mit anderen Worten, ihr vergesst sie nicht, bis zum Ende eures Lebens. Was ihr aber viel leichter vergessen könnt, ist eure Absicht, clean zu bleiben, einfach deshalb, weil diese Absicht noch keine Routine ist. Ob es euch gefällt oder nicht, ihr habt noch nicht viel Abstinenz gelernt, geschweige denn abstinente Routinen. Ein paar Sekunden in der richtigen – oder falschen - Stimmung, dazu Stoff in greifbarer Nähe, und euer süchtiger Automatismus meldet sich und tut das, wozu er da ist: er übernimmt das Steuer. Gedankenlos und energiesparend. Und dann habt ihr ein Problem."

„Ja, aber", wieder Chris, „selbst, wenn ich keinen Alk zu Hause habe; ich könnte doch auch zum Kiosk gehen, wenn ich in so einer Stimmung bin? Wo ist da der Unterschied?"

„Der Unterschied", antwortet Elke ruhig, „liegt in der Entfernung und der Zeit, die ich für das Bierholen brauche. Indem ich aus dem Haus gehe, mache ich etwas, das Zeit in Anspruch nimmt. Ab da steigt die Wahrscheinlichkeit rapide an, daß mir bewusst wird, was ich da eigentlich tue, und das kann schon die Rettung sein."

Einige nicken nachdenklich.

„Deswegen sollte man also auch nicht mehr in Kneipen gehen", sagt Micha III.

225

„Genau deswegen. Da sind eine Menge Routinen heimisch. Genau wie auf der Szene. Oder in der Gesellschaft von Leuten, mit denen ihr konsumiert habt", bestätigt Elke.

„Also überall", sagt Harry fröhlich.

***

Meine eigenes, Suchtleben ist für mich im Nachhinein gar nicht so leicht nachzuerleben. Ich meine, daß es ein Suchtleben war, steht fest, ohne Frage, aber welche sich immer aufs Neue wiederholenden Abläufe stattfanden, ist, anders als es auf den ersten Blick scheint, eher kompliziert. Vielleicht liegt es an der fehlenden Distanz zu mir selbst. Bei einem anderen könnte ich das Ganze vielleicht leichter durchschauen. Welche Routinen, wie Elke das nannte, haben sich bei mir im Lauf der Jahre herausgebildet? Ich sitze am Abend nach dem Essen im Wohnzimmer an einem Tisch für mich allein, habe ein Blatt Papier vor mir liegen und versuche, skizzenhaft aufzuschreiben, nach welchen Gesetzmäßigkeiten meine Sucht - oder ich - funktionierte. Am einfachsten ist die Feststellung, daß ich immer Alkohol in greifbarer Nähe hatte. Kein Alkohol bedeutete schließlich automatisch Panik. Der zweite, auch klar zu erkennende Umstand war, daß ich fast ausschließlich allein trank. Damit war Alkohol, soviel habe ich in der Therapie mittlerweile über seine Funktionen gelernt, kein Mittel, mit dem ich Beziehungen herstellte oder aufrechterhielt. Ich nutzte Alkohol nicht, um unter Menschen zu kommen, sondern im Gegenteil, um alle anderen Menschen auszublenden. Warum habe ich andere Menschen ausgeblendet? Eigentlich ist es paradox: Ich erinnere mich doch ganz deutlich an meine Einsamkeit. Aber da war auch meine Überzeugung, meine Einsamkeit sei unveränderbarer Fakt und mein Trinken die einzige mir zur Verfügung stehende Option, damit leben zu können. Damit wurde Einsamkeit oder genauer, die Überzeugung, einsam sein zu müssen, zu einer Routine, wie ich mein Leben und mich selbst einschätzte. Eben ein

226

Automatismus.

Das kommt hin. Noch korrekter müsste es heißen, das Ertragen von Einsamkeit wurde zu einem Automatismus. Der zur Folge einen weiteren Automatismus hatte, nämlich das Trinken. Gut. Ich sehe auf mein Blatt. Etwas fehlt. Die Einsamkeit hat ja einen Grund, etwas, was ihr vorausgeht. Klar, die Überzeugung, ich würde von anderen ohnehin abgelehnt. Was wiederum bedeutet, ich habe mich präventiv zurückgezogen, um Ablehnung zu vermeiden, bevor sie tatsächlich stattfinden konnte. Das ist einerseits klug, weil ich dadurch Schmerz vermied, andererseits auch ziemlich dämlich. Hätte ich es wirklich drauf ankommen lassen, hätte ich vielleicht andere Erfahrungen gemacht. Na gut, jetzt kann ich das leicht sagen. Als ich noch trank, war das undenkbar.

Aber weiter.

Mark kommt ins Wohnzimmer geschlendert, sieht mich schreiben und setzt sich an einen anderen Tisch.

Damit habe ich einen weiteren gelernten Automatismus: das Vermeiden von Ablehnung durch Rückzug. Nur, irgendwann muß die Überzeugung, ich würde abgelehnt, entstanden sein. Irgendwann einmal muß sich die Befürchtung einer Wertlosigkeit als vermeintliche Tatsache festgesetzt haben. In meiner Kindheit? In der Schule? Durch die Erfahrung damals mit Andrea? Vielleicht alles zusammen? Vielleicht fing es irgendwann einmal an, als kleiner, hässlicher Verdacht, der, als er erst mal da war, dafür sorgte, daß ich in meinem weiteren Leben immer wieder nach Bestätigung für diese einmal aufgestellte Hypothese suchte (und auch fand). Und zwar suchte ich mit solch einer Hartnäckigkeit und Zielstrebigkeit, daß, ja, daß Gegenbeweise gar keine Chance hatten, erkannt zu werden. So wie jeder Mensch, wenn er denn nur aufmerksam genug danach sucht, immer Hinweise für seine eigene Unzulänglichkeit findet. Ich lege meinen Stift auf das Blatt Papier und lehne mich zurück. Vielleicht ist das mein ganz großer Automatismus, denke ich. Mein eigenes, unwillkürlich ablaufendes und fest eingeprägtes Regelwerk, mit dem ich das

227

Leben betrachte. Und meinen Platz darin. Eine gelernte, beschränkte Sichtweise. Aber wenn diese Sichtweise nicht einer vollständigen, der Wahrheit entsprechenden Sicht gerecht wird; welche entspricht dann einer Realität, die für mich gedacht ist? Sucht wurde eine Regel, nach der sich mein Leben richtete. Nein, das ist falsch. Sucht und Leben wurden eine Einheit. Beides ließ sich nicht mehr trennen. Hätte ich damals die Sucht entfernen können wie einen Tumor, wäre nichts von mir übriggeblieben. Bestenfalls eine leere Hülle, die auch nicht wusste, wie Leben funktioniert. Und jetzt? Nach einigen Wochen im Schloß habe ich gespürt, daß da doch mehr ist als eine Leere, etwas, das Kraft und Energie bereithält, das ich aber nicht genau mit Worten beschreiben kann. Etwas wie ein...Kern. Ich kann nicht einmal genau sagen, inwieweit mein persönliches Zutun daran beteiligt ist. Es ist, als hinterließe der Verzicht von Alkohol zwar einen leeren Raum, der sich wie von selbst mit einem Potential füllt, das aber noch ungeordnet, formlos, und manchmal sogar chaotisch ist.
Vielleicht ist genau das der Sinn beim Aufbau eines abstinenten Lebens, dieses Potential zu ordnen und nutzbar zu machen. Ich denke nach. Ich glaube, das ist das, was ich bei vielen Mitpatienten beobachte. Da ist Energie, aber keiner weiß so recht, wie er sie und was davon er für sein zukünftiges Leben deuten und einsetzen kann. So wie ich.
Welche Routinen brauche ich, um abstinent und gleichzeitig halbwegs zufrieden leben zu können? Schaffe ich das überhaupt mit der Zufriedenheit? In Anbetracht meiner Grundstimmung, die in meiner Jugend und als junger Erwachsener vorherrschte, bin ich eher der depressive Typ. Hier im Schloß merke ich nichts von Niedergeschlagenheit, aber das kann auch daran liegen, daß ich dauernd beschäftigt bin und nicht viel Zeit habe, mir meiner Defizite bewußt zu werden. Andererseits, da ich mir meiner Defizite nicht längst nicht mehr so bewußt werde wie früher und sie auch nicht massiv danach drängen, bemerkt zu werden, muß ich mir

vielleicht die Frage stellen, ob da wirklich so viele Defizite vorhanden sind, und ob sie so viel Raum beanspruchen, wie ich bisher immer dachte... Ob sie nach der Therapie wieder erscheinen werden, ist wiederum eine ganz andere Frage. Hm. Also noch mal: Meine frühere Niedergeschlagenheit war eine Folge meines Rückzugs, der wiederum eine Folge meiner gefühlten Bedeutungslosigkeit war, was meine Niedergeschlagenheit und meinen Rückzug wiederum verstärkte. Ein perfekter Kreislauf. Und das Ganze geölt mit Alkohol. Ich male ein paar Pfeile auf mein Blatt Papier. Ich komme gar nicht drumherum: wenn ich etwas ändern will, muß ich damit aufhören, mich in die Unsichtbarkeit zurückzuziehen. Ich muß sozusagen eine Routine entwickeln, von anderen mit voller Absicht bemerkt zu werden. Und Routinen brauchen Zeit, bis sie funktionieren. Ich seufze. Das wäre leichter zu bewältigen, wenn ich nicht auch noch schüchtern wäre.

Mark hat keine Lust mehr zu warten und kommt an meinen Tisch. Er wirft einen Blick auf mein Geschreibsel. „Was malst du denn da? Eine Schatzkarte?"

„Genau. Mein Weg zum Glück."

Er grinst. Wie macht er das, daß er immer gute Laune hat?

„Du weißt ja: Geld allein macht nicht glücklich", sagt er lehrerhaft. Und grinst wieder.

„Jaja. Und Alkohol ist keine Lösung."

„Kommt drauf an." Er wiegt den Kopf. „Da hab ich andere Erfahrungen."

Ich betrachte sein Seeräubergesicht mit der schiefen Nase, und frage mich, was er an sich hat, daß ich mich in seiner Gegenwart sofort entspanne. Er dreht sich eine Zigarette, was bei ihm immer hohe Konzentration erfordert. Ich weiß, daß er schon sehr lange raucht, aber seine Kippen sind die krummsten Dinger, die ich je gesehen habe.

„Hast du nicht bald Heimfahrt?" fragt er. Er fegt die Tabakkrümel sorgfältig zusammen und wischt sie behutsam in seinen Beutel.

„Ja. Freitag." sage ich lustlos.

Er mustert mich. „Freust du dich nicht?"
Ich zucke mit den Schultern. „Ich weiß nicht so recht", sage ich.
„Ist mir eigentlich egal. Ich könnte genauso gut hierbleiben."
Er nickt nachdenklich, jetzt ernst geworden.
„Meinst du, du wirst rückfällig?" fragt er.
„Nein" antworte ich. „das nicht. Es ist nur... ich fahre, weil ich glaube, daß es meiner Familie gut tut, mich zu sehen. Daß sie sehen, daß alles gut ist. Aber ich fahre nicht wegen mir. Trotzdem würde ich lieber hier bleiben."
Mark sieht mich schweigend an.
„Fahr mal ruhig" sagt er schließlich. „Wird Zeit, daß du mal raus kommst."
„Du meinst, raus aus dem Zoo hier drin?"
Er lacht. „Ich meine: raus in den Zoo da draußen."

***

Was tut man, wenn ein Rückzug in die innere Emigration zu einer lebensbestimmenden Haltung geworden ist und man sich vornimmt, dies in Zukunft zu ändern? Was ist das Gegenteil von Rückzug? Angriff? Vorstoß? Das sind Begriffe, die genausowenig zu mir passen wie Euphorie und unerschütterlicher Optimismus.
Ich liege auf meinem Bett und starre an die Decke. Seit zwei Wochen habe ich ein Einzelzimmer, das Privileg der fortgeschrittenen Patienten. In wenigen Wochen bin ich in der Entlassungsphase und bekomme ein Zimmer im Nebengebäude. Dann gehöre ich zu den Alten.
Matthias sagte mal zu mir, er will mich an der vordersten Front sehen. Auch wieder so ein militärischer Begriff. Das scheint ein Merkmal aller medizinischen oder therapeutischen Behandlungen zu sein: man kämpft gegen eine Krankheit, besiegt sie, läßt sich nicht unterkriegen, verliert den Kampf, mobilisiert seine Reserven, bietet alle Kräfte auf undsoweiter. Ein ständiges Kriegführen. Je heftiger die Krankheit, desto heftiger die Gefechte. Friedliche Methoden scheint es nicht so

230

viele zu geben.

Ich drehe mich auf die Seite. Matthias hat nicht gesagt, was genau das bedeutet, dieses „an vorderster Front". Aber ich kann mir in etwa vorstellen, was er meint. Dasselbe wie Elke nämlich, und eigentlich auch dasselbe, was ich meine. Ich muß mich daran gewöhnen, mich zu zeigen, und mit zeigen ist gemeint, genau das zu tun, was mir eigentlich sehr fremd ist. Natürlich rede ich hier im Schloß mit Patienten und Therapeuten, auch über mich, und auch über sehr persönliche Dinge, aber alles Reden geschieht in einer von mir genau einschätzbaren Sicherheit. Ich bleibe in meinem persönlichen Schutzraum, der Angriffe, Verletzungen, Bloßstellungen zum großen Teil kalkulierbar und damit vermeidbar macht. Natürlich kann man fragen, was ist so schlecht daran, auf sich aufzupassen? Es spricht doch für Vernunft und Umsicht, wenn man in der Lage ist, sich zu schützen. Ich kenne viele, die können es nicht. Viele meiner Mitpatienten sind nicht in der Lage, auf sich aufzupassen und rasseln nicht nur von einem Konflikt in den nächsten, sondern kommen aus diesen Konflikten auch allein kaum mehr raus. Ich nicht. Ich gerate nicht in Konflikte und Streit. Das ist zwar nichts, was ich bedaure, zumindest bis jetzt, aber es ist auch...bequem. Es hat nämlich nicht viel mit Mut zu tun, und Mut ist vielleicht das, was ich erleben muß, und sei es auch nur, um zu erfahren, ob ich überhaupt mutig bin.

Fragt sich nur, wie ich das anstellen soll. Ich könnte Mark fragen, aber es kann sein, daß er mir vorschlägt, das Mädchen in der Bücherei anzusprechen oder etwas Ähnliches. Nur, und das klingt mit Sicherheit jetzt seltsam, davor hätte ich nicht einmal sehr viel Angst. Ich wäre nervös und mit Sicherheit unbeholfen, aber mehr nicht. Das schlimmste, was mir passieren könnte, wäre die Absage eines Menschen, den ich gar nicht kenne. Das wäre zwar eine Kränkung, aber mehr als peinlich wäre es dann doch nicht. Aber das ist interessant, fällt mir auf. Früher hätte ich anders darüber gedacht. Na egal. Es muß etwas anderes sein. Ein etwas höherer Einsatz, und

231

höheres Risiko. Und am besten im Schloß. Nicht draußen, während des Ausgangs. Wenn ich mich schon sichtbar mache, dann für alle.

Warum nicht in einer Sondergruppe? Diese Gruppen fürchte ich zwar, obwohl ich noch nie deren Mittelpunkt war, aber genau das ist es ja. Ich stand noch nie im Mittelpunkt. Daß die Sondergruppen stets in einer sehr ärger- und wutgeladenen Atmosphäre ablaufen, erwähnte ich bereits. Bevor alle versammelt sind, wissen in der Regel die wenigsten, worum es geht, und es ist immer möglich, daß man selbst der Anlaß ist.

Die Patienten gehen mit unterschiedlichen Erwartungen in diese Gruppen. Da sind einmal die ängstlichen, die permanent damit rechnen, daß es sie erwischt hat und sie nun von den anderen verfrühstückt werden. Ich finde es bemerkenswert, daß die Sondergruppen bei aller Lebhaftigkeit und Lautstärke zwar beleidigend, aber nie bedrohlich werden. Schimpfworte werden eher zurückhaltend gebraucht, und mit zurückhaltend meine ich den Gebrauch „konventioneller" Schimpfworte, nicht die Lautstärke. Sexistische oder rassistische Worte sowie Androhung von Gewalt sind tabu, und auch wenn die Wogen hochschlagen, und das tun sie meistens, hält man sich daran. Allein die Lautstärke ist oft einschüchternd genug. Manche Patienten gehen energiegeladen in den Gruppenraum und sind darauf vorbereitet, Dampf abzulassen. Ich habe immer den Eindruck, daß für manche die Sondergruppe ein willkommener Anlaß ist, in den Ring zu steigen, um ihre Kraft zu demonstrieren oder Energie abzubauen. Besonders gefürchtet ist Helen. Sie hat zehn Jahre Drogenerfahrung und es geschafft, in ihrer ganzen Drogenkarriere nicht länger als die Zeit bis zum Haftprüfungstermin im Gefängnis zu sein. Aus irgendeinem Grund, den niemand aus der Gruppe kennt, hat sie eine mörderische Wut auf Männer mit Machogehabe, also damit auf einen Großteil der männlichen Patienten, die sie in den Sondergruppen rausläßt. Andere sind zurückhaltend und warten ab, manche sind besonnen, wieder andere sind kindlich aufgeregt. Ich selbst bin immer aufgeregt, da ich mir wie alle anderen auch, nie sicher sein kann, ob ich der Anlaß bin. Schließlich gibt es die, die mehr oder weniger gleichgültig bleiben und die ganze Angelegenheit mit wenig Beteiligung vorbeistreichen lassen. Oft sind unter ihnen diejenigen zu finden, die frühzeitig die Therapie verlassen. Die Fraktion der Besonnenen nutzt die Gruppe, um eine sachliche Lösung zu finden. Man kann den Zweck der Sondergruppen so zusammenfassen: es geht nicht darum, Konflikte sachlich zu lösen, sondern Frust und Ärger mit voller Absicht ans Licht zu bringen. Vor allem aber geht es darum, den Frust und den Ärger der anderen auszuhalten. Mir leuchtet das ein. Sachliche Argumente muß ich nicht aushalten. Die kann ich ignorieren, wenn ich will. Ich kann nicht ignorieren, daß mich jemand anschreit, das halte ich entweder aus, oder aber ich wehre mich dagegen, und in beiden Fällen mache ich die Erfahrung, daß ich es kann, und Erfahrung ist energiegeladen. Ich glaube, das ist der Sinn: keiner von uns ist früher wirklich mit Ärger umgegangen, sondern hat ihn vermieden. Ich finde die Sondergruppen bei aller stets auftretenden Sorge außerordentlich spannend.

Therapiegruppen hatte ich mir immer so vorgestellt: alle sitzen im Kreis, einer moderiert, jeder hat die Gelegenheit, gesittet etwas zu sagen und die anderen reagieren wohlwollend. In den Sondergruppen dagegen wird es heftig. Man schreit, Zurückhaltung wird als duckmäuserisch gesehen, und es wird erwartet, auf Angriffe zu reagieren. Wenn Sondergruppen tagsüber stattfinden, sind die Therapeuten anwesend, was das Klima der Konfrontation allerdings nicht ändert. Sie halten sich eher zurück und beobachten und können sich dadurch manchmal ein genaueres Bild über jemanden machen, als wenn sie ihn in den üblichen Therapiegruppen oder Gesprächen erleben. Aus einem ganz bestimmten Grund bin ich von den Sondergruppen sogar begeistert. Es gibt wie überall sonst auch hier im Schloß Typen, die es gewohnt sind, sich durch Einschüchterung durchzusetzen und Typen, die es gewohnt sind, eingeschüchtert zu werden. In den Gruppen sind Einschüchterungen gemäß den Regeln verboten (es ist strenggenommen, auch verboten, sich einschüchtern zu lassen). Kommt einer der Platzhirsche mal in die Verlegenheit, Mittelpunkt einer Gruppe zu sein – was nicht häufig vorkommt, da man sich selbst dann nur ungern mit ihnen anlegt, wenn man die Regeln und die Gruppe auf seiner Seite weiß – verlaufen die Sondergruppen eher verhalten. Nicht jeder traut sich, jemanden konsequent bloßzustellen, den man insgeheim fürchtet.

Ich beschließe, so eine Gruppe zusammenzurufen. Dazu brauche ich einen Anlass. Einen Konflikt. Es würde reichen, daß mir das Verhalten eines Mitpatienten auf die Nerven geht, ein Arbeitsbereich beim morgendlichen Putzen nicht sauber genug gemacht wurde, jemand unpünktlich war, daß ich gesehen habe, wie jemand während der Arbeitstherapie verbotenerweise geraucht hat, kurz gesagt, Anlässe gäbe es genug. Es gäbe sogar genug Patienten, die sich als „Opfer" für meinen Versuch anbieten würden, einfach deshalb, weil sie für mich keine ernstzunehmenden Kontrahenten bedeuten. Ich denke da zum Beispiel an Rolf und Micha. Bei den beiden hätte ich leichtes Spiel. Sie würden verlegen lächelnd auf ihren Stühlen sitzen und alles über sich ergehen lassen. Und ich hätte das Gefühl, ich würde eine dreibeinige Katze treten.
Das geht also nicht.
Aber was ist mit Udo?
Udo redet wenig und tritt auf, als wäre er ein harter Knochen. Vielleicht ist er das auch. Die meisten Patienten gehen ihm aus dem Weg. Er sieht einem selten direkt in die Augen, meistens blickt er konzentriert mit zusammengekniffenen Brauen vor sich auf den Boden, wenn er etwas sagt. Außer, er bewegt sich. Dann geht sein Blick irgendwo in die Ferne, als hätte er den Horizont zum Ziel. Er redet sehr wenig. Ich habe ihn nie laut erlebt. Wenn ihm etwas nicht paßt, zeigt er für einen Moment unverhohlene Wut, die sich hauptsächlich in seinen Augen zeigt und andere zurückweichen läßt. Während einer kurzen

Umbelegung wegen vier Neuzugängen gleichzeitig an einem Tag lag ich eine Woche mit ihm zusammen auf einem Zimmer, wo er es fertigbrachte, mich die ganze Zeit zu übersehen. Ich mag ihn nicht. Um ehrlich zu sein, finde ich ihn nicht einmal interessant. Ich fühle mich unwohl in seiner Gegenwart, und wie die meisten anderen spüre ich eine gewisse Angst in seiner Nähe, ein Effekt, den er, da bin ich sicher, mit Absicht hervorruft und durchaus wünscht.

Privates weiß man von ihm nicht, außer, daß er eine Freundin hat, mit der er jeden Abend telefoniert. Er redet kaum mit anderen, und häufig reagiert er nicht einmal, wenn er angesprochen wird. In den Gruppen wird er in Ruhe gelassen. Ich habe bemerkt, daß ein allgemeines Bestreben vorherrscht, ihn nicht zu reizen. Er ist ausschließlich mit den Platzhirschen zusammen. Udo ist der unangenehmste Mensch, den ich in der Therapie kennengelernt habe. Das Unangenehme ist seine permanente, unverhohlene Verachtung für andere. Und der permanente Impuls, den er in mir auslöst, ist, von ihm nicht bemerkt zu werden.

Ich beschließe, Udo zum Anlaß für meine Sondergruppe zu machen.

Die Entschiedenheit, mit der dieser Gedanke in meinem Kopf auftaucht, hat etwas enorm Irritierendes. Mir fallen sofort Gründe ein, die dagegensprechen: einer offenen Auseinandersetzung mit einem Menschen, der mich einschüchtert, und zwar allein durch seine physische Präsenz bin ich nicht gewachsen. Hinzu kommt ein Publikum, das ebenfalls eingeschüchtert ist und deswegen – wahrscheinlich - keine Partei für mich ergreifen wird. Das wird eine Auseinandersetzung, die, sollte ich unterlegen, und im Moment sehe ich keine Erfolgschancen, nicht nur meine Unterlegenheit beweist, sondern auch meine Dummheit, die ich offen zur Schau stelle. Ich würde keine Selbstachtung gewinnen, sondern den letzten Rest davon auch noch verlieren. Elke wäre zwar begeistert, weil ich mich ins Scheinwerferlicht gewagt habe, aber man sollte sich nicht sichtbar machen, wenn man nackt ist.

235

Das sind alles gute Gründe, noch mal darüber nachzudenken. Je mehr ich nachdenke, desto entschlossener werde ich, es zu wagen.

Ich muß mich vorbereiten. Ich bin ohnehin kein spontaner Mensch. Wenn ich mich beispielsweise verabrede, spiele ich in Gedanken sämtliche Gesprächs - und Reaktionsvarianten durch. So etwas dauert natürlich. Ich hatte sehr wenige Verabredungen bis jetzt, aber ich erinnere mich deutlich, daß kurzfristige Treffen aus diesem Grund nicht möglich waren. Eine Woche Vorlaufzeit ist in Ordnung. Ein Tag ist entschieden zuwenig. An einem Tag kann ich nicht einmal annähernd sämtliche Möglichkeiten erfassen, auf die ich vorbereitet sein sollte. Der Grund hat mit meiner fehlenden Erfahrung mit Menschen zu tun, denke ich. Ich weiß schlicht nicht, wie ich mich oder andere sich mir gegenüber verhalten, wenn wir zusammenkommen. Ich habe kein Training in so etwas. Wie auch. Ich war ja meistens alleine. Mir ist natürlich klar, daß die Realität schließlich anders abläuft als in meinen Vorstellungen, aber das spielt in diesen Momenten keine Rolle. Wichtig ist, ich bin mir vorher der vielen Möglichkeiten bewusst geworden und weiß, die, die mir eingefallen sind, kann ich bewältigen. Andere Möglichkeiten, die mir nicht in den Sinn gekommen sind, kann ich theoretisch deshalb auch bewältigen, wenn ich davon ausgehe, daß sie sich von den mir bekannten nicht großartig unterscheiden. Ich will damit sagen, ich fühle mich generell in der Lage, Lösungen zu finden, sofern ich vorher Zeit genug hatte, das Vorhandensein einer allgemeinen Lösungskompetenz zu überprüfen. Dafür muß ich die konkreten Möglichkeiten gar nicht alle wissen. Ich muß allerdings einräumen, daß meine Theorien Schwächen hat. Man könnte ohne weiteres argumentieren, mir fallen nur die Möglichkeiten ein, die ohnehin in meiner Ideenwelt zu Hause sind, und dort sind logischerweise auch die Lösungen zu finden, und das heißt wiederum, diejenigen Alternativen, die mir nicht zugänglich sind und deshalb auch gar nicht als unlösbar erkannt werden können, tauchen gar nicht erst auf und überraschen

236

mich dann böse in der Realität. Mag alles sein. Mir gibt mein Vorgehen jedenfalls die nötige Sicherheit, die ich brauche. Andere schalten zwanzigmal den Herd aus, bevor sie aus dem Haus gehen. Ich überprüfe tagelang meinen Pool von Lösungen.

Ich brauche diesmal etwa drei Tage, dann weiß ich, wie ich vorgehe. Das wichtigste zuerst: Ich brauche einen Anlaß, idealerweise einen, der von allen nachvollzogen werden kann und mich vor allem so unangreifbar wie möglich macht. Ich könnte mir irgendeine Regelverletzung heraussuchen, die Udo genau so passiert wie anderen, irgendeine Kleinigkeit, wie z.b. das Anzünden einer Zigarette eine Minute vor offiziellem Pausenbeginn oder so etwas. Damit hätte ich einen legitimen Grund für eine Sondergruppe, niemand würde mich deswegen schief angucken. Als Erbsenzähler würde ich aber kein sehr sympathisches Bild abgeben. Und mir ist diese Art der Regelkontrolle unter Mitpatienten selbst ein Greuel, und, was noch wichtiger ist, der Anlaß wäre zu banal. Ich will nicht erscheinen als jemand, der Energie auf Kleinigkeiten verschwendet.

Dann finde ich eine Möglichkeit. Jeden Abend von acht bis zehn Uhr ist für die Patienten Telefonzeit. Das bedeutet, jeder kann von Angehörigen, Freunden, Bekannten angerufen werden und exakt zehn Minuten telefonieren. Die Zeit muß genau eingehalten werden. Verantwortlich dafür ist der jeweils zuständige Patient, der den Telefondienst durchführt. Die zehn Minuten dürfen nicht überzogen werden und werden es in der Regel auch nicht, da jede überzogene Minute zu Lasten der anderen geht. Das System reguliert sich weitgehend selbst. Punkt 22 Uhr ist die Telefonzeit vorbei und die abendliche Schlussrunde beginnt. Da alle pünktlich sein müssen, verlässt der Telefondienst regelmäßig einige Minuten vorher seinen Platz. Der letzte Telefonierer legt nach Ende seines Telefonats auf und kommt dann nach. Das letzte Telefonat vor der

237

Abendrunde ist eine Möglichkeit, eine oder zwei zusätzliche Telefonminuten herauszuholen, da der Weg bis zum Gruppenraum ein Stockwerk tiefer führt und man deswegen nie ganz pünktlich sein kann, es sei denn, man verzichtet auf eine oder zwei Minuten der eigenen Telefonzeit. Da niemand die Zeit kontrolliert, die man für den Weg braucht, kann man also leicht bis kurz nach zehn Uhr telefonieren und dann nach unten kommen. Zu spät kommt man sowieso. Nur übertreiben darf man es nicht. Diese Möglichkeit wird von vielen genutzt, die als letzte telefonieren, und da theoretisch jeder davon profitieren kann, wird es allgemein stillschweigend akzeptiert. Udo allerdings hat dafür gesorgt, fast regelmäßig derjenige zu sein, der das letzte Telefonat entgegennimmt und zwei bis drei zusätzliche Minuten rausholt. Niemand hat ihn bisher deswegen kritisiert. Er hat sogar durchblicken lassen, daß die anderen ihre Telefonate früher bestellen sollten, da er es vorziehe, in Ruhe mit seiner Freundin zu sprechen. Nicht alle halten sich daran, aber es erhöht seine Chancen. Udo hat sich auf diese Weise ein Privileg geschaffen. Das würde mich auch nicht stören. Was mich allerdings stört, ist die Selbstverständlichkeit, mit der er sein Privileg einfordert. Das ist keine Banalität mehr, und damit der passende Rahmen für meinen Versuch. Der Vorteil an der ganzen Sache ist, ob ich mich durchsetze oder nicht, ist egal. Ich habe mich für alle sichtbar an etwas herangewagt, was viele andere vermeiden.
Ich wähle den kommenden Donnerstagabend aus. Donnerstag ist ein halbwegs entspannter Tag. Nachmittags findet Bewegungstherapie statt, wer dazu keine Lust hat, macht Kunsttherapie in der Werkstatt, und das heißt, man ist abends nicht erschöpft. Nach einem anstrengenden Tag haben alle nur noch den Wunsch, ins Bett zu kommen, und ich will kein ungeduldiges Publikum.

Ich bin den ganzen Tag nervös. Als die Telefonzeit beginnt, sitze ich im Wohnzimmer und lese. Nebenbei beobachte ich die Reihenfolge, mit der jeder zum Telefon gerufen wird. Es

kommt jetzt darauf an, wann Udo an der Reihe ist. Sollte er früher zum Telefon gerufen werden, kann ich meinen Plan vergessen und muß auf einen anderen Abend warten. Aber er wird nicht gerufen. Um zehn Minuten vor zehn kommt wie üblich sein Anruf. Ich atme auf. Dann steigt meine Nervosität. Um Punkt 22 Uhr versammeln wir uns im Gruppenraum. Udo müsste korrekterweise jetzt in der Gruppe erscheinen. Vielleicht ist er diesmal ja pünktlich. Ich bekomme Angst wie vor einer wichtigen Prüfung und registriere die Gedanken, die sich einstellen und mich zum Rückzug bewegen sollen: „Das darf doch nicht wahr sein, daß ich auf so eine Idee gekommen bin. Was soll das überhaupt? Ich bin in einer Therapie und will eine Gruppe zusammenrufen, um mich wegen ein paar lausiger Telefonminuten auseinanderzusetzen. Das ist doch kein Thema. Das ist trivial. Ein bedeutungsvolles Thema wäre so etwas wie wie ein Rückfall, heimliches Rauchen auf dem Zimmer, Angst vor der Zukunft, Einsamkeit, die Überzeugung, für den Rest des Lebens als Alki gezeichnet zu sein, zu flüchten und sich irgendwo die Decke über den Kopf zu ziehen, damit niemand mich sieht. Das wäre etwas, was mich nicht so kleinkariert erscheinen lassen würde. Ich lasse die Sondergruppe bleiben. Niemand weiß, was ich vorhatte, es werden sich andere Gelegenheiten ergeben."
Nein.
Die Abendrunde hat begonnen. Udo kommt drei Minuten später. Als die Reihe an mich kommt, sage ich: "Ich will eine Sondergruppe." Da bereits alle da sind, muß ich nicht die Glocke läuten. Alle sehen mich erstaunt an, ein oder zwei Patienten stöhnen.
Einer der Patienten läuft los und holt die Nachtwache, die als Beobachter dabei sein muß. Der Gruppenverantwortliche zieht seinen Kugelschreiber vom Klemmbrett, das er in den Abendrunden immer dabei hat. Das Therapeutenteam wird am nächsten Morgen informiert, und aus den Sondergruppen wollen sie die Details hören.
„Also", sagt Mark, „leg los."

239

„Es geht um die Telefonzeiten", beginne ich. „Wir haben zehn Minuten pro Mann. Richtig?" Die Runde sieht mich gespannt an. Einige nicken. Udo sieht unbeteiligt aus dem Fenster. Ich schlucke. „Wenn jemand die zehn Minuten überzieht, zieht er die anderen über den Tisch. Außerdem ist das ein Regelverstoß." Ich mache eine Pause. Die anderen warten ab. Einige sehen schuldbewusst aus. Klar. Jeder hat schon mal ein, zwei Minuten zusätzlich rausgeschlagen. Bevor jemand darauf antwortet – ich will ja keine Grundsatzdiskussion – sage ich: „Was mich aufregt, ist, daß Udo regelmäßig zusätzlich Zeit rausschlägt, indem er seine Anrufe auf zehn vor zehn legt und dann noch ein paar Minuten zu spät zur Abendrunde kommt. Man braucht von oben bis hier in den Gruppenraum weniger als eine Minute, das heißt, man kann schon hier sein, noch bevor alle ihre Kissen hingelegt haben."

Ich bleibe so sachlich wie möglich. Das fällt mir insofern leicht, weil ich gar nicht ärgerlich bin, sondern ängstlich, und das kann ich verbergen. Bei Ärger bin ich mir nicht so sicher. Sachlichkeit ist der einzige Schutz, den ich habe.

Udo sieht mich jetzt an, und zwar ärgerlich und angewidert. „Was fällt dir ein", sagt er ruhig. „Du Pimpf. Laß mich mit dem Scheiß in Ruhe."

Normalerweise würde das reichen, und er hätte seine Ruhe. Er hat klargemacht, daß er sich nicht mit der Angelegenheit beschäftigen will. Jeder andere würde jetzt vom Rest der Gruppe wegen seiner schroffen Art angegriffen. Aber nicht Udo. Vor Udo hat man Angst. Ich schlucke erneut. Er hat es clever gemacht. Er hat den Ball einfach wieder an mich zurückgespielt. Ich muß also erneut die Initiative ergreifen. Wenn es so weitergeht, kann er mich einfach auflaufen lassen, bis meine Energie verpufft. Erstaunt merke ich, daß ich ärgerlich werde. Ich bleibe ruhig.

„In der letzten Woche ist das vier Mal vorgekommen. Hochgerechnet sind das zusammen etwa zehn Minuten, die für dich extra zusammengekommen sind."

Udo fixiert mich jetzt gezielt, ohne zu blinzeln. „Willst du damit sagen, ich bescheiße?" fragt er mit seiner wie üblich tonlosen Stimme. Eine eindeutige Aufforderung, den Schwanz einzuziehen. Auch ohne sie als solche auszusprechen, eine Drohung. Gut, passieren wird mir hier nichts. Aber das Wissen, da ist jemand, nur wenige Meter entfernt, der, wenn es die Umstände erlauben würden, keinerlei Hemmungen hätte, mich zu schlagen, hat etwas zutiefst Angsteinflößendes. Ich könnte zurückweichen und ein deutliches Signal setzen, daß ich seine Überlegenheit anerkenne. Die Gruppe würde es allerdings auch registrieren. Ich wäre insofern - auch für die Zukunft - in Sicherheit. Alle würden sehen, daß ich mich unterordne.

Den Teufel werde ich tun.

„Ja", sage ich.

Udo starrt mich an. Das kommt für ihn sichtbar unerwartet. Er weiß jetzt nicht, was er tun kann. Er will aber auch nicht sein Gesicht verlieren, nicht bei einem wie mir. Er wählt eine andere Taktik.

„Dazu sag ich gar nichts mehr", schnaubt er. Auch das würde bei keinem anderen funktionieren. Eine klare Ablehnung einer Konfrontation führt normalerweise zu einem massiven Hallo der Gruppe. Bei ihm allerdings ist die Gruppe wieder vorsichtig. Jeder Kommentar wäre für den einzelnen ein möglicher Einstieg in eine Auseinandersetzung mit Udo, und das möchte keiner riskieren. Mein Ärger wird größer, diesmal über die anderen. Ich bin auf mich allein gestellt. Auf diese Weise werde ich nicht viel machen können. Während ich noch überlege, bekomme ich Hilfe.

„Mir ist das mit der Telefonzeit auch schon aufgefallen", sagt Helen gelassen, „und zwar schon länger als seit letzter Woche." Die Stimmung ändert sich. Helen ist eine der anderen Patienten, mit der man sich nicht gern anlegt. Sie vermittelt zwar keine physische Bedrohung, aber sie weicht in Konfrontationen, die sie dazu noch bereitwillig sucht, keinen Milimeter zurück. Und sie schreit am lautesten. Allein das schüchtert die meisten ein. Udo gegenüber war sie bisher immer zurückhaltend, obwohl jeder weiß, daß sie ihn verabscheut. Jetzt, durch ihre

241

Bemerkung, hat sie offen Stellung bezogen. Ob sie auf meiner Seite ist, weiß ich noch nicht. Bei Helen muß man mit allem rechnen. Es kann passieren, daß sie auf mich losgeht, sobald ich ihren Kommentar leichtsinnig als Loyalitätsangebot interpretiere.

Da Helen klargemacht hat, daß sie nicht auf Udos Seite steht, fällt es den anderen leichter, sich einzuordnen.

„Stimmt, mir auch", sagt ein anderer. Mehrere nicken. Udo schweigt jetzt ganz einfach. Er ist klug genug, jetzt nicht zu kämpfen.

Harald sieht ihn an und klopft mit seinem Stift auf das Klemmbrett. „Was sagst du dazu?"

„Leckt mich."

Helen explodiert. „Was? Leckt mich?" Was bist du denn für`n Arsch? Zockst hier Leute ab und anstatt wie ein Mann dazu zu stehen, fällt dir nichts Anderes ein als „leckt mich?""

Das ist das erste Mal, daß Udo offen angegriffen wird. Udo bleibt reglos sitzen, aber er zwinkert überrascht. Kann gut sein, daß er das noch nie erlebt hat. Helens Attacke ist eine Aufforderung, die von allen verstanden wird.

„Also echt, das geht zu weit."

„Du hast uns nicht zu beleidigen."

„Überleg dir mal, warum du hier bist."

„Für dich gelten keine Sonderregeln."

Alles sehr verhaltene Reaktionen, im Vergleich zu dem, was ich sonst so in den Sondergruppen erlebe, aber da sie alle Udo betreffen, sind sie fast eine Sensation. Ich bin erleichtert.

Harald nickt seinen Gruppensprecherkollegen zu. „Wir gehen kurz ins Büro und überlegen uns 'ne Konsequenz."

Beim Rausgehen muß er an mir vorbei und zwinkert mir zu.

Nach drei Minuten sind sie zurück. Nachdem alle wieder sitzen, sagt Harald: „Ein Monat Telefonsperre während der Woche. Am Wochenende wird die Sperre jeweils aufgehoben."

Das ist hart. Einen Monat Telefonperre hat es bisher noch nie gegeben.

Udo protestiert, was allerdings zwecklos ist. Die

Gruppenverantwortlichen haben bei der Vergabe von Konsequenzen freie Hand, solange diese nicht komplett überzogen sind. Udo kann sich am nächsten Tag bei den Therapeuten beschweren, was er aber wohl bleiben lassen wird. Für die Erschleichung von persönlichen Vorteilen muss er sich wahrscheinlich ohnehin noch mit Matthias auseinandersetzen.

***

Die Sondergruppe ist zu Ende. Die Abendrunde geht weiter. Das war eine kurze Angelegenheit. Udo ignoriert mich ab sofort nicht mehr automatisch, sondern mit Absicht. Kurz vor dem Zimmerrückzug wird die letzte Zigarette geraucht. Ich gehe mit den anderen nach draußen. Udo steht etwas abseits und unterhält sich mit der Nachtwache. Er wird einen kurzen, ärgerlichen Kommentar zur Gruppe abgeben und dann das Thema wechseln. Mehr wäre unter seiner Würde. Zu befürchten habe ich von ihm nichts. Mark stellt sich neben mich. Für die anderen ist die Sache erledigt. Üblicherweise wird nach Sondergruppen über das Thema nicht mehr gesprochen, da immer eine allgemein akzeptierte Lösung gefunden wird. Mark bläst eine Zigarettenwolke aus. „Das war ja mal nicht schlecht", sagt er grinsend. „Das Arschloch hat schon längst mal einen Dämpfer verdient."
„Wohl hab´ ich mich dabei nicht gefühlt."
Mark nickt bedächtig. „Kann ich mir denken. „Ich hab schon lange vorgehabt, ihn mal zurechtzustutzen. Ein oder zweimal hab ich´s auch gemacht. Das bringt bloß nicht viel. Bei einem wie mir ist er drauf eingestellt. Da erwartet er quasi hin und wieder mal Kampf. Das ist für ihn auch okay. Sozusagen die gleiche Augenhöhe. Aber dann kommst du." Er sieht mich an und lacht dann. „Nimms mir nicht übel, aber er rechnet doch einfach nicht damit, daß jemand wie du ihm an den Karren fährt und dann auch noch durchkommt. Daran hat er zu schlucken. Das ist viel wirksamer."

„Danke. Was heißt jemand wie ich?"

„Du bist für ihn Fußvolk", sagt er fröhlich. „Du bist halt ein Stiller, hast keine kriminelle Erfahrung, warst nicht im Knast und so weiter. Du regelst Angelegenheiten nicht mit Gewalt und Drohungen oder irgendwelchen linken Sachen. Alles Dinge, die viele hier gewohnt sind. Alles andere kennen sie nicht und nehmen es deshalb nicht ernst. Udo auch nicht. Jetzt hat er mal was anderes erlebt. Das ist keine große Sache, zugegeben, die paar Minuten Telefonzeit, aber die meisten hier kapieren wahrscheinlich gar nicht, daß es dabei um Respekt geht, und deswegen ist die Sache gar nicht mehr so klein."

Er packt seine Rauchsachen zusammen. Gleich beginnt die Nachtruhe.

„Für die Gruppe ist das gut, das mal zu sehen. Respekt ist nicht das, was sich oben bei den Platzhirschen abspielt. Respekt gehört nach unten."

„Ich glaube, du bist ein ganz guter Gruppensprecher", sage ich.

„Ja" sagt er ernst. „Das glaube ich auch."

Elke schlägt die Beine übereinander. „Du hast Udo also in seine Schranken gewiesen?" fragt sie amüsiert.

Ich seufze. „Naja. Ich dachte, wenn ich mich schon nach vorn wage, dann richtig. Aber, ehrlich gesagt..."

Elke wartet. Ich habe keine Lust auf das Gespräch. Ich hatte mir vorgestellt, ich könnte Elke von einem Triumph berichten, einem wichtigen Schritt meiner Therapie, einem Sprung über meinen Schatten oder so etwas.

„Was hab ich denn schließlich gemacht?" frage ich sie. „Ich hab einen Idioten vorgeführt, den keiner leiden kann."

Elke runzelt die Brauen. „Das ist tief gestapelt. Was meinst du mit vorgeführt?"

„Na, wenn man sich das mal nüchtern ansieht, hatte er doch gar keine Chance. Er hat eine Regel verletzt und muß anderen Regeln entsprechend jetzt dafür grade stehen. Nichts Spektakuläres. Ich weiß nicht, was ich erreicht haben soll. Für mich, meine ich."

„Aha. Hättest du es gern etwas dramatischer gehabt? Härter? So eine Art Saloonschlägerei?"

„Dramatischer wollte ich es eigentlich nicht. Eher – bedeutungsvoller."

Elke nickt. „Okay. Verstehe. Ich erklär das ganze mal aus meiner Sicht."

Sie setzt sich grade hin. Ihren Block legt sie neben sich auf den Schreibtisch. „Paß auf. Es ging nicht darum, irgendwas zu gewinnen."

„Sondern?"

„Nicht zu verlieren."

Aha. Wortspiele. Gedankengänge durch Irritation unterbrechen und sie neu ordnen, oder wie sie das mal nannte.

„Ich versteh´ schon", sage ich resigniert. „Wir sind beim Sichtbarwerden. Nicht zurückweichen und die eigene Stärke spüren. Trotzdem, du kannst es drehen, wie du willst. Nicht zurückzuweichen bedeutet nun mal, irgendwas zu gewinnen. So sollte es jedenfalls sein. Ich weiß nur nicht so recht, was ich eigentlich gewonnen habe. Das war doch der Sinn, oder? Irgendein Gewinn? Etwas, was mir helfen soll, trocken zu bleiben?"

„Und diesen Gewinn siehst du nicht?"

„Nein...", sage ich zögernd. „Schau mal, ich hab mir ausgerechnet Udo ausgesucht, weil alle vor ihm Angst haben. Das hätte eigentlich schon gereicht, egal, welchen Ausgang die Gruppe genommen hätte. Und dann entschied sich alles zu meinen Gunsten. Udo hat einen auf den Deckel gekriegt. Ich müßte zufrieden sein. Bin es aber nicht. Irgendwie scheint mir das ganze unfair."

„Unfair?" fragt Elke verwundert. „Versteh´ ich nicht."

„Ich war ihm von vornherein überlegen", platze ich heraus. Ich schaue Elke herausfordernd an, aber sie bleibt ernst.

„Es hätte leicht anders kommen können", fahre ich fort. „Er hätte mich einschüchtern, die andern hätten den Mund halten können, und das wäre es gewesen. Ein peinlicher Ausgang für mich. Stattdessen hab ich ihn nach anderen Regeln spielen

245

lassen, Regeln, bei denen er keine große Chance hatte. Das ist unfair."

Elke lächelt. „Du bist verrückt. Fair wäre es also gewesen, nach seinen Regeln zu spielen?"

„Ja. Nein! Ich weiß nicht. Ich meine, fair ist, wenn alle auf dem gleichen Level sind."

„Aha. Wo hast du das denn her?"

„Stimmt das etwa nicht?" frage ich verwundert.

Elke überlegt. „Ich glaube nicht", sagt sie schließlich. „Vielleicht in einer idealen Welt. In unserer Welt bedeutet Fairness, daß jeder das Recht hat, die gültigen Regeln für sich in Anspruch zu nehmen und einzufordern. Udo versucht, eigene Regeln aufzustellen, und eine der Regeln lautet: Schüchtere andere ein, um dich durchzusetzen. Hättest du dich darauf eingelassen, hättest du verloren. Du bist nun mal nicht einschüchternd. Was dir Bauchschmerzen macht, ist der Umstand, daß du Udo im Rahmen der geltenden Regeln angegangen bist, und da ist er offensichtlich angreifbar. Das ist seine Schwäche, zugegeben, und da hast du ihn gekriegt. Das ist nicht unfair, das ist clever."

„Trotzdem habe ich seine Schwäche ausgenutzt", sage ich.

„Mag sein. Spricht für dich, daß du so denkst. Es spricht aber auch gegen dich. Nach deiner Argumentation müsstest du jedesmal zurückweichen, wenn du bei anderen Schwächen erkennst. Das klingt nobel. Nur: gehen wir mal davon aus, daß jeder Mensch, mit dem du zu tun haben wirst, Schwächen hat. Irgendwo. Für dich bedeutet das, dich jedesmal zurückzunehmen und den anderen den Vortritt zu lassen. Damit hast du ein Konzept von Fairneß, bei dem du nur verlierst."

„Muß man die Schwachen nicht beschützen?"

„Was bist du, ein Pfadfinder? Natürlich kannst du das tun. Beschütz die Schwachen, soviel du willst. Unter drei Voraussetzungen: erstens, du vergewisserst dich, ob sie wirklich Schutz benötigen. Zweitens, du vergewisserst dich, ob dein Schutz nicht letztendlich Unheil anrichtet. Und drittens, und das vor allem anderen: du beschützt erst mal dich selbst."

246

Ich sehe sie groß an. Elke wartet. „Was ist?" fragt sie belustigt. „Hab ich dein Weltbild erschüttert?"

„Ich dachte, es kommt darauf an, soziale Regeln zu lernen. So was wie "achte auf andere Menschen", "nutz deine Fähigkeiten für ein besseres Zusammenleben mit anderen" undsoweiter."

„Ja. Und?"

„Gehört zu diesen Regeln nicht: Nimm dich zurück, um einen anderen nicht zu beschränken?"

„Hast du etwa Mitleid mit Udo?"

Ich zögere.

„Ich kann´s nicht glauben!" sagt sie überrascht. „Warum? War er etwa so verletzt, weil er zurückstecken mußte?"

Ich schweige unbehaglich. Elke beugt sich vor.

„Das ist es also: Du bedauerst ihn, weil er ausgerechnet vor dir zurückstecken mußte!" sagt sie erstaunt. „Na, toll. Was für eine Schande, gegen dich zu unterliegen! Ist es das?"

„Kann sein", sage ich unglücklich. „Und alle haben es gesehen. Was ist, wenn mich jetzt alle dafür verachten? Oder denken, ich habe einfach nur Glück gehabt und jetzt darauf warten, daß es mir irgendwie heimgezahlt wird, weil ich mir einen Platz angemaßt habe, an den ich nicht gehöre? Ich will mich nicht andauernd durchsetzen müssen. Ich bin kein Kämpfer, und schon gar kein Gewinner. Ich bin in Wahrheit ein Schwächling. Und eigentlich fühle ich mich damit ganz wohl."

„Tust du nicht", sagt Elke gelassen. „Du kennst es bloß nicht anders und hältst es deswegen für deine natürliche Bestimmung. Jetzt gerade hast du etwas Anderes an dir erlebt, das dir fremd ist und dir deswegen unangemessen erscheint." Sie macht eine kurze Pause. „Für dich bedeutet das wohl, deine Vorstellungen von freundlicher Bescheidenheit zu überdenken."

„Heißt das, ich soll meine Vorstellung von Bescheidenheit über Bord schmeißen?"

„Ich sagte: überdenken. Außerdem würdest du das gar nicht können. Du wirst dich zwar verändern in den nächsten Jahren, aber so sehr nun auch wieder nicht. Du mußt dir nur darüber klarwerden, nach welchen...Regeln du funktionierst. Vor allem, welche Regeln du irgendwann mal verinnerlicht hast, ohne sie auf ihren Sinn zu hinterfragen. Wir alle haben unsere ganz speziellen Lebensregeln, irgendwann mal gelernt durch Erziehung oder frühere Erfahrungen, und wir denken so gut wie nie darüber nach. Das sind Regeln, die uns so unumstößlich erscheinen, daß sie fast tabu sind. Manche davon sind wichtig und richtig, manche davon sind schlicht Unsinn oder hatten vielleicht früher Mal Gültigkeit, passen aber nicht mehr zu unserem Leben. Und manchmal brauchen wir neue Regeln."

„So was wie: „das Leben ist kein Ponyhof"?" frage ich amüsiert.

Elke lacht. „Genau! Überleg mal, was das im Grunde heißt. Es bedeutet, das Leben macht keinen Spaß, ist kein Vergnügen, sondern das Gegenteil. Es bedeutet, das Leben ist nichts für kindliche Bedürfnisse – Erwachsenen reiten nicht so häufig Ponies, soviel ich weiß -, es bedeutet, das Leben ist nicht unbeschwert. Jemand, der sein Leben nach dieser Maxime führt, wird das Leben zwangsläufig auch so sehen. Allerdings: wie realistisch ist diese Regel wirklich? Welche unanfechtbare Instanz sagt so etwas? Was für Menschen sind das, die ihr Leben auf diese freudlose Regel aufbauen? Wenn sie glücklich damit sind, bitte. Ich persönlich habe Zweifel daran, aber ich würde niemandem das Recht auf seine Regel absprechen. Es sei denn, ich würde als Therapeutin drauf angesprochen, und das kommt häufiger vor, als du denkst. Und wenn ich in meinem Beruf darauf angesprochen werde, dann von Menschen, die nicht glücklich sind, was unter anderem zwangsläufig die Frage aufwirft: Sollten wir vielleicht mal die Lebensregeln auf ihre Tauglichkeit überprüfen? Vielleicht ist ja eine Modifikation nötig. Oder ein Auswechseln." Sie sieht mich an. „Du wirst auch die eine oder andere Regel haben, denke ich. Laß mal hören."

„Okay...zum Beispiel...""Nimm beim Essen die Ellenbogen vom Tisch.""

„Naja. Weiter."

248

„"Wenn Erwachsene reden, müssen Kinder still sein"? Also, ich bin zwar kein Kind mehr, aber daran erinnere ich mich."

„Aha. So etwas sitzt, oder? Und was bedeutet die Regel?"

„Das, was Erwachsene reden, ist immer wichtiger als das, was Kinder zu sagen haben", antworte ich.

„Richtig. Wenn man sich überlegt, was kleinen Menschen so vermittelt wird..." sagt Elke verdrießlich.

Ich nicke. „Ich erinnere mich dran, daß ich mir als Kind immer zweimal überlegt habe, was ich sage." Und heute immer noch tue.

„Kann ich mir denken. Was noch?"

„"Nimm dich nicht so wichtig. Die anderen sind auch noch da"."

Elke macht eine aufmunternde Geste.

„"Zuerst kommen die anderen, dann komme ich". "Sei immer höflich zu anderen". "Man sagt nicht Ich will"."

„Gut. Reicht erst mal. Das sind alles Regeln, die – seien wir vorsichtig - zumindest in jungen Jahren dein Selbstbild bestimmt haben."

„Schon. In etwa. Eigentlich ja."

„Beschreib mal das Bild, das du von dir als Jungen hast. Mach die Augen zu. Laß dir Zeit."

Ich denke nach und spüre leichte Beklommenheit. „Ein kleiner Junge, der nicht viel redet. Weil er dafür gelobt wird, wenn er still ist. Der viel für sich allein macht. Angst hat, daß er für irgendetwas bestraft wird."

Mir fallen Träume ein, die ich als Kind eine Zeit lang regelmäßig hatte, Träume, in denen ich allein durch menschenleere, nächtliche Straßen irre, an trübe Straßenlaternen, an rettungslose Einsamkeit. Ich erinnere mich an Friedhöfe an strahlenden Sommertagen, ich in einem Sarg liegend, meine Eltern und Großmutter sitzen in ihrem Garten und trinken Kaffee und essen Kuchen unter dem großen Baum. Ich werde nicht vermißt. Ich bin einfach nicht existent. Ich schüttele den Kopf und öffne die Augen. Sie sind feucht.

„Gut", sagt Elke sachlich. „Das fühlst du als Kind. Und heute",

249

sie verschränkt die Arme hinter dem Kopf und ihre Stimme bekommt ihre Lässigkeit zurück, „bist du kein Kind mehr. Oder sagen wir besser, ein Teil von dir ist immer noch Kind, aber der Rest ist erwachsen. Und der erwachsene Rest, der hier und heute existiert, braucht andere Regeln." Sie wird noch einmal ernst. „Alkohol hat für Süchtige eine Funktion. Eine sehr wichtige sogar. Für dich wahrscheinlich die, deine innere Emigration zu überleben. Und du bist emigriert, weil du dachtest, das wäre deine Aufgabe. Jetzt hast du zwei neue Aufgaben. Die eine ist, mach dich weiter damit vertraut, daß die Emigration nicht dein Los ist." Sie sieht mich prüfend an, um sicher zu sein, daß ich sie verstehe. Ich nicke. Meine Nase läuft, und das ärgert mich. „Und die andere?" frage ich. Sie lacht. „Regeln finden für die Emigration aus der Emigration. Welche würden dir gefallen?"

***

Nach dem Gespräch mit Elke ist Zeit für die Arbeitstherapie. Das kommt mir ganz gelegen. Ich will für mich sein. Ich sage dem AV Bescheid, daß das Beet hinten am Volleyballfeld mal wieder von Unkraut befreit werden muß und ich mich darum kümmere. Er ist einverstanden, und ich weiß, daß ich den Nachmittag über allein bin. Ich nehme mein Gartenwerkzeug und einen Eimer für das Unkraut und ziehe los, ans Ende des Geländes. Es ist warm. Die Sonne scheint. Mein Selbstbild, denke ich, während ich auf der Erde kniee und Grünzeug rupfe, mein Selbstbild ist nichts weiter als ein substanzloses Konstrukt und hat mir zu schaffen gemacht, seit ich denken kann. Und ich habe es auch noch selbst kreiert. Wie gehen die anderen damit um? Denken die regelmäßig über ihr Selbstbild nach und führen upgrades durch? Was heißt das überhaupt: Wer bin ich? Woran merke ich, wie ich sein soll? Ich lege die Hacke beiseite und setze mich auf den umgedrehten Eimer. Woran merke ich, daß ich richtig bin? Ich weiß, woran ich merke, daß ich falsch bin, nämlich daran, daß ich anders sein möchte. Ich weiß nur nicht, wie genau dieses „anders" sein sollte. Selbstsicher. Aber was heißt das nun wieder eigentlich? Selbstsicher ist etwas, das man fühlt. Wie fühlt sich so etwas an? Ich meine, wie fühlt es sich an, wenn man andauernd selbstsicher ist? Sozusagen Selbstsicherheit verinnerlicht hat? Und die Unsicherheit nicht mehr der gewohnte Zustand, sondern die Ausnahme ist? Na gut, folgende Frage: wozu brauche ich Selbstsicherheit überhaupt? Sie muß ja einen Sinn haben. Gut, Frauen mögen selbstsichere Männer. Aber da bin ich mir nicht mehr so sicher, seit ich weiß, wer von meinen Mitpatienten alles eine Freundin hat. Trotzdem, ohne selbstsicheres Auftreten kann man eine Frau gar nicht erst ansprechen, zumindest nicht ohne ein Minimum davon. Du lieber Gott, ich kann mir beim besten Willen nicht vorstellen, daß sich eine Frau in mich verliebt. Ich verliebe mich oft, meistens in jemanden, der davon überhaupt nichts mitbekommt. Immer nach meiner Regel, die Frau muß den ersten Schritt tun und die Entscheidung fällen, dann trage ich nämlich nicht die Verantwortung, wenn es schiefgeht, getreu der Unterregel, halte dir immer eine Hintertür offen.

Ich bin wirklich ein Feigling. Aber genausogut könnte ich sagen, ich passe nur gut auf, daß mir nichts passiert. Das ist eine freundliche Umschreibung für Feigling. Wieso überhaupt Feigling? Wenn ich genauer darüber nachdenke, ist Verlassenwerden tatsächlich das Schmerzhafteste, was ich mir vorstellen kann. Ich meine nicht das Verlassen, wenn ein wichtiger Mensch in eine andere Stadt zieht und ich ihn dann nicht mehr sehe, auch nicht das Verlassenwerden durch den Tod eines nahen Menschen. Das sind gute Gründe, weil sie nichts mit persönlichem Versagen zu tun haben, ich meine, Gründe, die ich selbst nicht zu verantworten habe. Nein, ich meine das Verlassen in der Art von: „Ich habe nachgedacht und mir ein Urteil gefällt und das lautet, es ist für mich besser zu gehen als bei dir zu bleiben." Schrecklich. Unterm Strich heißt das: du bist es nicht wert. Noch schrecklicher ist, ich würde diese Meinung wahrscheinlich sogar teilen. Das ist wohl der Grund, aus dem ich immer noch erstaunt bin, wenn mich ein Mensch sympathisch findet.

Und wenn sich eine Frau wirklich mal in mich verliebt? Ich wäre nicht erstaunt, ich würde in Panik geraten. Ich glaube, ich will mir nicht vorstellen, daß eine Frau sich in mich verliebt, weil, wenn die Chance auf Liebe rein theoretisch, nur so als Möglichkeit, einmal da wäre, dann wäre meine Hoffnung so groß, daß mich schon der Gedanke lähmen würde, sie wieder zu verlieren. Ich würde von vornherein, propylaktisch, schon den Abschied einleiten, bevor es zum großen Knall kommen kann. Riskiere keine Nähe, dann riskierst du keine Verletzung. Vermeide Verletzungen, und du vermeidest die Erfahrung, sie nicht aushalten zu können. Der Umkehrschluß ist aber ebenso leicht: Riskiere Nähe, und du erhöhst die Wahrscheinlichkeit von Glück. Riskiere Verletzungen, und du riskierst dasselbe wie Millionen anderer Menschen auch, die es jeden Tag, jede Stunde erleben, ohne unterzugehen oder bleibende Schäden davonzutragen.

Ich zerreibe Erde zwischen meinen Fingern und lasse sie zu Boden fallen.

Ich habe mir ein erstklassiges System erschaffen, daß mich vor Schmerz schützt und mich langsam verhungern läßt. Alkohol war die Ersatznahrung, jeder Rausch eine Ersatzsättigung, meine Sucht das Ersatzleben. So gesehen ist der Anspruch „einen Ersatz für Alkohol zu finden" grundfalsch, denke ich. Es geht nicht darum, etwas zu finden, das ihn ersetzt, sondern etwas, wofür der Alkohol seinerseits bisher Ersatz war, sozusagen das Ursprüngliche, das wegen des Alkohols keine Chance hatte, sich zu entfalten, so wie Pflanzen auf diesem Gartenstück nicht wachsen können, wenn anderes Kraut zuviel Platz und Nährstoffe beansprucht. Ich rupfe eine Distel aus dem Boden. Die wachsen hier besonders gut. Fragt sich immer, welche Pflanzen an welchem Ort besonders gut gedeihen. Der Vergleich gefällt mir. Ein Selbstbild wird auch nicht aus einem Steinblock herausgehämmert wie eine Statue, sondern muß sich entwickeln, indem man, ähnlich wie bei Pflanzen, eine passende Umgebung dafür schafft, eine mit genug Licht, Pflege, und Schutz. Und man braucht Geduld. Der einzige Unterschied zu einem Garten ist, man weiß nicht so genau, was rauskommt. Und wann.

***

Chris ist von seiner zweiten Heimfahrt nicht zurückgekehrt. Er verließ, wie die meisten anderen Heimfahrer auch, am ersten Tag des Wochenendes in aller Frühe das Haus, um die erste Bahn zu erreichen, nachdem er sich bei der Nachtwache abgemeldet hatte. Ich weiß, er freute sich auf die Fahrt nach Hause zu seinen Eltern und darauf, das erste Mal nach Monaten „mal wieder in der wirklichen Welt unterwegs zu sein". Ich beneidete ihn, wie ich, solange ich selbst noch nicht dafür in Frage komme, bisher alle anderen beneidete, die sich zu einer Heimfahrt aufmachen. Nicht, weil sie nach Hause dürfen, sondern weil diese Fahrten den Anflug einer abenteuerlichen Reise hatten, eine Reise in eine Welt, die mittlerweile, nach nur wenigen Wochen Veränderung in exilartiger Abwesenheit, unbekannte Pfade und vorsichtig zu betretendes Neuland bereithält. Weiße Flecken auf der Karte, wenn man so will, entstanden durch Abstinenz, und nun neu zu kartografieren. Mich fasziniert und befremdet der Gedanke gleichermaßnen, daß Menschen, deren intime Gewohnheiten ich besser kenne als die meiner Familie, sich aufmachen zu Orten und Personen, wo sie, würde ich sie dort treffen, für mich Fremde sein würden. So wie ich für sie, weil es dort keine Gemeinsamkeit mehr für uns gäbe außer der Sucht, und die würde uns an eben diesen Orten nicht mehr verbinden.
Die wenigsten Heimfahrer haben Angst. In wenigen, tragischen Fällen sind Fahrten in die Heimatstadt oder zur Familie nicht möglich, manchmal, weil dort eine physische oder ernste psychische Gefährdung zu befürchten ist, aber es besteht keine Pflicht, Angehörige aufzusuchen, wenn die Umstände bei ihnen

desolat sind. Gute Bekannte, die als verantwortungsbewußt eingeschätzt werden können, kommen für eine Wochenendübernachtung ebenso in Frage. Die besuchten Personen müssen nachweislich „unbedenklich" sein. Wichtig ist, daß die Heim- oder Wochenendfahrten überhaupt durchgeführt werden. Sie werden als eine Art Erprobung gesehen. Patienten können, wenn sie wollen, früher als geplant ins Schloß zurückkehren, was manchmal auch in Anspruch genommen wird. Diese Entscheidungen entspringen in der Regel einer vernünftigen Selbsteinschätzung der eigenen Belastbarkeit und der Umstände zu Hause. Jeden Abend bis 22 Uhr muß ein Anruf bei der Nachtwache im Schloß erfolgen. Bei der Rückkehr wird manchmal „auf Verdacht" eine Urinkontrolle abgenommen.

Chris meldete sich schon am Vorabend der Rückkehr nicht, ein wie immer fast untrügliches Zeichen, daß etwas gründlich schieflief. Die Telefonate im Schloß werden sehr ernst genommen, und die Patienten achten sehr penibel darauf, die vorgeschriebenen Zeiten einzuhalten. Ein Versäumnis wird, wie jedem klar ist, fast automatisch als Hinweis auf einen Rückfall interpretiert und ist es meistens auch. Nun bedeutet ein Rückfall nicht unbedingt und zwangsläufig einen Rauswurf (obwohl er das, wie ich hörte, in manchen anderen Therapien sehr wohl bedeutet); aber er hat ernste und anstrengende Auseinandersetzungen mit den Therapeuten und den Mitpatienten zur Folge, einschließlich Beschränkungen der bisherigen Ausgangsregelungen. Ich glaube, daß sich manche dem nicht gewachsen fühlen und deswegen fernbleiben, besonders, wenn sie grade erst den Schock eines Rückfalls erlebt haben und deswegen ohnehin mit Ängsten, Schuld- und Versagensgefühlen zu kämpfen haben.

Chris meldetete sich nicht nur nicht, sondern erschien überhaupt nicht. Wir können in solchen Fällen nur spekulieren, was passierte. Informationen bekommen wir in der Regel nicht. Patienten melden sich in den meisten Fällen nicht mehr, wenn sie wegbleiben. Manchmal erfahren wir durch Neuzugänge, daß derjenige wieder im Gefängnis sitzt oder schlimmeres mit ihm passierte. Die Informationskette innerhalb der Szene funktioniert zuverlässig, außerhalb dagegen nur lückenhaft bis gar nicht. Bleibt ein Patient weg, redet man kurz darüber und macht weiter. Jeder, der das Schloß verlässt, ist ein Kandidat, der möglicherweise nicht zurückkommt, egal, wie zuverlässig er hier auch eingeschätzt wird. Mich erinnern die Heimfahrten ein bißchen an Ein-Mann-Unternehmungen, an Vorstöße aus der Sicherheit eines schützenden Forts in ein Land, das durch seltsame Einflüsse plötzlich Unwägbarkeiten bereithält und nicht mehr so überschaubar wie früher ist. Der Umstand, daß manche von uns lange Strecken in ihre Heimatstadt zurücklegen müssen, manchmal bis an die Küste im Norden oder weit in den Süden Deutschlands, unterstreicht für mich den abenteuerlichen Charakter.

Den Abend, bevor jemand sich in aller Frühe auf den Weg macht, wird er von allen gemeinsam in der Abendrunde verabschiedet, und zwar mit aufrichtig gemeinten besten Wünschen, und er wird oft genauso erfreut bei seiner Rückkehr wieder begrüßt. Kehrt er allerdings nicht zurück, nun, dann ist er für das Schloß und die Gruppe halt verloren, sein Bett wird für den Nächsten bereit gemacht, und es geht weiter. Ich halte das Verhalten nicht für herzlos. Vielleicht ist es nicht die unangemessenste Art, mit Verlust und dem gewahr werden eigener Gefährdung, das sich wie heute aufgrund Chris´ Fernbleiben einstellt, umzugehen. Und vielleicht ist die Maxime „Zuerst komme ich, dann die andern" nicht nur ein Charakteristikum der Sucht, sondern aus einem anderen Blickwinkel gesehen auch die Notwendigkeit für Schutz und Abstinenz.

***

Es ist fünf Uhr früh. Mein Rucksack ist gepackt, ich muß nur noch Zahnbürste und ein paar Kleinigkeiten verstauen. Ich gehe leise den langen Flur entlang, durchquere den kleinen

Gruppenraum, an dessen Ende sich das Büro der Nachtwache befindet, klopfe kurz und gehe hinein. Herbie, der heute Nacht Dienst hatte, ist schon wach und stellt mir wortlos eine Tasse Kaffee hin, ein höfliches Ritual, das zum Abmelden gehört. Ich setze mich, zünde mir eine Zigarette an. Vor kurzem habe ich mit dem Rauchen wieder angefangen. Seit ich damals ins Krankenhaus kam, rauchte ich nicht mehr. Es war mit meiner körperlichen Verfassung schlicht nicht vereinbar. Jetzt, da es mir körperlich wieder gut geht, ist das Rauchen ein Beweis für meinen guten Zustand. Zunächst schnorrte ich die eine oder andere Zigarette von meinen Mitpatienten, bis ich energisch aufgefordert wurde, mir gefälligst selbst Tabak zu kaufen. Herbie gähnt und legt die Beine auf den Tisch. Er ist etwas kleiner als ich, hat einen dicken Bauch und ist durch nichts aus der Ruhe zu bringen. Wenn er mal verärgert ist, merkt man es daran, daß er einen fixiert und plötzlich leise redet. Zum Dienst erscheint er mit einem schweren Motorrad („Ich fahr am liebsten Chopper", sagte er mal und deutete ernst auf seinen Bauch, „wegen dem flachen Tank.") Ich habe ihn nie anders als in schwarzer Lederhose und -jacke gesehen. Während seiner Nachtwachen bin ich sehr oft in seinem Büro, wo er mir neue Musik-CD´s vorspielt und für mich auf Kassette aufnimmt.

„Und? Bereit für die große Reise?" brummt er.

Ich nicke. Ich bin nervös. Er merkt das, geht aber nicht darauf ein.

„Ich habe abends wieder Nachtdienst. Also telefonieren wir ja heute noch."

Irgendwie beruhigt es mich, daß er heute Abend, während ich zweihundertfünfzig Kilometer weit weg bin, hier im Schloß ist. Ein gutes Gefühl. Warum eigentlich, denke ich. Ich habe ja keine Angst. Ich bin aufgeregt, ein bißchen unsicher, aber ich freue mich auf die Bahnfahrt, das Unterwegssein. Es wird ungefähr vier Stunden dauern, bis ich ankomme. Die meiste Zeit nehmen S-Bahn- und Zugfahrt in Anspruch, dann noch eine Dreiviertelstunde mit dem Bus. Mein Heimatort liegt weit weg von den Zugstrecken.

„Danke für den Kaffee", sage ich, stehe auf und gebe ihm die Hand.

„Keine Dummheiten", sagt Herbie. „Bis Sonntag."

Alle schlafen noch. Ich verlasse das Haus, das ich bei Tageslicht noch nie so still erlebt habe. Der Himmel ist wolkenlos, die ersten Sonnenstrahlen haben schon die Turmspitzen des Schlosses erreicht. Herbie steht am Fenster und hebt zum Abschied seine Kaffeetasse. Ich winke zurück und drehe mich um. Das große Holztor der Einfahrt ist noch geschlossen. Ich übertrete die weiße Linie, die Markierung, deren unerlaubtes Übertreten den sofortigen Abbruch der Therapie bedeutet, öffne die kleine Tür in einem der Torflügel und denke daran, daß ich in den letzten Minuten mehr ungewohnte Bewegungen vollzogen habe als in den Monaten zuvor. Auf der Hauptstraße ist um diese Zeit wenig Verkehr. Ich drehe mich noch einmal um, um mich zu vergewissern, daß ich das Tor wieder geschlossen habe. Dann gehe ich zur Bushaltestelle. Während ich losmarschiere, rechne ich nach: Einschließlich meines Krankenhausaufenthaltes bin ich seit über vier Monaten zum ersten Mal wieder allein. Und seit Jahren nicht nur bloß allein, sondern allein, nüchtern und bei Tageslicht ohne die Absicht unterwegs, Alkohol zu besorgen. Premiere.

Ich vergewissere mich alle zehn Minuten, daß meine Fahrkarte noch im Seitenfach meines Rucksacks steckt. Für die Bahnfahrt habe ich mir ein Buch mitgenommen, aber ich werde nicht lesen.

Im Zug sehe ich aus dem Fenster, ohne über etwas Bestimmtes nachzudenken. Es ist, als halte mein physisches Unterwegssein auch meine Gedanken dazu an, nirgendwo haftenzubleiben. So, wie mein Blick alles in unmittelbarer Nähe des Abteilfensters nur als vorbeihuschende, substanzlose Schatten wahrnehmen kann, ohne sich irgendwo festzuhalten. Ein gutes Gefühl. Nur die weiter entfernten Objekte lassen sich genauer und in Ruhe betrachten.

Während der Zwischenaufenthalte an den Bahnhöfen kaufe ich

mir einen Becher Kaffee. Ich beobachte die anderen Fahrgäste und ziehe eine seltsame Befriedigung und Sicherheit aus dem Wissen, daß mich niemand als Patient und Alki erkennt. Im Spiegelbild der Glasscheibe einer Reklame betrachte ich mich selbst, einen schlanken, jungen Mann mit Jeans, hellem T-Shirt und neuen Sportschuhen, sauber, gepflegt, leicht gebräunt durch die Gartenarbeit und den Pausen auf der Wiese und ganz offensichtlich gesund. Unauffällig. Während ich die Menschen um mich herum beobachte, fallen mir andere Dinge auf: die Bierdose, die wie beiläufig in der Hand gehalten wird, der gleichzeitige Blick, der selbstbewusst wirken soll, aber jedem anderen Augenkontakt ausweicht; der leichte Alkoholgeruch, der wie das Flair von Rasierwasser hartnäckig auf der Haut und in der Kleidung haftet; das Glänzen mancher Augen wie bei scharfem Wind. Ich bin erschrocken über die Verachtung, die ich plötzlich spüre. Nicht über das Erkennen, daß ich sie anderen gegenüber spüre, sondern weil ich erkenne, daß mir dasselbe Ausmaß an Verachtung zuteil wurde, sogar von mir selbst, und ich spüre den leisen Schock über das sich gleichzeitig einstellende Mitgefühl für die beschämte Not, die sich nur durch armselig vergebliche Versuche, sich zu verstecken, verteidigen kann.

Je mehr ich mich meinem Heimatort nähere, desto fremder wird mir die Gegend. Die letzten fünfzehn Kilometer fahre ich mit dem Bus. Ich sehe die Fabriken im Tal, in denen ich als Schüler arbeitete, die Kirche oben auf dem Berg der Altstadt. Erkennungszeichen, die ich schon weitem ausmachen kann. Ich spüre mein Herz klopfen und weiß nicht, warum. Angst ist es nicht. Freude auch nicht.

Ich komme nicht nach Hause. Ich komme zu Besuch. Ich komme nicht ungern, aber ich freue mich auch nicht. Es liegt nicht daran, daß ich meine Angehörigen nicht sehen will. Aber mein Aufenthalt wird bis übermorgen dauern. Das ist eine lange Zeit. Würde es sich um einen Nachmittag handeln, wäre es in Ordnung. Das wäre ein angemessener Zeitrahmen. Aber zwei Tage... Was soll ich hier tun? Es gibt nichts zu tun. Nichts zu klären. Ich habe keine Kontakte, die ich pflegen muß. Da sind auch keine Konflikte in der Familie, die bereinigt werden müssen, und selbst wenn welche da wären; ich kenne meine Familie. Und mich. Wir würden nichts „bereinigen". Das hier ist nicht mehr mein Ort. Der Fußweg vom Busbahnhof durch die Stadt, dann den Berg hoch bis zu meinem Elternhaus, ist lang. Ich bin ihn oft gegangen, als ich noch im Gymnasium war. Er sollte mir vertraut sein, ist es aber nicht mehr. Obwohl sich nichts verändert hat. Woher kommt das Fremde? Es dauert einen Moment, bis ich verstehe, daß ich nicht mehr derselbe bin, der noch vor Monaten hier lang ging, abends, nachts. Hier geht nicht der Trinker, hier geht, ja, wer geht hier eigentlich? Natürlich kann mir nichts vertraut sein, wenn ich mir selbst nicht mehr vertraut bin. Ganz einfach. Allein die Tatsache, daß ich mich bei Tageslicht, in hellem, warmen Sonnenschein durch die Stadt bewege, noch dazu ohne einen Tropfen Alkohol im Leib oder dem Verlangen danach, ist eine vollständig neue Erfahrung. Ich versuche, dasselbe Gefühl aufkommen zu lassen, das ich damals hatte, das Gefühl von Trostlosigkeit, nur um die Größe des Unterschieds zum Jetzt zu spüren, aber ich kann nicht genau erkennen, was ich jetzt fühle. Es ist zu vage. Ich bemerke viel Neues, zum Beispiel die Menge der Menschen, die mit mir unterwegs sind. Nachts war ich allein. Ich bemerke, daß ich sie mir anschaue, wenn sie vorbeigehen, manche mit einem leicht höflich verwunderten Ausdruck in den Augen wegen meines aufmerksamen Blicks, mit denen ich sie ansehe. Gleichzeitig bin ich ängstlich. Was, wenn ich einen Bekannten treffe? Wenn ich jemanden treffe, der mich aus den Kneipen kennt, wäre es nicht so schlimm. Der hätte kein großes Interesse an mir. Schlimmer wäre es, ich träfe einen Bekannten, der ein solides Leben führt und sein Leben im Griff hat, wie es so schön heißt. Einen Nachbarn meiner Mutter, zum Beispiel. Einen alten Schulfreund, verheiratet, mit Kindern, gutem Job, zufrieden. Wie würde so ein Gespräch ablaufen? Wie muß ich mich verhalten? Muß ich auf Mitleid und höfliche

Herablassung gefasst sein? Besonders selbstbewusst auftreten? Oder besser das Gegenteil? Ich treffe niemanden, den ich kenne. Und niemand kennt mich. Ich bin gleichzeitig erleichtert und enttäuscht.

***

Vor der Haustür greife ich unwillkürlich in meine Hosentasche, um den Schlüssel hervorzuholen. Ich habe natürlich keinen mehr. Ich läute, und während ich darauf warte, daß mir die Tür geöffnet wird, registriere ich ein schnelleres Herzklopfen, das ich weniger auf freudige, sondern auf ängstliche Erwartung zurückführe. Ich wollte gelassen bleiben. Manches wird man einfach nicht los, denke ich ärgerlich. Meine Mutter öffnet die Tür, schätzt mich blitzschnell ein und umarmt mich. Das kommt unerwartet. Ich bin gerührt.

„Gut siehst du aus", sagt sie.

„Danke. Du auch." Ich folge ihr in den Flur und stelle meinen Rucksack beiseite. Ich sehe mich um, wie nach einer langen Reise. Der Küchentisch ist gedeckt mit Kaffeetassen (insgesamt drei, also wird meine Schwester noch kommen. Mein Vater ist, wie ich aus einem Brief weiß, nach einem Infarkt erneut in einer Reha), Kuchentellern, Servietten. Sogar Untertassen stehen auf dem Tisch. Ich bin erleichtert: also bin ich wirklich Besuch und nicht der verlorene Sohn, der wiederaufgenommen werden soll. Und jetzt wird mir klar, was mich wirklich geängstigt hatte: die Aussicht auf eine Zukunftsplanung gemeinsam mit meiner Familie, einer auszuhandelnden Neuverteilung der Rollen und gegenseitiger Verpflichtung. All das sind Aufgaben, die viele Patienten mit in ihre Heimfahrten nehmen, teils, weil sie selbst es so wollen, teils, weil es ihnen von den Therapeuten manchmal nahegelegt wurde und deren Notwendigkeit und Sinnhaftigkeit ich auch immer nachvollziehen konnte, bis jetzt, bis zu diesem Moment, in dem ich merke, wie sehr mich die Aussicht auf ein stabiles Familiengefüge, das mitzugestalten meine Aufgabe wäre, in

260

Panik versetzt, besonders, da es bedeuten würde, daß meine Familie Verantwortung für mich übernimmt. Und ich will nicht, daß sie mein Leben mitgestalten.

Ich bin erleichtert, als Besucher empfangen zu werden und dankbar, und für einen Moment bin ich mir nicht sicher, ob mich meine Mutter nicht besser kennt, als ich für möglich gehalten habe. In diesem Augenblick, beim Anblick der Kuchenteller und Servietten, während ich ihre großzügige Bereitwilligkeit zu Distanz spüre, fühle ich Zuneigung zu ihr. Sie gibt mir Raum zum Erzählen, und ich weiß, sie will vor allem hören, daß es mir gut geht. Ich tue ihr gern den Gefallen. Ich erzähle vom Schloß, den Tagesabläufen, den Therapeuten und ich bleibe bei oberfächlicheren Dingen, weil sie vieles nicht verstehen würde. Hier, in die Küche, in der ich als Junge oft Schulaufgaben erledigte, passt das Schloß nicht hinein, und ich denke, es gehört hier auch nicht hin. Meine Mutter ist interessiert, sie lacht an den richtigen Stellen, ist betroffen, wenn es notwendig ist, und sie ist, und darauf kommt es an, erleichtert. Sie sieht, daß es mir gut geht, sie hat keinen Grund, sich Sorgen zu machen, und sie muß sich nicht (und ich vermute, das war eine ihrer Ängste) schuldig fühlen.

Ich bin kein guter, will sagen ausdauernder Erzähler und daher froh, als meine Schwester zu uns stößt. Auch sie umarmt mich (die Anzahl der Körperkontakte in meiner Familie konnte ich bisher an einer Hand abzählen), zündet sich eine Zigarette an und redet. Schweigen ist ihr seit jeher ein Greuel. Ich kann mich zurücklehnen und zuhören. Wie immer, wenn sie redet, spricht sie weder mich noch meine Mutter direkt an. Ich ahne plötzlich, daß ihre Art, die Dinge, die sie bewegen, sozusagen nur indirekt zur freien Verfügbarkeit in den Raum zu stellen, wo man sich ihrer bedienen oder, ohne die Kränkung einer Zurückweisung, ignorieren kann, ihr eine ähnliche sichere Distanz verschafft wie die, die ich durch meinen Rückzug erreichte. Etwas, das nicht direkt angeboten wird, kann auch nicht direkt abgelehnt werden. Mit einem Anflug von Schuldbewusstsein denke ich, daß sie vielleicht auf ähnliche Weise unglücklich war wie ich.

261

Ich gehe nicht aus während meiner Heimfahrt. Ich wüsste nicht, wohin. Ich achte besorgt darauf, ob ich einen Impuls verspüre, in eine meiner Kneipen zu gehen, aber da ist nichts. Es hätte mich auch überrascht. Mit der gleichen Besorgnis achte ich auf das Auftreten eines möglichen Verlangens nach Alkohol. Ich habe Schreckensberichte von anderen gehört, die sich im vermeintlichen Schutz einer unumstößlichen Gewissheit einem plötzlichen, nicht zu bewältigenden Trinkdruck ausgesetzt fühlten. Ich dagegen verspüre nicht einmal ein Bedauern. Am Abend gehe ich in mein Zimmer, in dem immer noch meine Musikanlage steht, setze die Kopfhörer auf und lasse meine vertraute Musik laufen. Es stellt sich nicht das alte Empfinden ein. Natürlich nicht. Aber diesmal spüre ich ein Bedauern. Es ist ein Bedauern über das Ende der Möglichkeit, mich selbst zu verlassen und mich woanders wiederzufinden, mich nach meinen eigenen Wünschen neu zu gestalten.

Nein. Bedauern ist nicht richtig.

Es ist Trauer.

Alkohol hat mir viel bedeutet.

Ich angle meine Geldbörse aus der Gesäßtasche und ziehe meinen Personalausweis aus einem Seitenfach. Das Foto zeigt mich vor acht Jahren. Ich stelle mich vor den kleinen Spiegel neben der Tür und halte es so, daß ich es mit meinem Gesicht vergleichen kann. Auf dem Foto sehe ich eindeutig aus wie ein Alki. Der Alkohol hat auf dem Gesicht und in den Augen Spuren hinterlassen, damals schon. Manche sind sichtbar, manche glaube ich durch das bloße Betrachten des Fotos nur zu spüren. Das Bild läßt Unbehagen in mir aufkommen. Mein Blick gleitet zwischen Foto und Spiegelbild hin und her.

Ich gehe in den Kellerraum, in dem mein Vater einen Vorrat an Brennholz aufbewahrt, zusammen mit kleingehacktem Anfeuerungsholz. Ich nehme mir einige kleine Scheite und lose Zeitungsblätter und gehe in den Garten hinter dem Haus, hinten in die Ecke, die durch eine dichte Hecke an einer Seite und einen Rosenbusch auf der anderen von außen nicht einsehbar ist. Ich baue sorgfältig einen kleinen Scheiterhaufen, zünde ihn

262

mit dem Zeitungspapier an und warte. Die Flammen züngeln sehr gleichmäßig. Perfekt. Ich nehme vorsichtig meinen Ausweis, lehne ihn behutsam an die kleine, brennende Holzpyramide und warte. Als alles verbrannt ist, nehme ich einen der Backsteine, die seit über zehn Jahren unberührt an der Wand stehen. Ich achte darauf, einen der unversehrten zu nehmen. Ich lege ihn auf die Asche und klopfe ihn fest, damit er schön eben liegt. Am Montag beantrage ich einen neuen Ausweis. Und lasse neue Fotos machen.

***

Eine Standardfrage in der Therapie lautet: unter welchen Umständen kannst du dir vorstellen, rückfällig zu werden? Ich halte die Frage für einerseits notwendig, da sie auffordert, Eventualitäten zu erkennen und zu berücksichtigen, andererseits aber auch unsinnig, da sie ein Gedankenspiel ist, das ich in der Regel in einer mehr oder weniger stabilen Verfassung durchführe, die mit den tatsächlich gefühlten Zuständen, die einen Rückfall provozieren, nichts zu tun hat. Ich fände sie dann sinnvoll, wenn mir diese Zustände bereits aus Erfahrung bekannt sind, nur erlebe ich abstinenzgefährdende Situationen und damit die entsprechenden Erfahrungen eben erst in der Abstinenz, und die kennen wir nun mal noch nicht so lange. Ich könnte genauso fragen, was muß passieren, damit ich Selbstmord begehe? Ich glaube, darauf hat jeder Mensch ähnliche Antworten, und alle beinhalten Katastrophen, massive, extreme Umstände, die ihn aus der Bahn werfen und das gewohnte Leben, vorsichtig ausgedrückt, unmöglich erscheinen lassen. Der Vorteil von Katastrophen liegt in ihrer leichten Erkennbarkeit. Nur, wenn man sie erkannt hat, steckt man schon mittendrin und ist oft zu verstört, um noch vernünftig und planvoll zu handeln. Interessanterweise geschehen Rückfälle, wie ich aus den Erzählungen im Schloß weiß, selten aufgrund von extremen

263

Umständen, sondern durch Banalitäten, die sich allerdings sehr schnell in eine Katastrophe verwandeln können. Banalitäten sind zum Beispiel Streit mit der Freundin, Langeweile, Frust, weil sämtliche Bewerbungen um einen Arbeitsplatz zurückkommen, das zufällige Wiedersehen mit einem Bekannten aus der Szene, der plötzliche, simple Gedanke: wozu das Alles?, der in einem Moment sämtliche Zuversicht kippen läßt. Das alles sind Möglichkeiten, die einem im Gruppenraum während einer Therapiesitzung zwar einfallen, aber nicht unbedingt ängstigen, weil, nun, weil man sich im Therapieraum sicher fühlt. Es wäre etwas anderes, wenn man bei so einer Frage sofort das Gefühl von Angst, Scham oder Bedrängung fühlen würde, dann wüsste man nämlich, daß es nicht darum geht, eine Situation, sondern das Empfinden zu meistern, das durch sie ausgelöst wird.

Was müsste passieren, damit ich jetzt, hier, während meiner Heimfahrt rückfällig würde? Was würde passieren, wenn ich trinke? Ich habe im Keller, als ich die Holzscheite gesucht habe, die Bierflaschen meines Vaters gesehen. Ich hatte mich früher oft davon bedient. Lösen sie eine Empfindung in mir aus? Das tun sie, zweifellos. Ich spüre zwar kein Verlangen, aber irgendetwas anderes, undefiniertes, eine Mischung aus Wehmut und Ekel, leichte Sehnsucht, eine Kombination, von der auch andere im Schloß oft berichteten. Aber das ist nichts, was ich als Gefahr einstufen würde. Es ist interessant, daß meine Mutter den Alkohol nicht aus dem Haus geschafft hat. Ich kann den Grund nur vermuten. Ich nehme an, sie sieht ebenfalls keine Gefahr und ist sich sicher, daß das Kapitel für mich zu Ende ist. Ich ärgere mich kurz darüber, daß sie, ohne überhaupt wissen zu können, warum, Recht hat.

Bin ich vielleicht schon rückfällig geworden, als ich mir die Kopfhörer aufsetzte und die Musik einschaltete? Schließlich war dies immer das abendliche Ritual, ohne das ein Trinken unvollständig war. Vielleicht bin ich es. Auf eine trockene Art rückfällig. Und damit auf eine unbefriedigende Art. Kann das gefährlich für mich werden? Ich weiß es nicht. Möglich. Auf

264

jeden Fall dann, wenn ich weiterhin auf den Rückzug in eine Parallelwelt Wert lege, und ich würde Wert darauf legen, wenn ich mir in der richtigen Welt keinen Platz zugestehe. Das wiederum würde zwangsläufig geschehen, wenn ich wieder trinke. Ich weiß nicht, wie meine Eltern und meine Schwester auf einen Rückfall reagieren würden. Sie wären wahrscheinlich schlimmer dran als ich. Mir wäre das, was bei einer Rückkehr ins Früher passiert, schließlich vertraut. Es wäre nicht schön, es wäre sogar entsetzlich, aber mir nicht unbekannt. Es wäre auf zerstörerische Art sicher. Sie allerdings wären geschlagen. Das Beste, was sie dann tun könnten, wäre, mich zu behandeln, als sei ich gestorben, und ohne mich weiterleben. So würde ich es jedenfalls machen.

Wir besuchen meinen Vater. Als ich ihn sehe, weiß ich, er wird nicht mehr lange leben. Sein Kopf ist kahl, sein Gesicht gleichzeitig eingefallen und aufgedunsen durch die Medikamente. Er freut sich, mich zu sehen, und hat ein fast kindliches Strahlen in den Augen. Ich merke aber auch, daß er sich schämt, mir in diesem Zustand zu begegnen. Ich schäme mich ebenfalls, weil ich seit Beginn seiner Erkrankung nicht in seiner Nähe war, und ich schäme mich besonders, weil ich weiß, daß er nie auf den Gedanken käme, mich deswegen zu verurteilen.

Ich halte ganz kurz seine Hand, weil ich ihn im Liegen nicht umarmen kann. Er fragt nicht, wie es mir geht, das tut er nie, und ich auch nicht. Er sagt sein übliches: "Na?" und lacht verlegen. Ich ziehe seine Bettdecke etwas höher an sein Kinn und setze mich neben ihn. Meine Mutter und meine Schwester reden, während ich ihn von der Seite betrachte. Mir ist zum Weinen.

Als wir gehen, richte ich es so ein, der letzte zu sein. Ich nehme seine Hand und sage tapfer: "Mach keine Dummheiten."

„Du auch nicht", antwortet er. Seine Augen sind die eines kleinen Jungen. Er sieht mir nach, bis ich aus der Tür hinaus bin, und lacht zum Abschied.

Ich fühle mich seltsam erwachsen.

Zwanzig Minuten vor 22 Uhr biege ich in die Schloßeinfahrt ein. Es ist ein warmer Abend. Viele der Patienten sind draußen und warten auf den Beginn der Abendrunde. Durch die offenen Fenster höre ich Geschirr klappern. Die Küchenmannschaft deckt für das Frühstück. Sind spät dran heute, denke ich und gehe weiter. Miri und Johanna sitzen abseits auf der Wiese, winken mir zu und vertiefen sich wieder in ihr Gespräch. Die anderen reagieren, je nachdem, wie sympathisch wir uns sind, entweder mit einem Nicken, einem Winken, jemand ruft mir fröhlich etwas zu, was ich nicht verstehen kann, manche sind einfach wortlos, aber selbst die Wortlosen werfen wir mir einen Blick zu, bevor sie sich wieder mit dem beschäftigen, was sie grade tun: Federball spielen, Plaudern, im Gras liegen, rauchen. Herbie lehnt an der Fensterbank seines Turmzimmers und hebt lässig eine Hand. Ich freue mich, wieder da zu sein. Mark kommt auf mich zu geschlendert.

„Wie war's?" Er begleitet mich ins Büro, wo ich die Uhrzeit meiner Rückkehr ins Ausgangsbuch eintrage.

„Es war okay", antworte ich. „Eine angenehme Bahnfahrt." Mark sieht mich prüfend an, ist beruhigt und verschwindet im Gebäude. Ich gehe nach nebenan ins V-Büro, wo ich Andi antreffe, und wechsle ein paar Worte mit ihm, damit auch er sich überzeugen kann, daß mit mir alles in Ordnung ist. Danach melde ich mich offiziell bei Herbie zurück. Ich habe noch zehn Minuten Zeit. Genug für eine Zigarette.

„War irgendwas los?" frage ich ihn, lasse mich in den Sessel fallen und strecke die Beine aus. Das ist das übliche Ritual für Heimkehrer: Urin- und Atemkontrollen werden nur stichprobenartig durchgeführt, stattdessen hat sich die freundlichere Methode bewährt, sich kurz bei den V-leuten blicken zu lassen und etwas Zeit mit der Nachtwache zu verbringen. Ein Rückfall ist auf diese Weise noch nie unbemerkt geblieben. Chemische Kontrollen dienen fast immer nur einer offiziellen Bestätigung.

„Nix", sagt Herbie und löst seinen wachsamen Blick von

meinen Augen. „Sobald du aus dem Haus warst, wurde alles wieder entspannt." Eine Anspielung auf meine Schüchternheit. Ich verziehe das Gesicht. Witzbold.

„Schön, wieder hier zu sein", sage ich und meine es ernst. Herbie nickt, während er meine Rückkehr in seiner Kladde notiert.

***

Einmal im Monat kommt eine Selbsthilfegruppe aus dem Ort ins Haus und hält eine Sitzung ab. Die Teilnahme ist Pflicht. Das Treffen findet im Speisesaal statt. Heute, nach dem Abendessen, ist es mal wieder so weit. Ich habe noch nie an einer Selbsthilfegruppe teilgenommen und bin neugierig. Bis zum Beginn habe ich noch eine Stunde Zeit. Ich habe keine Lust, mich zu den anderen zu gesellen, also biete ich an, für den erkrankten Küchendienst einzuspringen und abzudecken. So habe ich meine Ruhe, weil alle anderen zum Rauchen draußen sind. Für die Selbsthilfegruppe müssen die Tische umgestellt werden. Das kann ich gut allein machen. Auf dem Steinboden rutschen die Tische gut und machen genug Krach, um sich nach Arbeit anzuhören. Da stört mich keiner.

Mich wundert zu hören, daß die Gruppe von zwei Alkoholikern geleitet wird, obwohl das Schloß ganz offiziell eine Drogenklinik ist. Es wäre doch sinnvoller, daß eine Drogengruppe kommt. Andererseits sind wir hier auf dem Land. Junkies sind nicht grade Rudeltiere. In größeren Städten finden vielleicht häufig Selbsthilfegruppen für Drogis statt. Aber jedesmal so eine Gruppe aus der Stadt herzuholen ist wohl nicht machbar. Alkis dagegen sind weit verbreitet. Die können ihren Stoff ja auch überall problemlos bekommen. Jedes Dorf, das aus zwei Kirchen und ein paar Häusern besteht, würde mit Sicherheit eine Selbsthilfegruppe zusammenkriegen. Getrunken wird überall. Und auch gern in Gemeinschaft. Also, viel in Gemeinschaft. Der, der alleine trinkt, macht sich verdächtig. Junkies müssen das anders machen. Die müssen aufpassen, daß man sie beim Spritzen nicht sieht. Die machen was Verbotenes, und das findet im Verborgenen statt. Da ist also nichts mit Gemeinschaft oder Öffentlichkeit. Junkies gehören per se „nicht dazu". Anders die Trinker. Die gehören per se immer dazu. Die müssen sich nicht verstecken. Im Gegenteil. Wer in Gemeinschaft trinkt, zeigt ganz klar, daß er dazugehört, und das macht ihn zu einem akzeptablen Menschen. Das, was alle machen, ist nun mal in Ordnung. Wir mögen keine Außenseiter. Ein Alki wird eigentlich gar nicht so schnell Außenseiter, überlege ich, jedenfalls nicht, solange er nicht grade auf den Bürgersteig kotzt oder verwahrlost oder ähnliches, aber die meisten Alkis fallen ja gar nicht auf, weil so ziemlich keiner auffällt, der Alkohol trinkt. Ich meine, Alkohol ist genauso präsent wie, was weiß ich, frische Brötchen zum Frühstück. Erst, wenn jemand statt zwei Brötchen regelmäßig zwanzig isst, wird man hellhörig, aber dann wird er womöglich seine zwei Brötchen am Tisch essen wie jeder andere auch und die restlichen achtzehn heimlich, weil ihm die Kommentare auf den Geist gehen. So bleibt er unauffällig und alle sind zufrieden. Erst, wenn er den Punkt erreicht, komplett auf Brötchen verzichten zu müssen, weil sie ihn umbringen, dann werden die anderen am Tisch hellhörig und reagieren, aber so genau wollen sie es dann auch wieder nicht wissen, denke ich mir, weil sie nicht hören wollen, daß die Brötchen, die sie selbst zum Frühstück brauchen, bedrohlich sein können. Dann müssen sie nämlich dran denken, daß sie möglicherweise auch gefährdet sind, und das verdirbt die Stimmung. Wir sind schließlich so gestrickt, daß wir nicht versuchen, herauszukriegen, ob Brötchen für uns persönlich, also als Individuum gefährlich sind, weil, genau, weil eben das das ja tatsächlich sein könnte, und dann passiert dasselbe, was mit uns immer passiert, wenn wir Katastrophen in unserem Umfeld registrieren: wir beschließen, daß immer die Anderen Krebs bekommen und niemals die Flugzeuge abstürzen, in denen wir selbst sitzen. Dafür brauchen wir Gründe, aber die fallen uns immer ein. Wir sind immer anders als der bedauernswerte Kerl, den es erwischt hat. Der mit dem Brötchenproblem ist dann vielleicht ein schwacher Charakter. Disziplinlos. Unfähig zu genießen. Oder er hatte ein schweres Leben, viele Schicksalsschläge, denen er nicht gewachsen war, traurig, aber mit uns hat das nichts zu tun. Und damit ist das Problem für uns gelöst. Wir grenzen ihn aus und haben unsere Ruhe.

Ich nehme mir einen Besen und fange an, einmal durchzufegen. Kurz darauf steckt der AV seinen Kopf durch die Tür, sieht mich bei der Arbeit, grüßt lässig-ironisch auf militärische Art und verschwindet wieder.

Als er weg ist, lehne ich den Besen an die Wand und setze mich auf die Fensterbank.

Vielleicht, denke ich, wird das eins meiner größeren Probleme: mich in Zukunft an den Frühstückstisch zu setzen und für die Brötchenesser keine Bedrohung zu sein, während ich Vollkornbrot esse.

Die Veranstaltung der Selbsthilfegruppe ist ein mittleres Desaster. Mir ist klar, daß die Gruppen, die sich vorstellen, dies auch zu Werbungszwecken tun. Ich finde das gerechtfertigt. Sie wollen Mitglieder und glauben an ihre Arbeit. Und mit Sicherheit ist die Arbeit, die sie tun, ordentlich und sinnvoll. Mich verdutzt allerdings, mit welcher stoischen Haltung der Segen der Abstinenz vertreten wird und zweifelnde Nachfragen mit wenig Interesse, manchmal sogar mit Befremden aufgenommen werden. Abstinenz wird als Erkenntnis verkauft, die fast an religiöses Dogma heranreicht und auch in entsprechend humorloser Form verkündet wird. Fehlt bloß noch das Wort Sünde. So was erwarte ich von einem Pfarrer auf der Kanzel, der von Himmel und Hölle predigt. Da gehört es hin, weil es dort um Glauben und Überzeugung geht, aber Abstinenz hat doch nichts mit Glaubensbekenntnis zu tun. Abstinenz hat zu tun mit einer gehörigen Portion Vorsicht und Mißtrauen dem Neuen gegenüber, und das wird einem nicht einfach so genommen durch das Verkünden von Einsichten und Erfahrungen anderer, die jede Skepsis verurteilen und

269

stattdessen Einsicht voraussetzen. Meine Güte. Ich schaue mich vorsichtig um. Ein großer Teil der Zuhörer hat abgeschaltet und sieht nur deshalb nach vorn zu den Rednern, weil die Stühle in diese Richtung zeigen. Der Rest amüsiert sich. Ralf vom Nebentisch hat begonnen, sein Wasserglas zwei fingerbereit zu füllen und das Wasser mit der typisch ruckartigen Schluckbewegung eines Trinkers hinunterzustürzen. Je öfter er das macht, desto schwerer fällt es den anderen, ernst zu bleiben. Die beiden Redner da vorne tun mir leid. Ralf und die anderen kann ich aber auch verstehen, weil sie das Gefühl haben müssen, beim besten Willen nicht verstanden zu werden. Mir geht es ähnlich. Ich bin zuerst verwundert, dann amüsiert, schließlich verärgert und gelangweilt. Was hat das da vorn mit meinem Leben zu tun? Es soll sinnvoll und sogar notwendig sein, nach der Therapie eine Selbsthilfegruppe aufzusuchen, sagt man. Und das wäre dann so eine wie die, die ich grade erlebe. Es scheint also notwendig zu sein, sich vorbehaltlos zu bekennen, dem Alkohol als Lebensirrtum abzuschwören und sich in die Abstinenz zu finden, die, wie mein Eindruck ist, eher ein humor- und freudloses Dasein bedeutet. Wenn das so ist, muß ich mir das mit der Selbsthilfegruppe noch überlegen. Vielleicht sind die Selbsthilfegruppen für Junkies anders. Als die Gruppe nach anderthalb Stunden endet, hebt Ralf die Flasche und fragt übermütig: „Noch einen auf den Heimweg?" Die beiden Gruppenleiter sind beleidigt, als sie rausgehen.

Am nächsten Vormittag findet eine Therapiegruppe statt. Eigentlich hätte Elke die Leitung. Diesmal kommt Matthias mit, und wenn der Chef mitkommt, ist was im Busch. Die Patienten sind aufmerksam, alle sitzen aufrecht auf den Stühlen. Sonst bringen es die meisten fertig, auf ihrem Stuhl herumzulümmeln, als sei es ein Sofa. Matthias setzt sich neben Elke und hält sich erst mal zurück. Während Elke die Gruppe begrüßt und kurz die üblichen organisatorischen Fragen wie Gesprächstermine klärt, lässt Matthias schweigend seinen Blick einmal der Reihe nach herumgehen. Er sieht dabei jeden direkt an, bis er einmal Blickkontakt mit jedem gehabt hat. Man glaubt fast das Klick zu hören, mit dem der Blick kurz einrastet. Eine sehr geschickte Methode. Ich weiß zwar, daß er so jedem einzelnen Patienten gezielt Wertschätzung und Interesse vermittelt, aber gleichzeitig macht er dem Rudel klar: Ich bin der Boß.

Elke ist fertig und blickt höflich auf Matthias. Der nickt ernst, beugt sich vor und sieht kurz auf seine Schuhe. Auch das ist mir aufgefallen: Er startet nie sofort, sondern wartet immer einen Moment, so lange, bis er die garantierte Aufmerksamkeit hat.

„Die Leiter der Selbsthilfegruppe haben sich beschwert", sagt er ruhig. Er macht eine Pause und sieht in die Gruppe, ohne jemand bestimmten im Blick zu haben. Dann lehnt er sich zurück und verschränkt die Arme. Wieder sieht er auf den Boden. Die Gruppe beobachtet ihn. Es scheint kein Donnerwetter zu geben. Es sieht vielmehr so aus, als taste er sich vorsichtig an etwas heran. Wir kennen Matthias. Wenn er so ist, dann nicht, weil er sich nicht mit der Sprache heraus traut, sondern weil er verstanden werden will. Die Stimmung ändert sich. Die Besorgnis lässt nach.

„Also", sagt er, „was war los?" Diesmal sieht er Ralf direkt an. Aufmunternd, bemerke ich. Ralf ist leicht überrumpelt, fängt sich aber schnell. Und jetzt passiert etwas, was typisch ist für das Verhalten in den Gruppen und mich immer noch fasziniert. Ralf könnte sagen: wieso fragst du mich? Oder: ich hab doch gar nichts gemacht! Oder: Ich weiß nicht, was du meinst. Irgendwelche Versuche, sich aus der Schusslinie zu bringen. Aber solche Strategien nutzen nur Neulinge, die es noch nicht besser wissen, oder Patienten, die resistent sind gegen den hartnäckigen Gruppenkodex. Die bleiben allerdings auch nicht sehr lange. Es wird erwartet, daß man sich stellt. „Sich grade machen" wird es im Schloß genannt. Wer sich nicht grade macht, verhält sich süchtig.

„Es war nicht okay, was ich gemacht hab", sagt Ralf. Matthias nickt kurz und schweigt weiter.

„Aber echt mal, Matthias", fährt Ralf fort und atmet tief aus,

271

„Ich weiß nicht, was das soll mit den Selbsthilfegruppen. Da kommen zwei..." er hält kurz inne, als er Matthias' warnenden Blick bemerkt, „zwei...Typen, die mit meinem Leben so viel zu tun haben wie...wie..."

„Wie deine Frau", murmelt Helen halblaut. Ein paar lachen. Ralf verzieht das Gesicht. Er lebt grade in Scheidung. Seine Ehe war einmal das Thema einer Großgruppe und wurde von ihm als die Nummer 2 seiner Katastrophenliste bezeichnet. Nummer 1 war sein Entschluß, eine Lehre als Bankkaufmann zu beginnen.

Matthias grinst ebenfalls. Ralf sieht ihn an.

„Na, wie auch immer", sagt er. „Ich weiß nicht, was das mit den Selbsthilfegruppen soll. Und ich bin mir nicht sicher, ob die anderen das nicht genau so sehen."

Auch das ist eine wichtige Regel hier im Schloß. Ein Anliegen, ein Problem ein Wunsch wird immer in der Ich-Form vorgebracht. Man versteckt sich nicht hinter anderen, und man spricht nicht ohne weiteres für andere. Das geht soweit, daß es sogar verpönt ist, jemand anderem, der einen Konflikt in der Gruppe austrägt, beizustehen. Ralf hat sich an diese Regel gehalten. Und jetzt kann er versuchen, Unterstützung zu bekommen.

Matthias sieht in die Runde. Die anderen nicken zögernd Zustimmung.

„Soso. Mit eurem Leben hat das alles also nichts zu tun", sagt er ironisch.

Kati springt ein. „Also, wenn ich meine bescheidene Meinung zu dieser Thematik der Öffentlichkeit zur Verfügung stellen dürfte: Selbstverständlich leiden sowohl die Vertreter der Selbsthilfegruppe, deren Anwesenheit wir erleben durften, unter dem gleichen Phänomen, wie wir dies tun. Jedoch scheint mir die Art des Vortrages sowie die geschilderten Erfahrungen einen eklatanten Mangel an Lebensfreude und stattdessen die Bereitschaft eines grundsätzlichen Leidens gleichwohl als Bedingung der Abstinenz vorauszusetzen, und dies löst allem Anschein nach ein gewisses Befremden, wenn nicht gar

272

Widerstand aus."

Matthias nickt. „Ich weiß", gibt er zu, „ich kann mir vorstellen, daß ihr das eigenartig findet. Ich kann euch aber verraten, daß ihr kaum eine Selbsthilfegruppe findet, die nicht dieses... ernste Auftreten hat."

„Müssen sie einen denn unbedingt belehren?" mault Miri.

„Ja", antwortet Matthias. „Müssen sie. Was glaubt ihr, was das für Leute sind, die solche Gruppen leiten? Die sind genauso durch eine persönliche Hölle gegangen wie ihr."

„Aber warum müssen das immer so alte Knacker sein?" beharrt Miri.

„Das ist wahrscheinlich der Punkt", gibt Matthias zu. „Sie sind älter als ihr mit euren 30 Jahren Durchschnittsalter. Die haben Job, Familie, wohnen seit Jahrzehnten am selben Ort. Das heißt, die haben durch ihre Sucht erlebt, wie man ein mühsam aufgebautes Leben verlieren kann, und sie haben nicht mehr die Jugend, auf die sie ganz selbstverständlich bauen können. Da betrachtet man die ganze Angelegenheit vielleicht nicht mehr so humorvoll, wie ihr das gerne hättet."

„Also, ich habe wirklich keine Lust, in so eine Trauergruppe einzutreten." meint Ralf.

„Du kannst es ja anders machen, wenn du erst mal in einer drin bist", sagt Mark. „Wenn sie dich nicht vorher rausschmeißen."

„Oder du leitest eine eigene Gruppe", sagt Matthias. „Warum nicht?"

„Gibt's denn keine Selbsthilfegruppen für Junkies?" fragt Miri. „ich höre immer nur von Alkigruppen."

„Doch", antwortet Matthias, „die gibt es. Nur gibt es nicht so viele. Ich versuche schon lange, eine ausfindig zu machen, die auch hierher ins Haus kommt. Bis jetzt habe ich keine gefunden."

„Wieso soll ich nach der Therapie überhaupt in eine Selbsthilfegruppe?" fragt Andi. „Ich hab danach genug andere Dinge zu tun."

Alle Blicken wenden sich Matthias zu.

„Genau das ist es ja", erklärt er geduldig. „Ihr habt jede Menge anderes Zeugs zu tun. Die Therapie ist vorbei, und der Alltag will bewältigt werden. Hier ist der Job, da die Freundin, Wohnung, was weiß ich. Ihr habt den Kopf voll mit eurem Leben. Und wo paßt da eure Sucht rein? Was macht ihr, wenn es mal nicht gut läuft? Und das wird passieren, das kann ich euch versprechen. Oder glaubt ihr im Ernst, ihr seid nach der Therapie glückliche, zufriedene Menschen, denen alles leicht von der Hand geht? Das könnt ihr vergessen. Es wird schwierig, besonders am Anfang, vor allem, weil ihr feststellt, daß euch der Stoff nicht mehr zur Verfügung steht, wenn es mal eng wird. Was sich zum Besseren ändert, ist, daß ihr die Kontrolle über euer Leben zurückgewinnt. Nach und nach. Aber ihr kommt mit Sicherheit immer mal an den Punkt, wo ihr mehr oder weniger nahe dran seid, euch wieder zuzuknallen. Ideal wäre es, ihr merkt früh genug, daß ihr euch dem Punkt nähert. Dann müßt ihr die Möglichkeit haben, euch zu sortieren, und das könnt ihr am besten mit Leuten, die was von der Materie verstehen. Angehörige sind dafür nicht unbedingt die dankbarsten Menschen. Eure Freunde verstehen auch nicht viel davon. Die geraten in Angst, wenn ihr von eurer Unsicherheit in der Abstinenz erzählt, oder sie werden selbst unsicher. Deswegen Selbsthilfegruppen. Selbst, wenn ihr sie nie als unmittelbare Rettung in der Not braucht, und selbst" - er wirft einen Blick in die Runde - „wenn ihr euch dort manchmal zu Tode langweilt: ihr braucht sie als Sicherheit, weil sie der einzige Ort sind, an dem ihr offen über eure Sucht sprechen könnt, ohne daß euch jemand verurteilt."

***

Marks Zeit ist um. Seit einigen Tagen läuft er wie aufgekratzt durch das Haus. Ich kenne ihn so gar nicht, den sonst so Besonnenen. Ein ernstes Gespräch ist mit ihm kaum noch zu führen, aber ich sehe es ihm nach. Wenn wir in die Stadt gehen, haben wir lustige Stunden, so lustig, daß ich manchmal besorgt bin wegen seiner Überdrehtheit, die mich an jemanden erinnert, der seine Medikamente abgesetzt hat. Ich hatte erwartet, daß er mit der Entlassung vor Augen in sich geht und innerlich wappnet vor den Herausforderungen, die auf ihn zukommen, aber er scheint keinen Gedanken daran zu verschwenden. Ich überlege, Elke darauf anzusprechen, lasse es aber sein, da es mir zu anmaßend erscheint. Außerdem kann ich davon ausgehen, daß sie es ebenfalls beobachtet.

Seine Entlassungsgruppe findet wie üblich im Plenum statt, in dem er von allen, auch den Therapeuten, einzeln und mit persönlichen Worten verabschiedet wird. Mir fällt auf, wie geschätzt er von allen war. Mark war zwölf Wochen lang Gruppensprecher, doppelt so lange wie üblich. Ich hatte das fast vergessen beziehungsweise als so selbstverständlich hingenommen, daß ich es gar nicht mehr bewusst registrierte. Der Grund für seine lange Amtszeit war das Fehlen eines geeigneten Nachfolgers. Ich erwähnte einmal, daß ein GV gewisse Qualitäten haben sollte, auf die auch die Therapeuten besonderen Wert legen, da er die zentrale Position in der Selbstverwaltung einnimmt. Mögliche Kandidaten gab es zur Zeit der Wiederwahl schlicht nicht, und man fand sich schon fast mit der Vorstellung ab, die Ansprüche herunterzuschrauben (für kurze Zeit war sogar ich im Gespräch, was ich allerdings mit einer mir bis dahin unbekannten Vehemenz abwenden konnte). Mark erklärte sich schließlich zu einer weiteren Periode bereit. Ich wunderte mich über seine Bereitwilligkeit, erneut einzuspringen, da ich wusste, wie anstrengend dieser Posten ist, aber Mark erklärte mir, es bedeute für ihn keine Mühe, im Gegenteil, das Ausfüllen der Rolle verschaffe ihm ungeahnte Energie.

Als ich an der Reihe bin, ihm einige Worte mit auf den Weg zu geben, fallen mir plötzlich keine ein. Ich erinnere mich an meinen Beginn im Schloß und daran, daß er es war, der mir durch seine Aufmerksamkeit und sein Interesse den größten Halt gab. Er war lange Zeit ein sicherer Fixpunkt für mich. Sein offen gezeigtes Wohlwollen mir gegenüber war für alle ein Signal. Wenn ich es recht betrachte, war es Mark, an dem ich mich orientieren konnte und deswegen Sicherheit genug bekam, mich langsam, aber sicher vorwärts zu bewegen. Ich bin ihm dankbar, und das sage ich ihm, und habe die beruhigende Gewißheit, daß niemand meine Anrührung hinter diesen fast lapidaren Worten erkennt. Später, im Anschluß, habe ich vielleicht Gelegenheit, ihm meine Wertschätzung angemessener zu zeigen. Dazu kommt es leider nicht mehr. Mark verläßt nach dem Abschied das Haus und ich sehe ihn nicht mehr. Ich spüre nur kurzes Bedauern. Es passiert das, was immer passiert, wenn uns jemand verläßt: wir trauern ihm nicht nach, sondern machen weiter.

***

Meine Entlassung rückt näher. Wobei Entlassung diesmal etwas Anderes bedeutet als mein Abschied aus dem Krankenhaus. Damals war ich nicht nur Patient, ich fühlte mich auch so. Hier nicht. Schon lange nicht mehr. Vor allem aber muß ich das Schloß mit dem Zeitpunkt der offiziellen Entlassung nicht verlassen. Ich kann in der anschließenden Wohngemeinschaft bleiben. Was ändert sich eigentlich, außer, daß ich keine Therapie mehr mitmache?
Das wesentliche ist, daß ich nicht an mein früheres Leben anknüpfe. Da ist auch nichts zum Anknüpfen. Ich bleibe hier und erweitere ab jetzt meinen Radius. Ein Radius braucht einen Bezugspunkt, und den habe ich. Der Ort, an dem ich mich kennenlernte, an dem ich zu wachsen begann und der mir weiterhin Sicherheit gibt. Ich habe sonst keinen. Es klingt paradox, aber in einer Einrichtung, die Veränderung zum Ziel hat, habe ich erlebt, daß ich die naturgegebene Legitimation habe, so zu sein, wie ich bin. In Zukunft wird es darum gehen, diese Erfahrung an anderen Orten zu machen. Ich habe keine Angst vor einem Rückfall. Streng genommen habe ich nicht mal Angst davor, zu versagen. Ich habe mir eine Art Trick angewöhnt. Immer, wenn ich vor einer Herausforderung stehe, zum Beispiel auf einer Behörde etwas erledigen zu müssen und

nicht mal zu wissen, wie die konkrete Fragestellung für das Anliegen lautet, dann stelle ich mir vor, was meine Unbeholfenheit im schlimmsten Fall zur Folge haben kann. Was wäre denn wirklich das schlimmste? Jemand würde ungeduldig wegen meines Ungeschicks oder er würde ärgerlich oder – unwahrscheinlich, aber möglich – würde mich rausschmeißen. Der Trick ist, an diesem Punkt der Vorstellung nicht stehenzubleiben, sondern weiterzufragen: wie fühlt sich das an, wenn das eintritt? Also nicht einfach vorstellen, wie reagieren die anderen, sondern vor allem: was passiert in mir? Und in mir *passieren* dann vielleicht unangenehme Dinge, Dinge, die ich nicht haben will und die mir peinlich sind, aber keine *Katastrophen*.. Ich erinnere mich sehr gut an die Zeiten, als Gedanken an Katastrophen mich wehrlos machten. Wobei, ehrlich gesagt, die Meßlatte für Katastrophen sehr niedrig hing, aber das tut sie immer noch. Ich habe sie vermieden, bin ihnen aus dem Weg gegangen, und deswegen blieben sie auch irgendwie real. Das verrückte ist, daß Schreckensszenarien viel von ihrer Macht verlieren, wenn man sich einen Schritt näher heranwagt. Ein dunkles Zimmer kann schrecklich sein – bis ich mal hineinschaue. Viele der Katastrophenszenarien sind gar nicht so katastrophal. Das werden sie erst durch meine Vorstellungen.. Sie sind unangenehm, schwer auszuhalten, machen Angst, aber sonst? Das klingt lapidar, aber da ist was dran. Elke sagte mir mal, das schlimmste Mantra, daß man sich zu eigen mache könne, sei „ich halte das nicht aus." Und dann? Punkt. Man sagt „ich halte das nicht aus" und stoppt den Gedanken. Das sei das Schlimme. Dabei sei er unsinnig. Im Grunde ein leerer Gedanke, aber sehr machtvoll. Man müsse genau da weitermachen, nämlich weiterdenken und sich überlegen, was bedeutet das genau, diese Überzeugung des nicht Aushaltenkönnens? Daß man explodiert? Tot umfällt? Wahnsinnig wird? Es ist nichts dergleichen. Es bedeutet häufig so etwas wie Angst vor Bloßstellung, Hilflosigkeit, Scham. Man sollte Katastrophendenken immer in etwas Konkretes übersetzen, anstatt in Generalisierungen zu bleiben, sagte sie.

277

Dann kann man sich vorbereiten. Was ist, mal ganz genau gefragt, so schlimm an Scham oder Bloßstellung? Außer, daß sie, naja, schwer auszuhalten sind? Und was, wenn ich nun die simple Erfahrung mache, daß ich sie sehr wohl aushalten kann, ohne tot umzufallen? Dann erlebe ich das Gegenteil von Machtlosigkeit oder Hilflosigkeit. Genau das Gegenteil von dem, was ich so fürchte. Ich denke an damals, als ich daran dachte, mich umzubringen, weil ich alles nicht mehr ertragen konnte, und daran, daß alles plötzlich wieder erträglicher wurde, weil ich mir ausdrücklich die Möglichkeit einräumte, mein Leben zu beenden. Scheinbar kann man Katastrophendenken auch sinnvoll nutzen.

***

Seit einigen Tagen wohne ich im Nebengebäude. Ich bin in der Entlassungsphase, oder der E-Phase, wie sie kurz genannt wird. Für mich bedeutet das mehr Lockerungen. Ich muß zum Beispiel nicht mehr an den Mahlzeiten im Haupthaus teilnehmen, habe längere Ausgangszeiten, keine feste Zeit für den Zimmerrückzug, und ich muß nur noch an den „wichtigen" Therapiegruppen teilnehmen. Das bedeutet, keine Musiktherapie, keine Bewegungstherapie, keine Arbeitstherapie, kurz, ich bin freier. Am Plenum um 17 Uhr nehme ich auch nicht mehr teil, was schade ist, da dort die Suchtgeschichten erzählt werden. Es gibt jedoch die Möglichkeit, Ausnahmen zu machen. Ich habe Kati gebeten, dabeisein zu dürfen, wenn er seine Geschichte im Plenum erzählt. Die Teilnahme an diesen Gruppen ist für Patienten in der E-Phase zwar nicht mehr vorgesehen, aber es besteht die Möglichkeit, sich dazu einladen zu lassen. Die Therapeuten haben nichts dagegen. Es ist in erster Linie eine Geste der Wertschätzung dem Erzählenden gegenüber, ein Signal von Loyalität, des Interesses und -wie in meinem Fall– auch der Neugier. Kati reagiert auf meine Bitte mit einem würdevollen Nicken. Ich bin in diesem besonderen Fall ein Gast im Plenum und setze mich mit meinem Kissen direkt neben die Tür, anstatt auf meinen früheren festen Platz an der gegenüberliegenden Wand.

Kati sitzt im Schneidersitz aufgerichtet auf seinem Kissen. Alle anderen fläzen sich wie üblich. Das ist kein Zeichen des Desinteresses, vielmehr eins der Höflichkeit. Man macht es sich bequem, um in Ruhe zuhören zu können. Kati beginnt mit seiner Kindheit. Aufgewachsen ist er in einem Herrenhaus, was sein adliger Name schon vermuten ließ, ..."und der Begriff Herrenhaus ist in diesem Falle durchaus wörtlich zu verstehen. Es war ein großes Anwesen. Mein Vater pflegte den Werten des Dritten Reiches anzuhängen, geschuldet dem Umstand, daß sein Vater wiederum der ruhmreichen SS angehörte und in diesem Kontext diverse Unternehmungen verantwortete, welche er als durchaus sinnvoll und legitim erachtete. Mein Vater litt unter der Schande, daß ihm diese Ehre aufgrund seines jungen Alters nicht zu teil werden konnte, was er zu kompensieren versuchte, in dem er seine erzieherischen Schwerpunkte entsprechend gestaltete. Da ich der einzige Sohn war, durfte ich seinen uneingeschränkten Ehrgeiz erleben, aus mir einen erstklassigen Herrenmenschen zu machen." Kati redet würdevoll gemessen, so wie wir es von ihm gewohnt sind. Er ist ein guter Erzähler. „Mir wurde sogar eine Uniform geschneidert, die ich sonntags und während Familienfeiern zu tragen hatte. Schwarz stand mir sehr gut."

„Und wieso bist du kein Nazi geworden?" fragt Helen. Kati neigt den Kopf in ihre Richtung.

„Der Grund ist mir selbst nicht ganz klar" antwortet er bedächtig. „Ich vermute jedoch, ich tat es nicht, um meinen Vater an sich selbst verzweifeln zu lassen."

„Versteh ich nicht."

„Nun", Kati legt die Fingerspitzen aneinander, „ich schlußfolgerte dereinst: nichts würde ihn mehr erschüttern als der Beweis, er habe in seinen Bestrebungen, mich zu formen, versagt."

„Du scheinst ihn ja richtig geliebt zu haben", sagt Harald.

279

„Ich erkenne den Sarkasmus sehr wohl, und in der Tat mochte ich ihn wie einen verfaulenden Kadaver." Er seufzt mit gespielter Theatralik. „Schließlich bot er mir ausreichend Anlaß dafür. Symptomatisch hierfür möchte ich eine kleine Begebenheit erzählen. Im Alter von elf Jahren bekam ich einen kleinen Hund, den ich mir wünschte, wie ihn nur ein kleiner Junge zu wünschen in der Lage ist. Es sollte meine Aufgabe sein, ihn zu erziehen. Nun, ich scheiterte. Mit anderen Worten, es gelang mir nicht, ihn zu Stubenreinheit zu bewegen." Er stockt für einen winzigen Moment. „Mein Vater war der Ansicht, ich solle die Konsequenzen für mein Handeln tragen. Nur so sei gewährleistet, daß ich Verantwortungsbewußtsein lerne." Wieder macht er eine Pause, diesmal länger.

„Und?" fragt Harald.

„Mein Vater überreichte mir eines seiner Jagdgewehre und befahl mir, den Hund zu erschießen. Danach hatte ich ihn zu begraben."

Stille. Ich weiß, daß einige von uns Erfahrungen von Gewalt und Mißbrauch hinter sich haben und ihre Betroffenheit über erlebtes Leid häufig nicht anders als durch Wortlosigkeit, manchmal Kaltschnäuzigkeit ausdrücken. Diese Stille ist anders. Diesmal hat sieht jeder einen kleinen Jungen, der ein riesiges Gewehr im Arm hält.

„Hättest du mal deinen Vater erschossen", sagt Helen schließlich düster.

Kati nickt ihr zustimmend zu. „Ich gebe zu, mich erinnern zu können, wie ich damals für den Hauch eines Moments den gleichen Gedanken hegte."

Katis Geschichte geht weiter, und sie unterscheidet sich ab da nicht viel von den anderen, die ich hörte. Er machte Erfahrungen mit Drogen, denen er schließlich „äußerst zugetan war" um seinem Vater „erneut so viel Schande wie möglich zu bringen", wie er lächelnd sagt und wurde wegen des Verkaufs irgendwann eingesperrt. Mich interessiert etwas Anderes, aber das will ich ihn nicht vor allen anderen fragen. Ich habe kurz darauf die Gelegenheit, als wir allein in unserem Wohnzimmer sitzen.

„Wann hast du angefangen, dich so...gewählt auszudrücken?" frage ich ihn.

Kati sieht mich ernst an. „Ich weiß es nicht", antwortet er schließlich. „Ich habe es mir nach und nach angeeignet." Er macht nicht den Eindruck, als sei ihm das Thema unangenehm, also traue ich mich, weiterzufragen.

„Aber warum? Ich meine, es ist ja keine, nimm´s mir nicht übel, normale Art, sich auszudrücken."

Er lächelt. „Denkst du, ich habe eine andere Persönlichkeit angenommen, um traumatische Erlebnisse besser bewältigen zu können?"

So etwas in der Art denke ich tatsächlich. „Naja....vielleicht nicht ganz so extrem, aber..."

„Was dann?" fragt Kati gut gelaunt.

„Na, du redest wie ein Schauspieler am Theater. Wie jemand, der eine Rolle spielt. Wie jemand, der sie sehr gut spielt", beeile ich mich hinzuzufügen. Ich hätte damit nicht anfangen sollen. Neugier ist eine Sache, aber ich befürchte, Grenzen zu übertreten.

Kati spürt mein Unbehagen. Er sieht mich durch halbgeschlossene Lider an.

„Was ist so schlimm an Schauspielerei?" fragt er gelassen.

„Nichts. Nur ist ein Schauspieler nicht..." Ich zögere.

„Echt", ergänzt Kati amüsiert. „Das Wort ist „echt"." Er wird wieder ernst. „Diesbezüglich hege ich meine Zweifel. Ein Schauspieler, der seine Rolle ausfüllt, fühlt, was er spielt. Ist dieses Fühlen nun echt oder falsch?"

„Stimmt", gebe ich zu, „so gesehen hast du recht. Aber– was ist mit dem ursprünglichen Menschen, mit dem hinter der Maske? Was ist mit dem? Kommt der nicht zu kurz?"

Kati legt mit einer eleganten Bewegung seine Beine auf den niedrigen Couchtisch. Er nimmt seine Kaffeetasse in beide Hände und bläst geziert mit spitzen Lippen über den Rand.

„Was ist, wenn es hinter der Maske nichts gibt?" fragt er.

281

Nach diesem Gespräch beschließe ich, ihn nicht mehr zu fragen. Er hat schließlich das Recht, so zu sein, wie er will, und ich glaube, ich habe eine Ahnung, was seine Eigenheiten und deren Ursache angeht. Er wurde als Kind drangsaliert und hat eine Möglichkeit gefunden, der Welt nur das zu zeigen, was er zeigen will und den Rest verborgen zu halten. Das macht ihn zwar spleenig und verschroben, aber, na und? Seine Marotte hat ja sogar etwas Anziehendes. Das Bild, daß ich von ihm habe, scheint mir zufriedenstellend. Er hat seine Rolle gefunden und ist, nun, vielleicht nicht glücklich, aber doch irgendwie im Gleichgewicht.

Ich irre mich allerdings. Wie sehr, erfahre ich am nächsten Montag. Als ich ins Haupthaus gehe, werde ich von Elke abgefangen und ins Büro gebeten, wo schon Helen wartet. Elke berichtet mir, einen Anruf der Polizei erhalten zu haben mit der Information, Kati sei in Belgien im Rotlichtmilieu ums Leben gekommen. Sie bittet mich und Helen, sein Zimmer leer zu räumen. Wir gehen schweigend zurück ins Nebengebäude. Katis Zimmer ist - wie alle anderen auch - nicht abschließbar. Es ist aufgeräumt und penibel sauber. Wir öffnen den großen, schlichten Kleiderschrank. Helen sieht mich an und greift nach dem erstbesten Kleidungsstück, ein langes, elegantes Abendkleid. Ich sehe genauer hin. Es hängen nur Frauenkleider im Schrank, dazu weibliche Unterwäsche, Makeup und Utensilien, die dazu dienen, am männlichen Körper die weibliche Anatomie nachzubilden. Wir starren auf das Sammelsurium vor unseren Augen, und ich weiß, daß es Helen genauso schwer wie mir fällt, irgendeine Verbindung zu Kati herzustellen, aber die gibt es nun mal eindeutig. Wir beginnen den Schrank leerzuräumen. Zuerst machen wir uns lustig über unseren Fund, hauptsächlich, um unsere Fassungslosigkeit zu überspielen, aber schließlich arbeiten wir schweigend und stopfen alles in große Mülltüten. Wir kommen überein, niemandem außer Elke und Matthias davon zu erzählen.

„Armer Kerl", sagt Helen. Armer Kerl, denke auch ich. Und ich hielt mich für einsam. Seinen Hund erschießen zu müssen, ist

282

manchmal vielleicht noch das kleinste Drama in einem Leben.

***

Ich habe ein Zimmer direkt über dem Torbogen der Einfahrt bezogen. Es ist winzig. Gerade Platz genug für ein Bett, einen kleinen Kleiderschrank, einen kleinen Schreibtisch, einen Nachttisch, eine Kommode. Auf dem Fußboden kann ich mich grade eben der Länge nach ausstrecken. Es gefällt mir. Das Zimmer ist für mich allein. Die Küche benutze ich zusammen mit den drei anderen, die mit mir in der Entlassungsphase sind: Andi und Bernie (beide beenden in drei Wochen die Therapie) und Helen, die bereits seit vier Wochen hier ist, aber aus irgendeinem Grund, der mit ihrer geplanten Ausbildung zu tun hat, länger als die üblichen sechs Wochen bleiben kann. Für uns gelten andere Regeln als für die Bewohner des Haupthauses. Wir müssen nicht mehr die Mahlzeiten mit den anderen einnehmen, sondern versorgen uns selbst, wir können länger schlafen, aber das wichtigste: wir können, wenn wir wollen, allein und ohne Begleitung rausgehen. Die Therapiesitzungen sind selbstverständlich noch obligatorisch, und um 22 Uhr zur Abschlußrunde müssen wir im Haus sein, außerdem müssen wir uns, wenn wir das Gelände verlassen, immer noch abmelden. Heimfahrten dagegen können wir, wenn wir wollen, jedes Wochenende unternehmen. Das Haupthaus können wir theoretisch aufsuchen, wann wir wollen, was wir während der Freizeit auch oft in Anspruch nehmen. In der E-Phase haben wir den Status der Erfahrenen, und wir treten auch so auf; leicht gönnerhaft gegenüber den Neuen, gelassen in den Gruppen. Wir sind alte Hasen ab dem Zeitpunkt des Einzugs. Wir werden von den Mitpatienten, besonders den neueren, mit einer Mischung aus Neid und Respekt behandelt. Ich genieße den Respekt, wenn ich auch nicht genau weiß, wie ich ihn verdient habe. Der Respekt der Neuen ist womöglich in dem Wissen begründet, noch fast fünf lange Monate vor sich zu haben, bis sie selbst so weit sind, und ihr gleichzeitiger Zweifel, ob sie es

auch so weit schaffen. Daß sie uns ein hohes Maß an Erfahrung zugestehen, ist in gewisser Weise sogar berechtigt, und gleichzeitig auch wieder nicht. Meiner Meinung nach ist Erfahrung dazu da, um Sicherheit für das Leben zu gewährleisten, und wenn ich sie unter diesem Gesichtspunkt betrachte, fürchte ich fast, noch lange unerfahren bleiben. Entgegen meiner Erwartung legt Helen keinen Wert darauf, der Chef unserer Wohngemeinschaft zu sein. Im Gegenteil, ich erlebe sie zum Unterschied zum Haupthaus als lässig und entspannt. Ich werde aus ihr einfach nicht schlau. Sie sucht offen meine Nähe und fordert mich häufig auf, mit ihr während der Ausgangszeiten in die Stadt zu gehen (und es sind tatsächlich Aufforderungen; zu einem simplen „Bitte" scheint sie einfach nicht in der Lage zu sein). Trotzdem ist von ihrer Seite keinerlei Interesse oder Bedürfnis nach Intimität zu spüren, und das irritiert mich. Mich irritiert vor allem die Unsicherheit, ob sie von meiner Seite irgendetwas dieser Art erwartet, eine männliche Initiative vielleicht, die unsere Beziehung auf die nächsthöhere Ebene bugsiert. Falls das so sein sollte, hätte ich ein Problem, weil ich nicht wüßte, wie ich das anstellen sollte. Ich hüte mich, Andi oder Bernie um Rat zu fragen. Die Gefahr, unbeabsichtigt mehr zu zerstören als zu gewinnen ist mir einfach zu groß. Es wäre zu peinlich, wenn sich herausstellt, daß ich Signale ganz einfach falsch deute oder übersehe, und das ist ohne weiteres möglich. Also lasse ich alles, wie es ist. Mit Unsicherheit bin ich schließlich vertraut. Man könnte sogar sagen, ich bin ein Meister der Unsicherheit. Dummerweise gibt mir diese Erfahrung keine Sicherheit.
Helen streitet sich gern mit mir. Ich habe lange Zeit gebraucht, bis ich kapierte, daß Streiten ihre Art der Diskussion ist. Ich habe mich dran gewöhnt, daß sie dabei laut wird, selbst wenn es um unpersönliche, neutrale Themen geht, und ich habe damit angefangen, bei unseren Streitereien ebenfalls meine Lautstärke anzuheben, nicht, weil ich verärgert oder aufgebracht wäre, sondern weil es zu unserem Umgangston gehört. Bernie und Andi machen, während wir uns

auseinandersetzen, unbeeindruckt mit dem weiter, was sie grade tun und ignorieren uns weitgehend. Unbeteiligte Zuhörer müssten den Eindruck haben, wir seien ein zerstrittener Haufen. In Wahrheit haben wir bloß keine Angst voreinander.

An einem Oktoberabend sitzen Helen und ich hinten im Garten, da, wo die Beete aufhören und zwischen angepflanztem Gemüse und Volleyballfeld ein kleines Stück Wiese liegt, nicht größer als ein großer Teppich. Auf diesem Stück Wiese liegt ein alter, abgesägter Baumstumpf, auf dem wir nebeneinander sitzen können. Wir ziehen uns manchmal hierhin zurück, wenn wir uns in Ruhe unterhalten wollen. Der Platz ist perfekt. Er ist vom Haus aus noch einsehbar, so daß niemand mißtrauisch wird, und gleichzeitig zu weit entfernt, als daß jemand sich ohne triftigen Grund die Mühe macht und sich zu uns gesellt. Wir reden oft über unsere Pläne nach der Therapie. Helen wird ein Studium beginnen, sobald sie ihre Hochschulberechtigung hat. Ich habe nicht genau verstanden wie, aber es gibt offenbar die Möglichkeit, auch ohne Abitur zu studieren. Irgendwas mit einer dem Fachabitur entsprechenden Qualifikation, die man im Zusammenhang mit einer abgeschlossenen Berufsausbildung erwerben kann, oder so ähnlich. Mir fällt ein, daß ich eine Frage noch nie gestellt habe.

"Gehst du zurück, dahin, wo du herkommst?" frage ich sie.

"Bloß nicht", antwortet sie. Sie läßt ihr Zippo mit dem Adlerkopf zuschnappen.

"Wieso nicht?" frage ich. Sie hat oft von ihrem Heimatort geschwärmt, und zwar so sehr, daß ich gar keine Zweifel an ihrem Wunsch hatte, wieder dorthin zurückzugehen.

Sie sieht mich ehrlich erstaunt an. "Hab ich nie davon erzählt?" fragt sie.

"Wovon?"

"Na, von dem Typen in dem Betrieb, in dem ich gelernt habe. Der Chef. Für den ich drei Jahre lang das ...persönliche Objekt war." Sie versucht ein Lachen, aber ihre Augen sind ausdruckslos.

Ich schüttele den Kopf und sehe sie erschrocken an. Helen rutscht auf den Boden, um sich am Baumstamm anlehnen zu können. Ich tue es ihr gleich. "Ich rede auch nicht oft darüber. Eigentlich bist du der zweite, dem ich davon erzähle." Sie sieht mich herausfordernd an. Ich nicke, um zu zeigen, daß ich verstehe.

Sie beginnt zu reden, mit ihrer trotzigen, mauligen Stimme.

Ich werde ihre Geschichte nicht wiedergeben, weder jetzt, noch irgendwann, ihre Erzählung, die von Gleichgültigkeit und Verachtung für die Schöpfung Mensch handelt und der Bereitschaft, die körperliche und seelische Zerstörung eines fühlenden Wesens nicht nur beiläufig in Kauf zu nehmen, sondern aus seiner Erniedrigung und Vernichtung auf eine selbstverständliche, entsetzlich deprimierende Weise dunkle Befriedigung zu ziehen. Menschen dürfen solche Geschichten nicht haben.

Ich sehe in die herbstliche Farbenfülle des Abendhimmels, den prachtvollen Sonnenuntergang, der für viele von uns die beruhigende und unumstößliche Gewißheit der bald beginnenden Nacht und der vertrauensvollen Erwartung friedlicher Träume bedeutet, gefolgt von einem neuen Tag mit unbekannten Verheißungen, mit Möglichkeiten von Glück und kleinen, vielleicht großen Siegen und neuen Begegnungen.

Was mag Helen sehen, wenn sie in so einen Himmel blickt? Sie sitzt neben mir, und ich weiß, ich darf sie nicht ansehen, weil das Verrat wäre. Ich bemerke, wie sie sich mit einer unwirschen Handbewegung Tränen von der Wange wischt, während sie mit unveränderter Stimme weitererzählt. Mir ist kalt, ohne daß ich friere, eine Kälte, die sich einstellt, wenn man einer Einsamkeit begegnet, die nicht mehr durch Zuwendung zu heilen ist, sondern die Endgültigkeit genommenen Lebens bedeutet, von dem es keinen Abschied geben kann, und das deshalb den Rest der Zeit ein immerwährender, klagender Begleiter bleiben wird, irgendwo in einer fest verschlossenen Kammer im Kopf.

Schließlich schweigt sie. Ich drehe langsam eine Zigarette und reiche Helen meinen Tabakbeutel. Ich passe sorgfältig auf, sie nicht zu berühren. Wir rauchen schweigend.

Schließlich sage ich das einzige, was möglich ist, wohl wissend, daß es nicht ein einziges angemessenes Wort geben kann, nur ein gesprochenes Zeichen von Verbundenheit, ein Zeichen, daß ich in der Lage bin, Helens Erzählung zu tragen: "Scheißkerl."

Helen lacht kurz trocken. Dann wirft sie ihre Kippe in das Gemüsebeet (deren Auffinden am nächsten Morgen mit Sicherheit eine Sondergruppe zur Folge hat). Ich schnippe meine hinterher und blinzle ihr komplizenhaft zu. Sie schubst mich, daß ich umfalle, springt auf und rennt los. "Der letzte macht das Abendessen!" ruft sie über die Schulter.

Ich verwahre Helens Erzählung in meiner Erinnerung wie eine filigrane, zerbrechliche Kostbarkeit. Jedesmal, wenn ich daran denke, auch viele Jahre später, empfinde ich das Gleiche wie an diesem Abend: Trauer, Zuneigung, Dankbarkeit, und den tiefen Wunsch, das Leben möge ihr in Zukunft die verdiente Wertschätzung gewähren. Ein anderes, kaum in Worte zu fassendes Gefühl überwiegt jedoch stets. Es resultiert aus dem Erlebnis, daß ein Mensch, der mich erst seit wenigen Wochen und aufgrund von zufälligen Umständen kannte und der sich meiner Vertrauenswürdigkeit, meiner Fähigkeit zu Loyalität, ja meiner Bereitschaft, ihn zu schützen nicht sicher sein konnte, mich aber trotzdem für bedeutsam genug hielt, mir seine verletzlichste Seite zu offenbaren und das Risiko einging, von mir erneut verwundet zu werden. Ich glaube fest, daß die Begegnung mit Helen zu den wichtigsten Erfahrungen gehört, die mir dabei halfen, eine Ahnung der möglichen Bedeutsamkeit und der Verantwortung zu bekommen, die ich als fühlendes Individuum haben kann.

Noch ein anderes Ereignis findet in diesem Zusammenhang statt. Kurz vor meinem Entlassungstag halte ich mich wie häufig am frühen Abend im Nachtwachenzimmer auf. Helen stürmt herein und sagt atemlos:"Komm mal mit. Ich muß dir

was erzählen!"
Ich folge ihr neugierig. Draußen suchen wir uns einen ungestörten Platz. Helen sieht mich mit strahlenden Augen an, etwas, was ich bei ihr noch nie gesehen hatte. Sie ist übermütig und beinahe glücklich. Sie unterdrückt ein Lachen. Schließlich platzt sie heraus: "Das Schwein hat sich umgebracht!"
"Was?"
"Ja!" Sie hält sich den ausgestreckten Zeige- und Mittelfinger der rechten Hand an die Stirn und ahmt mit dem Daumen die Bewegung eines Abzugsbügels nach. "Ich hab´s gerade von meiner Mutter erfahren!"
Auch diesmal fallen mir keine Worte ein, aber ich freue mich mit ihr mit uneingeschränkter Aufrichtigkeit. Wir gehen in die Stadt in das kleine Eiscafé, wo Helen mich einlädt. Außer uns sitzen noch zwei junge Paare im Lokal, die wie wir die Welt um sich herum ausklammern. An diesem düsteren Novemberabend sind wir ausgelassen und unbeschwert. Ich weiß, daß wir den Tod eines Menschen feiern, es ist mir jede Sekunde bewußt, auch, daß dieser Tod nichts anderes ist als die Folge von Leid und Qual eines Menschen, der nur noch eine Lösung vor Augen hatte. Es schert mich nicht. Ich spüre keine Genugtuung, keine Verachtung, nur aufrichtige Freude für die Erleichterung, die Helen zuteil wurde.

***

Matthias überrascht mich mit dem Angebot, nach Abschluß der Therapie im Bereitschaftsdienst zu arbeiten. Ich sage ohne zu überlegen zu. Bereitschaftsdienst bedeutet, etwas Geld zu verdienen, wenig zu arbeiten, aber vor allem, noch eine Weile in meinem Schloß bleiben zu können. Der Weggang hätte mir nicht das Herz gebrochen, aber er wäre gleichbedeutend mit einem abrupten Verlust eines Heims gewesen. Und, ich muß mir nichts vormachen: es hätte mir Angst gemacht.
„Wie kommst du auf mich?" frage ich ihn.
„Wieso nicht? Ich kann gute Leute gebrauchen."

288

Ich vermute, es steckt auch Sympathie dahinter. Die Nachfrage nach einer Beschäftigung von Seiten der Patienten ist groß. Die Patienten sind beim Mittagessen. Ich sitze auf der Treppe, obwohl es kalt ist, und warte rauchend auf das Ende der Mittagspause. Ich brauche eine Bescheinigung des Verwaltungsbüros. Matthias sitzt neben mir. Er scheint noch etwas auf dem Herzen zu haben. „Schon gepackt?" fragt er beiläufig.

„Das bisschen, was ich habe? Dafür brauche ich zehn Minuten", antworte ich. Dann, nach kurzem Zögern: „Die WG ist ein ziemlicher Sauhaufen. Zwei der Jungs sind seit einem Jahr arbeitslos und machen sonst auch nichts. Eigentlich blockieren sie Plätze für Leute, die es nötiger haben."

Matthias sieht mich an. „Du kannst das ja ändern."

„Wer, ich? Wieso?" frage ich.

„Die WG ist keine Therapie mehr. Solange die Leute da keine Drogen nehmen, unternehme ich nichts. Das wäre dein Part. Oder der Part derjenigen, die da reinwollen."

Toll. Manchmal weiß ich nicht, ob er bequem ist, oder einfach nur pragmatisch. Oder beides.

„Was hast du jetzt vor mit deinem neuen Leben?" fragt er nach einer Pause.

Ich zucke die Schultern. „Ich weiß nicht genau. Mit dem Bereitschaftsdienst kann ich etwas Geld verdienen. Aber ich habe noch Zeit genug übrig, mir nebenbei einen anderen Job zu suchen. Irgendwas Einfaches."

„Was ist mit Ausbildung? Willst du zurück an die Uni oder nicht?"

„Keine Ahnung. Mir gefällt es eigentlich so, wie es ist. Es ist...überschaubar."

Matthias nickt langsam und sieht auf seine Schuhe. Dann sagt er vorsichtig: "Du hast schon recht. Es ist ja nicht das schlechteste, das Leben auf sich zukommen zu lassen und sich Freiheit zu gönnen. Arbeiten, Geld verdienen... Nur...wie alt bist du jetzt?"

„Achtundzwanzig."

289

„Das ist noch jung. Okay. Im Moment spielt es für andere noch keine Rolle, was du bist. Für dich auch nicht. Ich meine, Berufsausbildung und Abschlüsse und so etwas. Aber irgendwann wird man danach fragen, und dann bekommt es Bedeutung. Ein 28jähriger Hilfsarbeiter geht noch durch. Danach wird es schwieriger." Er sieht an.

Ich weiß, daß er Recht hat. Nur jetzt im Moment will ich mich nicht darum kümmern.

„Ich behalt's im Kopf", sage ich. Er nickt und steht auf. „Helen kann übrigens mit ihrem Studium anfangen", sagt er, bevor er geht. Er betrachtet mich prüfend.

„Ach? Das freut mich für sie. Wo ist sie eigentlich? Ich hab sie seit drei Tagen nicht gesehen."

Matthias zögert. „Sie kommt nicht mehr. Ich dachte, du wüßtest das. Sie hat sich schon eine Wohnung besorgt. Hat sie dir nichts gesagt?"

Ich schüttle den Kopf.

„Ich soll dir einen Gruß bestellen. Sie holt irgendwann ihre Sachen ab."

Ich muß ziemlich betroffen aussehen. Matthias bemerkt es.

„Na komm schon", sagt er aufmunternd. „Sie hat dir einen Gruß ausrichten lassen. Das ist mehr, als sie sonst für die meisten anderen tut."

Das stimmt. Aber trotzdem.

***

Bald gibt es Schnee, denke ich, als ich auf dem Bahnsteig stehe und den Reißverschluß meines Parkas zuziehe. Der Parka ist ganz neu, ich habe eben erst das Preisetikett abgerissen. Er ist hellgrau, mit einem Fellbesatz am Kapuzenrand. „Wieso kaufst du dir nicht mal eine bunte Jacke?" fragt Elke im Vorbeigehen. „Immer dieses Unscheinbare." So unscheinbar finde ich den Parka gar nicht. Außerdem fühle ich mich in bunt nicht wohl. Vielleicht kommt das noch.

Mark ist wieder da. Eines Morgens, als ich vom Einkaufen

zurückkomme, sehe ich ihn an der Brücke stehen. Er bemerkt mich und winkt mir verlegen zu. Ich gehe zu ihm und gebe ihm die Hand.

„Tja", sagt er, „da bin ich wieder."

„Ich seh's", antworte ich. „Was ist passiert?"

Mark winkt ab und lacht sein Seeräuberlachen. Etwas befangen, merke ich. Dann weiß ich, warum. Er schämt sich. Das soll er nicht.

„Ich war einen Tick zu sicher", sagt er schließlich. Er sieht Richtung Volleyballfeld.

„Aber du hast schnell wieder die Kurve gekriegt", meine ich aufmunternd.

„Ja", antwortet er. Er atmet tief aus. „Na, was soll's. Mache ich halt wieder ein paar Monate."

„Dann sehen wir uns öfter. Matthias hat mir den Bereitschaftsdienst angeboten." Ich schlage ihm auf die Schulter.

„Na, schau an", sagt er und legt den Kopf schief. „Wer hätte das gedacht, was?"

Wir gehen zusammen ins Haus.

Schnee. Und in den Geschäften sieht man seit Wochen schon die ersten Hinweise auf Weihnachten. Das Jahr ist fast vorbei. Und dann beginnt das nächste. Es ist schon eigenartig, denke ich, daß man vom Ende eines Jahres spricht. Als habe etwas aufgehört, sei quasi leergelaufen, und dann fängt etwas komplett Neues an. Jahresübergang wäre ein viel passenderes Wort, oder Jahresgrenze meinetwegen, jedenfalls etwas, das nicht unbedingt ein Ende ankündigt, eine Veränderung, so wie eine Markierung auf einem Kreis. Kreise haben auch keinen Anfang und kein Ende. Kreise fangen überall an. Und hören nirgendwo auf. Oder hören überall auf und fangen nie an.

Mein Vater wird übermorgen beerdigt. Ich fahre heute heim. Ich denke immer noch unwillkürlich „zu Hause", wenn ich in meine Heimatstadt fahre, obwohl es das nicht mehr ist. Ich sage mich nicht von meiner Familie los, das muß ich gar nicht, soviel

291

weiß ich jetzt. Zu Hause ist es deshalb, weil dort der Platz ist, an dem Ich anfing. An dem Ich begann. Mein Geburtsort. Ich muß dort nicht weiterleben, aber er gehört zu mir, so wie die anderen Orte, Menschen und Begebenheiten, die sich ab jetzt noch dazugesellen werden. Ich möchte meinen Vater noch einmal sehen, aufgebahrt in der kleinen Kapelle unseres Ortes. Ich habe, seit ich von seinem Tod erfuhr, versucht, in mich hinein zu spüren, ob ich Trauer fühle. Ich bin mir nicht sicher. Da ist eine Wehmut und ein Bedauern, ihn nun, da mir Neues bevorsteht, daran nicht mehr teilhaben lassen zu können. Vielleicht hätte es ihm geholfen, zu sehen, daß ich den Mut dazu aufbringen kann. Vielleicht hätte es ihm geholfen, freier zu sein, indem ich freier werde. Vielleicht hätte er jemanden gebraucht, der es ihm vormacht. Doch. Da ist Trauer.

Die Züge sind leer um diese Zeit, am späten Vormittag. Ich finde ein Abteil für mich allein. Ich lehne mich ans Fenster und beobachte die vorbeigleitende Landschaft und registriere das mir immer wieder unlogisch erscheinende Phänomen, daß weit entfernte Dinge länger in meiner Sicht verbleiben als die in meiner Nähe. Andererseits, denke ich, ist es gar nicht so unlogisch. Die niedrige Bergkette vor dem Horizont ist viel älter als die Häuser davor und schiebt sich deswegen langsamer und träger aus meinem Blickfeld. Ältere Dinge behaupten nun mal ihren Platz. Oder sind es die schweren Dinge? Meine Gedanken treiben. Mir fallen die Augen zu.
Ich werde durch die Schiebetür geweckt. Eine ältere Dame kommt herein. Sie lächelt mich entschuldigend an, verstaut ihre kleine Tasche und setzt sich vorsichtig. Um nicht unhöflich zu sein, beschließe ich, noch einen Moment wach zu bleiben. Dinge in der Ferne, denke ich schläfrig. Metaphern, wohin man blickt.
Ich fahre zu meiner Familie, und das werde ich noch öfter tun. Und ich werde ins Schloß zurückkehren, solange, bis ich es irgendwann nicht mehr tue, weil sich ein anderer Ort findet, an

dem ich Dinge zu erledigen habe, Dinge, von denen ich jetzt noch nichts wissen kann, schöne Dinge, schwierige Dinge. Bestimmt werde ich scheitern, aber ich werde auch Erfolge haben. Ich bin ängstlich, neugierig, beklommen, aber ich bin auch voller Erwartungen. Zuversicht ist kein Geschenk, sondern eine Entscheidung. Eine Entscheidung, die ich treffen darf.

Die Dame nestelt eine Fahrkarte aus ihrer Handtasche und betrachtet sie hilflos. Sie blickt um Entschuldigung bittend zu mir. „Verzeihung, junger Mann. Ich habe leider die falsche Brille dabei. Würden Sie mir bitte sagen, welche Ankunftszeit hier steht?"

Ich nehme ihre Fahrkarte in die Hand und werfe einen Blick darauf. „15 Uhr 4", sage ich und reiche sie zurück.

Sie bedankt sich. Sie möchte ihrerseits freundlich sein und fragt daher: „Wie lange brauchen Sie noch?"

Ich sehe sie an. Vor meinen Augen erscheinen flüchtig die Gesichter von Mark, Helen, Kati, Elke, meinem Vater, Andrea. In der Ferne ziehen die niedrigen Berge vorbei und verbergen den Horizont.

„Noch eine ganze Weile", sage ich, lächle ihr zu und schließe wieder die Augen. Noch eine ganze Weile…

Ich bin unterwegs.